expresiones en matemáticas

Dra. Karen C. Fuson

Observa cómo cobra vida el alce en su ambiente nevado a medida que descubres y resuelves retos matemáticos.

Descarga la aplicación *Math Worlds AR* disponible para dispositivos Android o iOs.

Grado 3

Volumen 1

This material is based upon work supported by the
National Science Foundation
under Grant Numbers
ESI-9816320, REC-9806020, and RED-935373.

Any opinions, findings, and conclusions, or recommendations expressed in this material are those of the author and do not necessarily reflect the views of the National Science Foundation.

Printed in the U.S.A.

ISBN 978-1-328-51965-8

6 7 8 9 10 0928 27 26 25 24 23 22

4500848052 A B C D E F G

Unidad 1 | Multiplicación y división con 0 a 5, 9 y 10

LA GRAN IDEA 1 - Significados de la multiplicación y la división: Con 5 y con 2

LA GRAN IDEA 2 - Patrones y estrategias: Con 9 y con 10

LA GRAN IDEA 3 - Estrategias para factores y productos: Con 3 y con 4

Unidad 1 Multiplicación y división con 0 a 5, 9 y 10
(continuación)

Unidad 2 | Multiplicación y división con 6, 7 y 8 y multiplicar con múltiplos de 10

LA GRAN IDEA 1 - Las multiplicaciones restantes

Unidad 2 | Multiplicación y división con 6, 7 y 8 y multiplicar con multiplos de 10 (continuación)

LA GRAN IDEA 2 - Resolver problemas y múltiplos de 10

Unidad 3 | Suma, resta y multiplicación con varios dígitos

LA GRAN IDEA 1 - Comprender el valor posicional y el redondeo

LA GRAN IDEA 2 - Estrategias de suma y resta y agrupar para sumar

LA GRAN IDEA 3 - Desagrupar para restar

LA GRAN IDEA 4 - El valor posicional y operaciones con números mayores

Recursos del estudiante

Dear Family:

In this unit and the next, your child will be practicing basic multiplications and divisions. *Math Expressions* uses studying, practicing, and testing of the basic multiplications and divisions in class. Your child also should practice at home.

Homework Helper Your child will have math homework almost every day. He or she needs a Homework Helper. The helper may be anyone — you, an older brother or sister (or other family member), a neighbor, or a friend. Please decide who the main Homework Helper will be and ask your child to tell the teacher tomorrow. Make a specific time for homework and give your child a quiet place to work.

Study Plans Each day your child will fill out a study plan, indicating which basic multiplications and divisions he or she will study that evening. When your child has finished studying (practicing), his or her Homework Helper should sign the study plan.

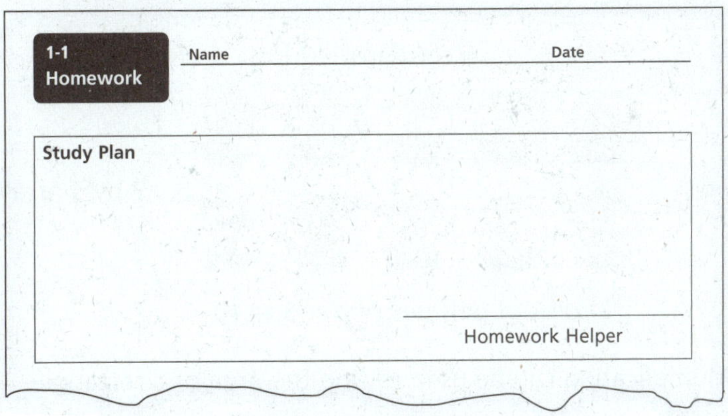

1-1 Homework
Name Date
Study Plan
Homework Helper

Practice Charts Each time a new number is introduced, students' homework will include a practice chart. To practice, students can cover the products with a finger or pencil. They will say the multiplications, sliding the finger or pencil down the column to see each product after saying it. Students can also start with the last problem in a column and slide up. It is important that your child studies count-bys and multiplications at least 5 minutes every night. Your child should study each division on the Mixed Up column by covering the first factor.

	In Order	Mixed Up
5s	1 × 5 = 5	9 × 5 = 45
	2 × 5 = 10	5 × 5 = 25
	3 × 5 = 15	2 × 5 = 10
	4 × 5 = 20	7 × 5 = 35
	5 × 5 = 25	4 × 5 = 20
	6 × 5 = 30	6 × 5 = 30
	7 × 5 = 35	10 × 5 = 50
	8 × 5 = 40	8 × 5 = 40
	9 × 5 = 45	1 × 5 = 5
	10 × 5 = 50	3 × 5 = 15

Keep all materials in a special place.

To help students understand the concept of multiplication, the *Math Expressions* program presents three ways to think about multiplication.

- **Repeated groups**: Multiplication can be used to find the total in repeated groups of the same size. In early lessons, students circle the group size in repeated-groups equations to help keep track of which factor is the group size and which is the number of groups.

4 groups of bananas

$$4 \times \textcircled{3} = 3 + 3 + 3 + 3 = 12$$

- **Arrays**: Multiplication can be used to find the total number of items in an *array*—an arrangement of objects into rows and columns.

5 columns

2 rows

2-by-5 array

2 rows of pennies $= 2 \times 5 = 10$

- **Area**: Multiplication can be used to find the area of a rectangle

3 units

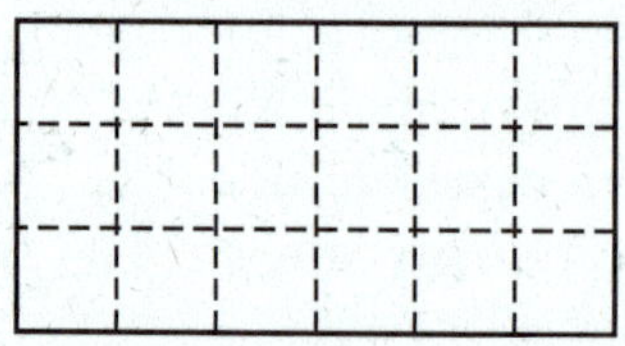

6 units

Area: 3 units $\times$ 6 units = 18 square units

Please contact me if you have any questions or comments.

Thank you.

Sincerely,
Your child's teacher

Estimada familia:

En esta unidad y en la que sigue, su niño practicará multiplicaciones y divisiones básicas. *Math Expressions* usa en la clase el estudio, la práctica y la evaluación de las multiplicaciones y divisiones básicas. También su niño debe practicar en casa.

Ayudante de tareas Su niño tendrá tarea de matemáticas casi a diario y necesitará un ayudante para hacer sus tareas. Ese ayudante puede ser cualquier persona: usted, un hermano o hermana mayor, otro familiar, un vecino o un amigo. Por favor decida quién será esta persona y pida a su niño que se lo diga a su maestro mañana. Designe un tiempo específico para la tarea y un lugar para trabajar sin distracciones.

Planes de estudio Todos los días su niño va a completar un plan de estudio, que indica cuáles multiplicaciones y divisiones debe estudiar esa noche. Cuando su niño haya terminado de estudiar (practicar), la persona que lo ayude debe firmar el plan de estudio.

1-1
Haz la tarea

Nombre Fecha

Plan de estudio

Ayudante de tareas

Tablas de práctica Cada vez que se presente un número nuevo, la tarea de los estudiantes incluirá una tabla de práctica. Para practicar, los estudiantes pueden cubrir los productos con un dedo o lápiz.Los niños dicen la multiplicación y deslizan el dedo o lápiz hacia abajo para revelar el producto después de decirlo. También pueden empezar con el último problema de la columna y deslizar el lápiz o el papel hacia arriba. Es importante que su niño practique el conteo y la multiplicación por lo menos 5 minutos cada noche. Su niño debe estudiar cada división en la columna de Desordenados cubriendo el primer factor.

	En orden	Mezclados
5	1 × 5 = 5	9 × 5 = 45
	2 × 5 = 10	5 × 5 = 25
	3 × 5 = 15	2 × 5 = 10
	4 × 5 = 20	7 × 5 = 35
	5 × 5 = 25	4 × 5 = 20
	6 × 5 = 30	6 × 5 = 30
	7 × 5 = 35	10 × 5 = 50
	8 × 5 = 40	8 × 5 = 40
	9 × 5 = 45	1 × 5 = 5
	10 × 5 = 50	3 × 5 = 15

Guarde todos los materiales.

Para ayudar a los estudiantes a comprender el concepto de la multiplicación, el programa *Math Expressions* presenta tres maneras de pensar en la multiplicación. Éstas se describen a continuación.

- **Grupos repetidos**: La multiplicación se puede usar para hallar el total con grupos del mismo tamaño que se repiten. Cuando empiezan a trabajar con ecuaciones de grupos repetidos, los estudiantes rodean con un círculo el tamaño del grupo en las ecuaciones, para recordar cuál factor representa el tamaño del grupo y cuál representa el número de grupos.

4 grupos de plátanos

$4 \times \textcircled{3} = 3 + 3 + 3 + 3 = 12$

- **Matrices**: Se puede usar la multiplicación para hallar el número total de objetos en una *matriz*, es decir, una disposición de objetos en filas y columnas.

5 columnas

2 filas

matriz de 2 por 5

2 filas de monedas de un centavo = $2 \times 5 = 10$

- **Área**: Se puede usar la multiplicación para hallar el área de un rectángulo.

3 unidades

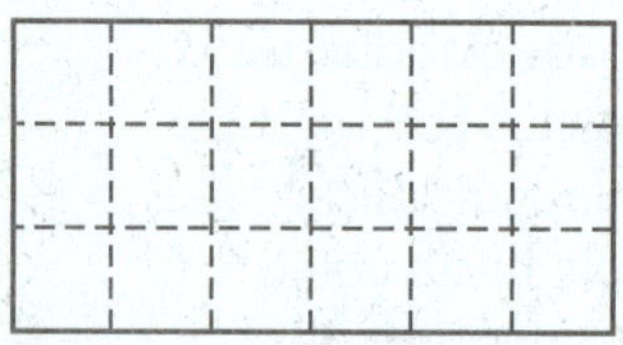

6 unidades

Área: 3 unidades × 6 unidades = 18 unidades cuadradas

Si tiene alguna duda o algún comentario, por favor comuníquese conmigo. Gracias.

Atentamente,
El maestro de su niño

área	propiedad asociativa de la multiplicación
matriz	columna
propiedad asociativa de la suma	propiedad conmutativa de la suma

Propiedad que establece que cambiar la forma de agrupar los factores no cambia el producto.

Ejemplo:

$(2 \times 3) \times 4 = 2 \times (3 \times 4)$

$6 \times 4 = 2 \times 12$

$24 = 24$

Número total de unidades cuadradas que cubren una figura.

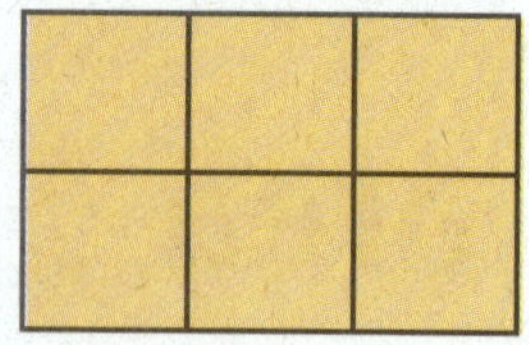

Ejemplo:

El área del rectángulo es 6 unidades cuadradas.

Parte de una tabla o de una matriz que contiene elementos ordenados de manera vertical.

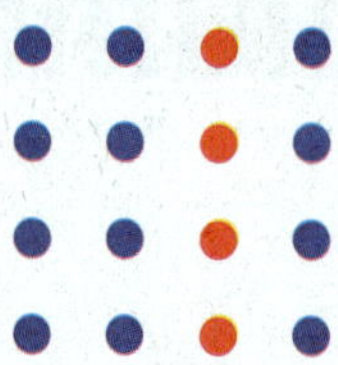

Disposición de objetos, figuras o números en columnas y filas.

Propiedad que establece que cambiar el orden de los sumandos no cambia la suma.

Ejemplo:

$3 + 7 = 7 + 3$

$10 = 10$

Propiedad que establece que cambiar la forma de agrupar los sumandos no cambia la suma.

Ejemplo:

$(2 + 3) + 1 = 2 + (3 + 1)$

$5 + 1 = 2 + 4$

$6 = 6$

propiedad conmutativa de la multiplicación

división

propiedad distributiva

divisor

dividendo

grupos iguales

Operación matemática que separa una cantidad en grupos iguales más pequeños para obtener el número de grupos o el número que hay en cada grupo.

Ejemplo:
$12 \div 3 = 4$ es un enunciado numérico de división.

Propiedad que establece que cambiar el orden de los factores no cambia el producto.

Ejemplo:
$5 \times 4 = 4 \times 5$

$20 = 20$

Número entre el cual se divide en una división.

Ejemplo:

$12 \div 3 = 4$ $\qquad$ $3\overline{)12}$ (cociente 4)

divisor (3) $\qquad$ divisor (3)

Puedes multiplicar una suma por un número o multiplicar cada sumando por el número y sumar los productos; el resultado es el mismo.

Ejemplo:
$3 \times (2 + 4) = (3 \times 2) + (3 \times 4)$

$3 \times 6 = 6 + 12$

$18 = 18$

Dos o más grupos con el mismo número de elementos en cada grupo.

Número que se divide en la división.

Ejemplo:

$12 \div 3 = 4$ $\qquad$ $3\overline{)12}$ (cociente 4)

dividendo (12) $\qquad$ dividendo (12)

ecuación	tabla de funciones
número par	propiedad de identidad de la suma
factor	propiedad de identidad de la multiplicación

Tabla de pares ordenados que muestra una función.

Para cada número de entrada, hay solo un número de salida posible.

Regla: Sumar	
Entrada	Salida
1	3
2	4
3	5
4	6

Una expresión matemática con un signo de igual.

Ejemplos:

11 + 22 = 33

75 − 25 = 50

Si se suma 0 a un número, la suma es igual a ese número.

Ejemplo:

3 + 0 = 3

Número entero múltiplo de 2. En un número par, el dígito de las unidades es 0, 2, 4, 6 u 8.

El producto de 1 por cualquier número es igual a ese número.

Ejemplo:

10 × 1 = 10

Cualquiera de los números que se multiplican para obtener un producto.

Ejemplo:

4 × 5 = 20

factor factor producto

(>) es mayor que	**número impar**
(<) es menor que	**pictografía**
multiplicación	**producto**

Número entero que no es múltiplo de 2. El dígito de las unidades de un número impar es 1, 3, 5, 7 o 9.

Símbolo que se usa para comparar dos números.

Ejemplo:

$6 > 5$

6 *es mayor que* 5.

Gráfica que usa ilustraciones o símbolos para representar datos.

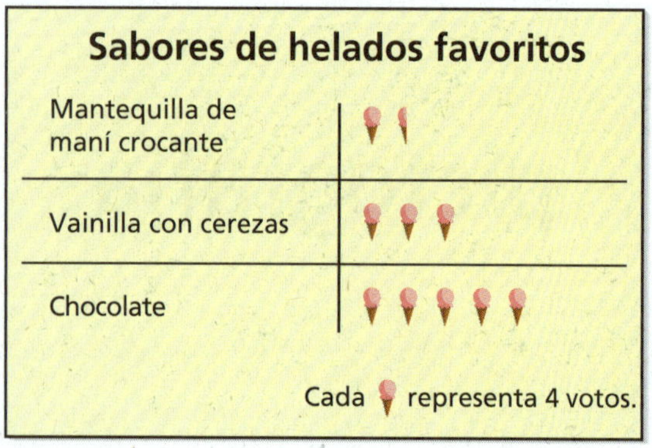

Símbolo que se usa para comparar dos números.

Ejemplo:

$5 < 6$

5 *es menor que* 6..

Resultado que se obtiene cuando se multiplican números.

Ejemplo:

$4 \times 7 = 28$

factor factor producto

Operación matemática que combina grupos iguales.

Ejemplo:

$4 \times 3 = 12$

factor factor producto

$\underbrace{3 + 3 + 3 + 3}_{\text{4 veces}} = 12$

cociente	**variable**
fila	**propiedad del cero de la multiplicación**
unidad cuadrada	

Letra o símbolo que se usa para representar un número desconocido en una expresión algebraica o una ecuación.

Ejemplo:

$2 + n$

n es una variable.

Respuesta cuando se dividen números.

Ejemplos:

$35 \div 7 = 5$ ← cociente (5)

$7\overline{)35}$ con cociente 5 ← cociente

Si un número se multiplica por 0, el producto es 0.

Ejemplo:

$3 \times 0 = 0$

Parte de una tabla o matriz que contiene elementos ordenados horizontalmente.

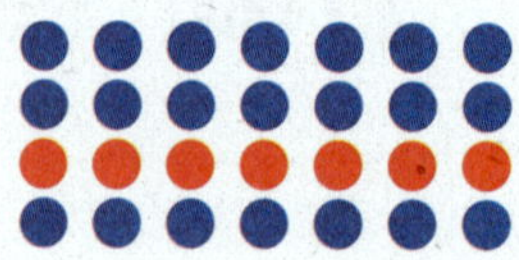

Unidad de área igual al área de un cuadrado con lados de una unidad.

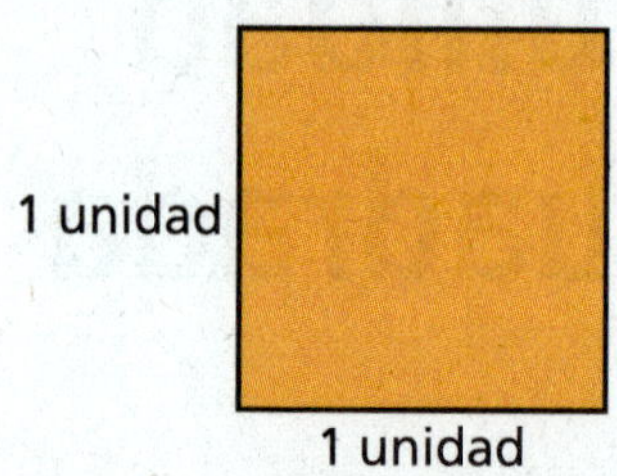

1 unidad cuadrada

Nombre ______________________________

Camino al conocimiento

Explorar patrones con 5

¿Qué patrones ves a continuación?

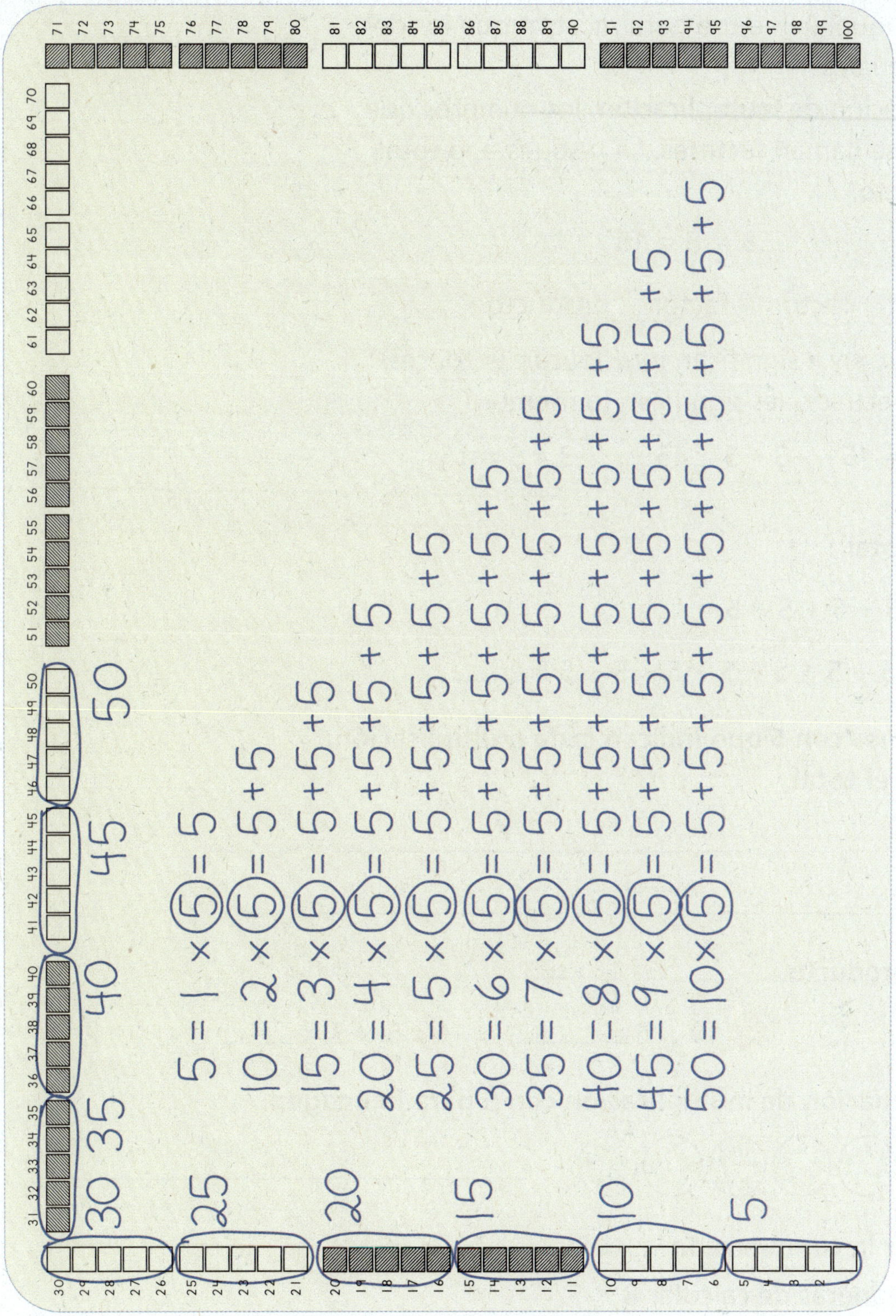

Camino al conocimiento Practicar multiplicaciones con 5

VOCABULARIO
ecuación
multiplicación
factor
producto

Una **ecuación** muestra que dos cantidades o expresiones son iguales.

El signo de igual (=) se usa para mostrar que los dos lados son iguales.

En una ecuación de **multiplicación**, los números que multiplicas se llaman **factores**. La respuesta, o total, es el **producto**.

$$3 \times 5 = 15$$

factor factor producto

Los signos ×, * y • significan *multiplicar.* Entonces, todas estas ecuaciones significan lo mismo.

$3 \times 5 = 15$ $3 * 5 = 15$ $3 \bullet 5 = 15$

Escribe cada total.

1 $4 \times (5) = 5 + 5 + 5 + 5 =$ ______

2 $7 \bullet (5) = 5 + 5 + 5 + 5 + 5 + 5 + 5 =$ ______

Escribe las sumas con 5 que indican cada multiplicación. Luego escribe el total.

3 $6 \times (5) =$ ______________________ = ______

4 $9 * (5) =$ ______________________ = ______

Escribe cada producto.

5 $8 \times 5 =$ ______ 6 $10 \times 5 =$ ______ 7 $5 \times 5 =$ ______

Escribe una ecuación de multiplicación con 5 para la imagen.

8  ______________________

Comprobar la comprensión

Describe maneras de calcular 8×5.

Nombre ______________________

VOCABULARIO
grupos iguales

Camino al conocimiento Explorar grupos iguales

Puedes usar la multiplicación para calcular el total cuando tienes grupos iguales.

$$2 \times \textcircled{5} = 5 + 5 = 10$$

Camino al conocimiento Escribir ecuaciones de multiplicación

Escribe una ecuación de multiplicación para calcular el número total.

1. ¿Cuántos plátanos?

____

2. ¿Cuántos dedos?

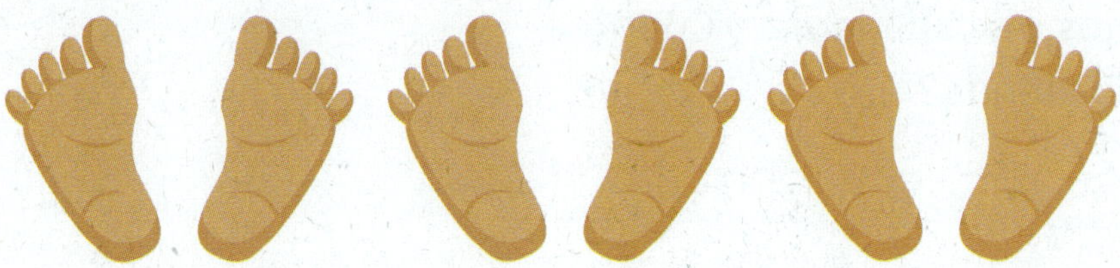

____

3. ¿Cuántas ruedas?

____

Hacer un dibujo matemático para resolver problemas

Haz un dibujo para cada problema. Rotula tu dibujo con una ecuación de multiplicación. Luego, escribe la solución del problema.

Muestra tu trabajo.

4 Sandra compró 4 bolsas de limones. Había 6 limones en cada bolsa. ¿Cuántos limones compró en total?

____

5 Batai horneó 2 pasteles de durazno. Usó 7 duraznos por pastel. ¿Cuántos duraznos usó en total?

____

6 La tienda de mascotas Colitas tiene 3 jaulas de conejos. Hay 5 conejos en cada jaula. ¿Cuántos conejos tiene en total la tienda?

____

7 La tienda de mascotas Mis Patitas tiene 5 jaulas de conejos. Hay 3 conejos en cada jaula. ¿Cuántos conejos tiene en total la tienda?

____

8 Hay 7 jugadores en un equipo de frisbi. El equipo quiere comprar 2 camisetas por jugador para sus juegos. ¿Cuántas camisetas en total tiene que comprar el equipo?

____

Nombre ____________________

Explorar dibujos con partes iguales

Este es un problema con grupos que se repiten.
Lee el problema y piensa cómo lo resolverías.

La señorita Thomas compró 4 bolsas de naranjas. Cada bolsa tenía 5 naranjas. ¿Cuántas naranjas compró en total?

También puedes calcular la respuesta a este problema haciendo un dibujo con partes iguales.

Piensa:

(5) (5) (5) (5)
bolsas de naranjas
4 × (5) = ☐

Dibujo con partes iguales

20
4 ×
(5) (5) (5) (5)
bolsas de naranjas
4 × (5) = 20

Haz un dibujo con partes iguales para resolver cada problema.

Muestra tu trabajo.

9. La señorita González compró 6 cajas de lápices. Hay 5 lápices en cada caja. ¿Cuántos lápices compró en total?

____

10. El Sr. Franken preparó el almuerzo para sus 9 sobrinas y sobrinos. Puso 5 palitos de zanahoria en cada plato. ¿Cuántos palitos de zanahoria usó en total?

____

VOCABULARIO
tabla de funciones

Camino al conocimiento Practicar con grupos iguales

Completa cada tabla de funciones.

11

Número de triciclos	Número de ruedas
1	
2	
3	
4	
5	

12

Número de conejos	Número de orejas
1	
2	
3	
4	
5	

13

Número de carros	Número de ruedas
1	
2	
3	
4	
5	

14

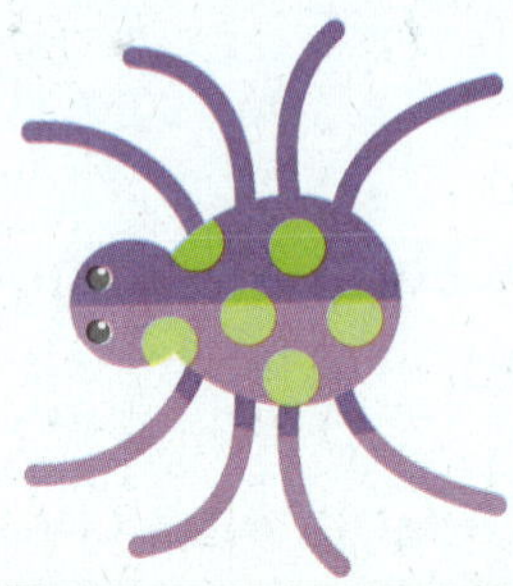

Número de arañas	Número de patas
1	
2	
3	
4	
5	

Comprobar la comprensión

Haz un dibujo con partes iguales para calcular el número de marcadores que hay en 8 cajas que contienen 5 marcadores cada una.

Dear Family:

Over the next few weeks your child will bring home a Practice Chart for each new number to practice multiplications and divisions. Other practice materials will also come home:

- **Home Study Sheets:** A Home Study Sheet includes 3 or 4 practice charts on one page. Your child can use the Home Study Sheets to practice all the count-bys, multiplications, and divisions for a number or to practice just the ones he or she doesn't know for that number. The Homework Helper uses the sheet to test (or retest) your child by giving problems. The Homework Helper should check with your child to see which basic multiplications or divisions he or she is ready to be tested on. The helper should mark any missed problems lightly with a pencil.

  If your child gets all the answers in a column correct, the helper should sign that column on the Home Signature Sheet. When signatures are on all the columns of the Home Signature Sheet, your child should bring the sheet to school.

Home Study Sheet A

5s			2s		
Count-bys	**Mixed Up ×**	**Mixed Up ÷**	**Count-bys**	**Mixed Up ×**	**Mixed Up ÷**
1 × 5 = 5	2 × 5 = 10	10 ÷ 5 = 2	1 × 2 = 2	7 × 2 = 14	20 ÷ 2 = 10
2 × 5 = 10	9 × 5 = 45	35 ÷ 5 = 7	2 × 2 = 4	1 × 2 = 2	2 ÷ 2 = 1
3 × 5 = 15	1 × 5 = 5	50 ÷ 5 = 10	3 × 2 = 6	3 × 2 = 6	6 ÷ 2 = 3
4 × 5 = 20	5 × 5 = 25	5 ÷ 5 = 1	4 × 2 = 8	5 × 2 = 10	16 ÷ 2 = 8
5 × 5 = 25	7 × 5 = 35	20 ÷ 5 = 4	5 × 2 = 10	6 × 2 = 12	12 ÷ 2 = 6
6 × 5 = 30	3 × 5 = 15	15 ÷ 5 = 3	6 × 2 = 12	8 × 2 = 16	4 ÷ 2 = 2
7 × 5 = 35	10 × 5 = 50	30 ÷ 5 = 6	7 × 2 = 14	2 × 2 = 4	10 ÷ 2 = 5
8 × 5 = 40	6 × 5 = 30	40 ÷ 5 = 8	8 × 2 = 16	10 × 2 = 20	8 ÷ 2 = 4
9 × 5 = 45	4 × 5 = 20	25 ÷ 5 = 5	9 × 2 = 18	4 × 2 = 8	14 ÷ 2 = 7
10 × 5 = 50	8 × 5 = 40	45 ÷ 5 = 9	10 × 2 = 20	9 × 2 = 18	18 ÷ 2 = 9

Children practice by covering the answers with their finger or a pencil and sliding down their finger or pencil to check each answer as soon as they say it.

1-3 Homework

Name ____________________ Date ____________

Home Signature Sheet

	Count-Bys Homework Helper	Multiplications Homework Helper	Divisions Homework Helper
0			
1			

Put all practice materials in the folder your child brought home today.

- **Home Check Sheets:** A Home Check Sheet includes columns of 20 multiplications and divisions in mixed order. These sheets can be used to test your child's fluency with basic multiplications and divisions.
- **Strategy Cards:** Your child should use the Strategy Cards to practice multiplication and division by trying to answer the problem on the front. That card is put into one of three piles: *Know Quickly, Know Slowly*, and *Do Not Know*. The *Know Slowly* and *Do Not Know* cards are practiced until they are known quickly.

Sample Multiplication Card

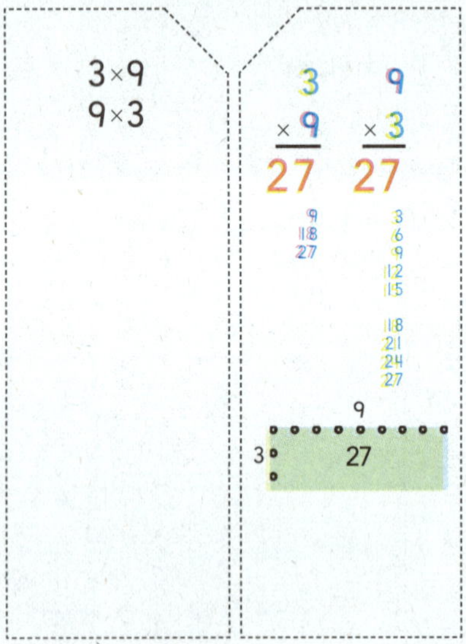

Sample Division Card

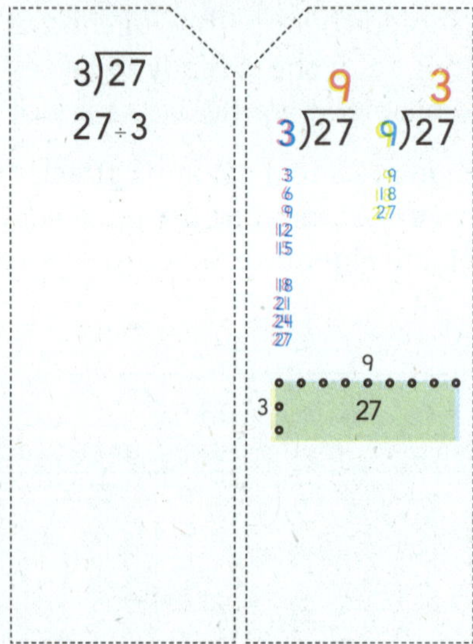

Ask your child to show you these materials and explain how they are used. Your child should practice what they do not know every day.

Please contact me if you have any questions or comments.

Thank you.

Sincerely,
Your child's teacher

Keep all materials in the Home Practice Folder. Keep the folder in a special place.

Estimada familia:

Durante las próximas semanas su niño llevará a casa una tabla de práctica para cada número nuevo para practicar multiplicaciones y divisiones. Otros materiales de práctica también se llevará a casa:

- **Hojas para estudiar en casa:** Una hoja para estudiar en casa incluye 3 o 4 tablas de práctica en una página. Su niño puede usar las hojas para practicar todos los conteos, multiplicaciones y divisiones de un número, o para practicar sólo las operaciones para ese número que no domine. El ayudante de tareas usa la hoja para hacerle una prueba (o repetir una prueba) con problemas. Esa persona debe hablar con su niño para decidir sobre qué multiplicaciones o divisiones básicas el niño puede hacer la prueba. La persona que ayude debe marcar ligeramente con un lápiz cualquier problema que conteste mal. Si su niño contesta bien todas las operaciones de una columna, la persona que ayude debe firmar esa columna de la hoja de firmas. Cuando todas las columnas de la hoja de firmas estén firmadas, su niño debe llevar la hoja a la escuela.

Hoja de estudio A para la casa

De 5 en 5			De 2 en 2		
Contar en secuencia	Mezclados ×	Mezclados ÷	Contar en secuencia	Mezclados ×	Mezclados ÷
$1 \times 5 = 5$	$2 \times 5 = 10$	$10 \div 5 = 2$	$1 \times 2 = 2$	$7 \times 2 = 14$	$20 \div 2 = 10$
$2 \times 5 = 10$	$9 \times 5 = 45$	$35 \div 5 = 7$	$2 \times 2 = 4$	$1 \times 2 = 2$	$2 \div 2 = 1$
$3 \times 5 = 15$	$1 \times 5 = 5$	$50 \div 5 = 10$	$3 \times 2 = 6$	$3 \times 2 = 6$	$6 \div 2 = 3$
$4 \times 5 = 20$	$5 \times 5 = 25$	$5 \div 5 = 1$	$4 \times 2 = 8$	$5 \times 2 = 10$	$16 \div 2 = 8$
$5 \times 5 = 25$	$7 \times 5 = 35$	$20 \div 5 = 4$	$5 \times 2 = 10$	$6 \times 2 = 12$	$12 \div 2 = 6$
$6 \times 5 = 30$	$3 \times 5 = 15$	$15 \div 5 = 3$	$6 \times 2 = 12$	$8 \times 2 = 16$	$4 \div 2 = 2$
$7 \times 5 = 35$	$10 \times 5 = 50$	$30 \div 5 = 6$	$7 \times 2 = 14$	$2 \times 2 = 4$	$10 \div 2 = 5$
$8 \times 5 = 40$	$6 \times 5 = 30$	$40 \div 5 = 8$	$8 \times 2 = 16$	$10 \times 2 = 20$	$8 \div 2 = 4$
$9 \times 5 = 45$	$4 \times 5 = 20$	$25 \div 5 = 5$	$9 \times 2 = 18$	$4 \times 2 = 8$	$14 \div 2 = 7$
$10 \times 5 = 50$	$8 \times 5 = 40$	$45 \div 5 = 9$	$10 \times 2 = 20$	$9 \times 2 = 18$	$18 \div 2 = 9$

Los niños practican cubriendo las respuestas con su dedo o un lápiz y deslizan su dedo o lápiz hacia abajo para revelar cada respuesta después de decirlo.

1-3 Haz la tarea

Nombre ______________________ Fecha ______________

Hoja de firmas de la casa

	Ayudante de tareas de contar en secuencia	Ayudante de tareas de multiplicación	Ayudante de tareas de división
0			
1			

Guarde todos los materiales de práctica en la carpeta que su hijo trajo a casa hoy.

- **Hojas de verificación:** Una hoja de verificación consta de columnas de 20 multiplicaciones y divisiones sin orden fijo. Estas hojas se pueden usar para comprobar el dominio de su niño con las multiplicaciones y divisiones básicas.
- **Tarjetas de estrategias:** Su niño debe usar las Tarjetas de estrategias para practicar la multiplicación y división al responder el problema del frente. Esa tarjeta se pone en una de las tres pilas: *Contesta rápidamente, Se demora en contestar* y *No sabe*. Las tarjetas de *Se demora en contestar* y *No sabe* se practican hasta que las contesten rápidamente.

Ejemplo de tarjeta de multiplicación

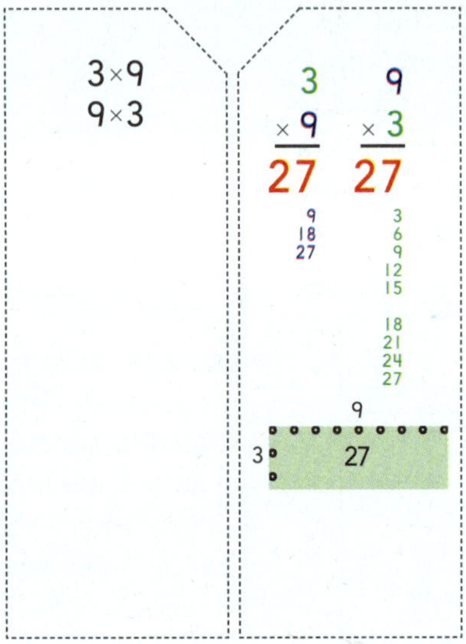

Ejemplo de tarjeta de división

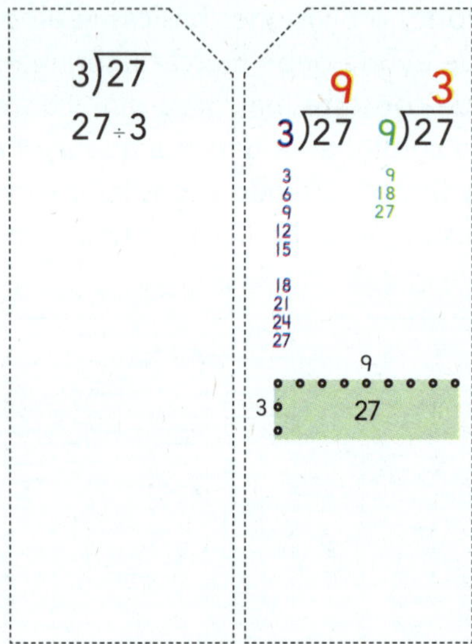

Pida a su niño a que le muestre estos materiales y a que le explique cómo se usan. Su niño debe practicar lo que no sabe todos los días.

Si tiene alguna duda o pregunta, por favor comuníquese conmigo.

Atentamente,
El maestro de su niño

Guarde todos los materiales en la carpeta de práctica en casa.

Nombre ____________________

Hoja de firmas

	Parte de números salteados	Parte de multiplicación	Parte de división	Hojas de verificación de la multiplicación	Hojas de verificación de la división
5s				1:	1:
2s				1:	1:
10s				2:	2:
9s				2:	2:
				3:	3:
3s				4:	4:
4s				4:	4:
1s				5:	5:
0s				5:	5:
				6:	6:
6s				7:	7:
8s				7:	7:
7s				8:	8:
				9:	9:
				10:	10:

Nombre ______________________________

Hoja de registro de tablas

Número de la tabla	Exacto	Rápido	Muy rápido
1			
2			
3			
4			
5			
6			
7			
8			
9			
9A			
9B			
9C			
10			
10A			
10B			
10C			
11			
11A			
11B			
11C			
12			
12A			
12B			
12C			

Número de la tabla	Exacto	Rápido	Muy rápido
13			
14			
15			
16			
17			
18			
19			
19A			
19B			
19C			
19D			
20			
20A			
20B			
20C			
20D			
21			
21A			
21B			
21C			
22			
22A			
22B			
22C			

Nombre

Camino al conocimiento

Hoja de estudio A

De 5 en 5		
Números salteados	Desordenadas ×	Desordenadas ÷
$1 \times 5 = 5$	$2 \times 5 = 10$	$10 \div 5 = 2$
$2 \times 5 = 10$	$9 \times 5 = 45$	$35 \div 5 = 7$
$3 \times 5 = 15$	$1 \times 5 = 5$	$50 \div 5 = 10$
$4 \times 5 = 20$	$5 \times 5 = 25$	$5 \div 5 = 1$
$5 \times 5 = 25$	$7 \times 5 = 35$	$20 \div 5 = 4$
$6 \times 5 = 30$	$3 \times 5 = 15$	$15 \div 5 = 3$
$7 \times 5 = 35$	$10 \times 5 = 50$	$30 \div 5 = 6$
$8 \times 5 = 40$	$6 \times 5 = 30$	$40 \div 5 = 8$
$9 \times 5 = 45$	$4 \times 5 = 20$	$25 \div 5 = 5$
$10 \times 5 = 50$	$8 \times 5 = 40$	$45 \div 5 = 9$

De 2 en 2		
Números salteados	Desordenadas ×	Desordenadas ÷
$1 \times 2 = 2$	$7 \times 2 = 14$	$20 \div 2 = 10$
$2 \times 2 = 4$	$1 \times 2 = 2$	$2 \div 2 = 1$
$3 \times 2 = 6$	$3 \times 2 = 6$	$6 \div 2 = 3$
$4 \times 2 = 8$	$5 \times 2 = 10$	$16 \div 2 = 8$
$5 \times 2 = 10$	$6 \times 2 = 12$	$12 \div 2 = 6$
$6 \times 2 = 12$	$8 \times 2 = 16$	$4 \div 2 = 2$
$7 \times 2 = 14$	$2 \times 2 = 4$	$10 \div 2 = 5$
$8 \times 2 = 16$	$10 \times 2 = 20$	$8 \div 2 = 4$
$9 \times 2 = 18$	$4 \times 2 = 8$	$14 \div 2 = 7$
$10 \times 2 = 20$	$9 \times 2 = 18$	$18 \div 2 = 9$

De 10 en 10		
Números salteados	Desordenadas ×	Desordenadas ÷
$1 \times 10 = 10$	$1 \times 10 = 10$	$80 \div 10 = 8$
$2 \times 10 = 20$	$5 \times 10 = 50$	$10 \div 10 = 1$
$3 \times 10 = 30$	$2 \times 10 = 20$	$50 \div 10 = 5$
$4 \times 10 = 40$	$8 \times 10 = 80$	$90 \div 10 = 9$
$5 \times 10 = 50$	$7 \times 10 = 70$	$40 \div 10 = 4$
$6 \times 10 = 60$	$3 \times 10 = 30$	$100 \div 10 = 10$
$7 \times 10 = 70$	$4 \times 10 = 40$	$30 \div 10 = 3$
$8 \times 10 = 80$	$6 \times 10 = 60$	$20 \div 10 = 2$
$9 \times 10 = 90$	$10 \times 10 = 100$	$70 \div 10 = 7$
$10 \times 10 = 100$	$9 \times 10 = 90$	$60 \div 10 = 6$

De 9 en 9		
Números salteados	Desordenadas ×	Desordenadas ÷
$1 \times 9 = 9$	$2 \times 9 = 18$	$81 \div 9 = 9$
$2 \times 9 = 18$	$4 \times 9 = 36$	$18 \div 9 = 2$
$3 \times 9 = 27$	$7 \times 9 = 63$	$36 \div 9 = 4$
$4 \times 9 = 36$	$8 \times 9 = 72$	$9 \div 9 = 1$
$5 \times 9 = 45$	$3 \times 9 = 27$	$54 \div 9 = 6$
$6 \times 9 = 54$	$10 \times 9 = 90$	$27 \div 9 = 3$
$7 \times 9 = 63$	$1 \times 9 = 9$	$63 \div 9 = 7$
$8 \times 9 = 72$	$6 \times 9 = 54$	$72 \div 9 = 8$
$9 \times 9 = 81$	$5 \times 9 = 45$	$90 \div 9 = 10$
$10 \times 9 = 90$	$9 \times 9 = 81$	$45 \div 9 = 5$

Nombre ______________________________

VOCABULARIO
matriz **columna**
fila

Explorar matrices

Una **matriz** es una distribución de objetos en **filas** y **columnas**. Puedes usar la multiplicación para calcular el número total de objetos en una matriz.

fila

matriz de 2 por 5

5 columnas

columna

2 filas de 5 = 2 × 5 = 10

2 filas

Camino al conocimiento Escribir ecuaciones de multiplicación

Escribe una ecuación de multiplicación para cada matriz.

1. ¿Cuántas flores?

____

2. ¿Cuántas conchas marinas?

____

3. ¿Cuántas tazas?

____

4. **Diario matemático** Escribe un problema que puedas resolver usando esta matriz. Muestra cómo se resuelve el problema.

VOCABULARIO
(>) es mayor que
(<) es menor que

Comparar matrices

Sin contar los puntos en la matriz, escribe >, < o = en el círculo.

5 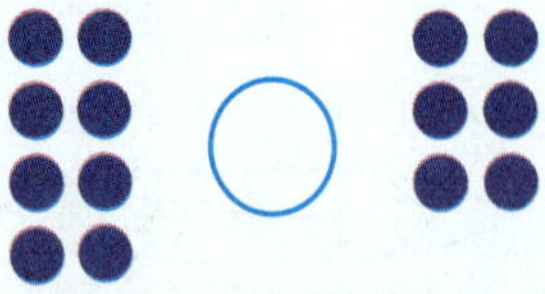

6 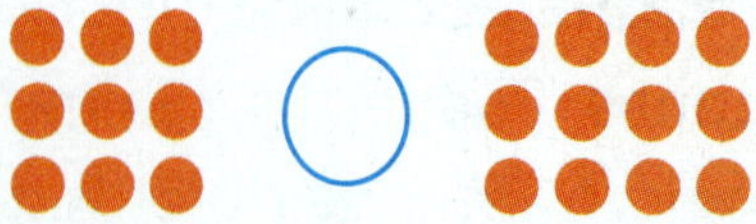

7 

8 

9 

10 

11 

12 

13 **Crea la tuya** Dibuja dos matrices de puntos y compáralas usando signos. Luego, escribe una ecuación para cada matriz para mostrar que tu comparación es correcta.

Nombre ______________________________

Hacer un dibujo matemático para resolver un problema

Haz un dibujo para cada problema. Rotula tu dibujo con una ecuación de multiplicación. Luego, escribe la respuesta del problema.

Muestra tu trabajo.

14 La sección de clarinetes de la banda marchó en 6 filas, con dos clarinetistas en cada fila. ¿Cuántos clarinetistas había en total?

____

15 Mali puso unas galletas saladas en una bandeja. Las puso en 3 filas, con 5 galletas en cada fila. ¿Cuántas galletas puso en la bandeja?

____

16 La señorita Shahin puso unas sillas en 7 filas, con 5 sillas en cada fila. ¿Cuántas sillas puso?

____

17 Zak tiene una caja de crayones. Los crayones están dispuestos en 4 filas, con 6 crayones en cada fila. ¿Cuántos crayones hay en la caja?

____

Representar la conmutatividad

VOCABULARIO
propiedad conmutativa de la multiplicación

La **propiedad conmutativa de la multiplicación** establece que puedes cambiar el orden de los factores sin cambiar el producto.

Matrices: $4 \times 5 = 5 \times 4$

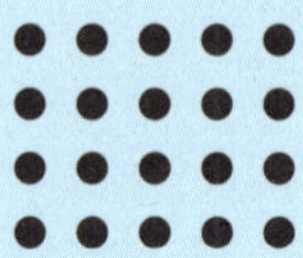

$4 \times 5 = 20$

$5 \times 4 = 20$

Grupos: 4 × ⑤ = 5 × ④

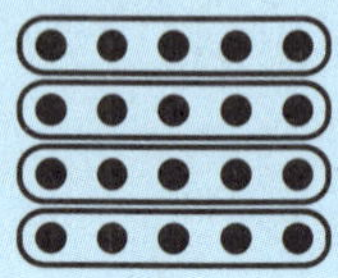

4 × ⑤ = 20

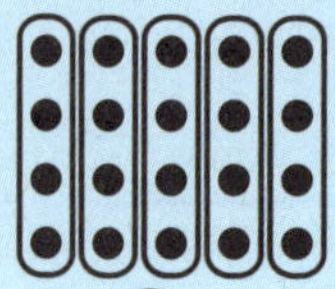

5 × ④ = 20

Resolver problemas usando la propiedad conmutativa

Haz un dibujo matemático para cada problema. Escribe una ecuación de multiplicación y la respuesta del problema.

18 Katie puso adhesivos en su carpeta en 6 filas de 2. ¿Cuántos adhesivos puso?

____

19 Marco puso adhesivos en su carpeta en 2 filas de 6. ¿Cuántos adhesivos puso?

____

20 Juan empacó frascos de vidrio en 3 cajas, con 7 frascos por caja. ¿Cuántos frascos empacó Juan?

____

21 Ty empacó frascos de vidrio en 7 cajas, con 3 frascos por caja. ¿Cuántos frascos empacó Ty?

____

Comprobar la comprensión
Dibuja matrices para demostrar por qué 2×5 es igual a 5×2.

Nombre ______________________

VOCABULARIO
división
dividendo
divisor
cociente

Explorar la división

Escribe una ecuación y resuelve el problema.

1. Marc compró unas bolsas de limones. Había 5 limones en cada bolsa. En total, compró 15 limones. ¿Cuántas bolsas compró?

   ____

2. En una pared había 10 fotos. Las fotos estaban en filas, con 5 fotos por fila. ¿Cuántas filas había?

   ____

Los problemas anteriores se pueden representar con ecuaciones de multiplicación o con ecuaciones de **división**.

	Multiplicación	**División**
Problema 1	☐ × (5) = 15 ☐ número de grupos (factor); 5 tamaño del grupo (factor); 15 total (producto)	15 ÷ (5) = ☐ 15 total (producto); 5 tamaño del grupo (factor); ☐ número de grupos (factor)
Problema 2	☐ × 5 = 10 ☐ número de filas (factor); 5 número en cada fila (factor); 10 total (producto)	10 ÷ 5 = ☐ 10 total (producto); 5 número en cada fila (factor); ☐ número de filas (factor)

Estas son algunas maneras de escribir una división. Todas las siguientes significan "15 dividido entre 5 es igual a 3".

$$5\overline{)15}$$ con 3 ← cociente; 15 ← dividendo; 5 ↑ divisor

$15 \div 5 = 3$ $\quad 15 / 5 = 3 \quad$ $\frac{15}{5} = 3$

El número que divides se llama **dividendo**. El número entre el cual divides se llama **divisor**. El número que es la solución a un problema de división se llama **cociente**.

Herramientas matemáticas: Dibujos y ecuaciones

Puedes usar dibujos de partes iguales para resolver problemas de división. Así puedes resolver el Problema 1 de la página 23.

Empieza por el total, 15.

$15 \div \textcircled{5} = \square$

Dibuja grupos de 5 y conéctalos al total. Cuenta de 5 en 5 mientras dibujas los grupos. Detente cuando llegues a 15, el total. Cuenta cuántos grupos tienes: 3 grupos.

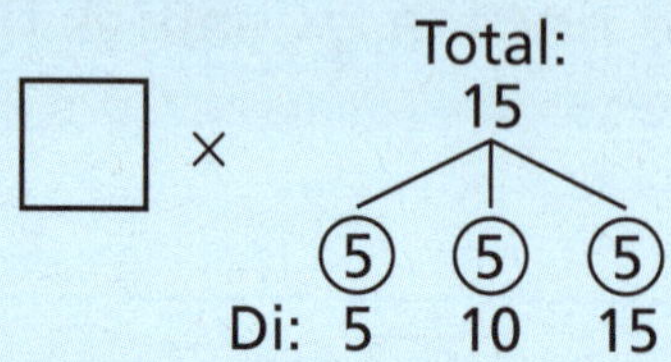

$15 \div \textcircled{5} = \boxed{3}$

Puedes usar un dibujo parecido para hallar el número de filas o columnas en una matriz. Así puedes resolver el Problema 2 de la página 23.

Empieza por el total, 10.

$10 \div \textcircled{5} = \square$

Dibuja filas de 5 y conéctalas al total. Cuenta de 5 en 5 mientras dibujas las filas. Detente cuando llegues a 10, el total. Cuenta cuántas filas tienes: 2 filas.

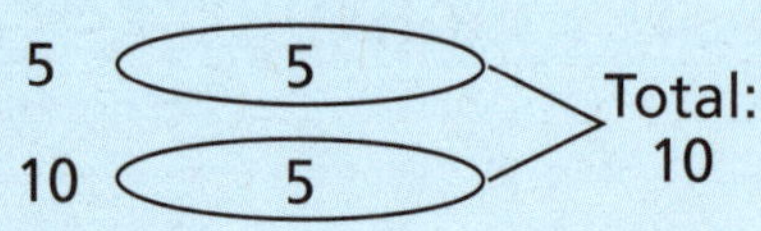

$10 \div \textcircled{5} = \boxed{2}$

Escribe una ecuación y resuelve el problema.

3. En una venta de pasteles, Luisa compró una tajada de pastel de limón por 35¢. Si pagó solo con monedas de 5¢, ¿cuántas monedas usó?

____

4. El Sr. Su compró una hoja de 20 estampillas. Hay 5 estampillas en cada fila. ¿Cuántas filas de estampillas hay?

____

Nombre ____________________

¿Cuál es el error?

Queridos estudiantes de matemáticas,

Hoy calculé el número desconocido en esta ecuación de división usando una multiplicación relacionada. ¿Es correcto mi cálculo?

$40 \div 5 = \square$ $\boxed{9} \times 5 = 40$

Si no, por favor corrijan mi trabajo y díganme qué hice mal. ¿Cómo saben que mi respuesta está equivocada?

Su amigo,
Pingüino Confundido

5 Escribe una respuesta para el Pingüino Confundido.

____

____

____

____

____

Camino al conocimiento Relacionar ecuaciones de división y multiplicación con 5

Calcula los números desconocidos.

6 $20 \div (5) = \square$ $\square \times (5) = 20$

$20 \div (4) = \square$ $\square \times (4) = 20$

7 $10 \div (5) = \square$ $\square \times (5) = 10$

$10 \div (2) = \square$ $\square \times (2) = 10$

8 $15 \div (5) = \square$ $\square \times (5) = 15$

$15 \div (3) = \square$ $\square \times (3) = 15$

Calcular el número en cada grupo

Escribe una ecuación para resolver el problema.

Muestra tu trabajo.

9. Aziz puso 15 cubos de hielo en 5 vasos. Puso el mismo número de cubos en cada vaso. ¿Cuántos cubos de hielo puso en cada vaso?

____

10. El tío de Lori le regaló 20 adhesivos. Lori pegó el mismo número de adhesivos en cada una de 5 carpetas. ¿Cuántos adhesivos pegó en cada carpeta?

____

11. Todd cortó una tabla que medía 45 pulgadas de longitud en 5 pedazos. Todos los pedazos que cortó tienen la misma longitud en pulgadas. ¿Cuántas pulgadas mide cada pedazo?

____

12. Diez estudiantes se reunieron en 5 grupos para jugar un juego matemático. Cada grupo tiene el mismo número de estudiantes. ¿Cuántos estudiantes hay en cada grupo?

____

Comprobar la comprensión

¿Qué ecuación de multiplicación con un número desconocido puedes escribir para calcular $20 \div 5 = \square$?

____

Resuelve la ecuación para calcular el número desconocido. $\square$

Nombre ______________________________

Camino al conocimiento

Explorar patrones con 2

¿Qué patrones ves a continuación?

Números pares e impares

VOCABULARIO
número par
número impar
pictograma

Los números salteados de 2 se llaman números pares porque son múltiplos de 2. En un **número par**, el dígito de las unidades es 0, 2, 4, 6 u 8. Si un número no es múltiplo de dos, se llama **número impar**.

Di si cada número es par o impar.

1. 7 __________
2. 4 __________
3. 20 __________
4. 15 __________

Resolver problemas de multiplicación y división con 2

Escribe una ecuación y resuelve el problema.

5. En la feria de arte, Tamika vendió 9 pares de aretes. ¿Cuántos aretes individuales vendió?

____

6. Rhonda repartió 8 crayones por igual entre sus hermanos gemelos. ¿Cuántos crayones recibió cada niño?

____

Usa la pictografía para resolver cada problema.

7. En total, ¿cuántas bebidas de Fresa Fantástica y Sorpresa de Cítricos se vendieron?

____

8. ¿Cuántas bebidas más de Durazno-Plátano se vendieron que de Mango Loco?

____

Comprobar la comprensión

Explica cómo los patrones en los números salteados de 2 y las multiplicaciones te ayudan a multiplicar.

Nombre ______________________________

Camino al conocimiento

Hoja de verificación 1: 5 y 2

Multiplicaciones con 5	Divisiones con 5	Multiplicaciones con 2	Divisiones con 2
2 × 5 = 10	30 / 5 = 6	4 × 2 = 8	8 / 2 = 4
5 • 6 = 30	5 ÷ 5 = 1	2 • 8 = 16	18 ÷ 2 = 9
5 * 9 = 45	15 / 5 = 3	1 * 2 = 2	2 / 2 = 1
4 × 5 = 20	50 ÷ 5 = 10	6 × 2 = 12	16 ÷ 2 = 8
5 • 7 = 35	20 / 5 = 4	2 • 9 = 18	4 / 2 = 2
10 * 5 = 50	10 ÷ 5 = 2	2 * 2 = 4	20 ÷ 2 = 10
1 × 5 = 5	35 / 5 = 7	3 × 2 = 6	10 / 2 = 5
5 • 3 = 15	40 ÷ 5 = 8	2 • 5 = 10	12 ÷ 2 = 6
8 * 5 = 40	25 / 5 = 5	10 * 2 = 20	6 / 2 = 3
5 × 5 = 25	45 / 5 = 9	2 × 7 = 14	14 / 2 = 7
5 • 8 = 40	20 ÷ 5 = 4	2 • 10 = 20	4 ÷ 2 = 2
7 * 5 = 35	15 / 5 = 3	9 * 2 = 18	2 / 2 = 1
5 × 4 = 20	30 ÷ 5 = 6	2 × 6 = 12	8 ÷ 2 = 4
6 • 5 = 30	25 / 5 = 5	8 • 2 = 16	6 / 2 = 3
5 * 1 = 5	10 ÷ 5 = 2	2 * 3 = 6	20 ÷ 2 = 10
5 × 10 = 50	45 / 5 = 9	2 × 2 = 4	14 / 2 = 7
9 • 5 = 45	35 ÷ 5 = 7	1 • 2 = 2	10 ÷ 2 = 5
5 * 2 = 10	50 ÷ 5 = 10	2 * 4 = 8	16 ÷ 2 = 8
3 × 5 = 15	40 / 5 = 8	5 × 2 = 10	12 / 2 = 6
5 • 5 = 25	5 ÷ 5 = 1	7 • 2 = 14	18 ÷ 2 = 9

Nombre ______________________

Camino al conocimiento

Usar el objetivo

×	0	1	2	3	4	5	6	7	8	9
0	0	0	0	0	0	0	0	0	0	0
1	0	1	2	3	4	5	6	7	8	9
2	0	2	4	6	8	10	12	14	16	18
3	0	3	6	9	12	15	18	21	24	27
4	0	4	8	12	16	20	24	28	32	36
5	0	5	10	15	20	25	30	35	40	45
6	0	6	12	18	24	30	36	42	48	54
7	0	7	14	21	28	35	42	49	56	63
8	0	8	16	24	32	40	48	56	64	72
9	0	9	18	27	36	45	54	63	72	81

1. Comenta cómo puedes usar el objetivo para calcular el producto de 8×5.
2. Comenta cómo puedes usar el objetivo para practicar la división.
3. Practica usando el objetivo.
4. Al usar el objetivo, ¿en qué se parecen la multiplicación y la división? ¿En qué se diferencian?

____

____

____

____

____

____

____

Razonar problemas

Escribe una ecuación y resuelve el problema. Muestra tu trabajo.

5 La Sra. Cheng compró 8 pares de guantes. ¿Cuántos guantes individuales compró?

______

6 Brian repartió 10 crayones equitativamente entre sus dos hermanas. ¿Cuántos crayones recibió cada niña?

______

7 María tiene 5 pilas de tarjetas nemotécnicas. Hay 9 tarjetas en cada pila. ¿Cuántas tarjetas tiene María?

______

8 Un estacionamiento tiene 5 filas de espacios de parqueo con el mismo número de espacios en cada fila. Hay 35 espacios de parqueo en el lote. ¿Cuántos espacios hay en cada fila?

______

Escribir un problema

9 Escribe un problema que puedas resolver usando la ecuación $45 \div 5 = \square$, donde 5 es el número de grupos.

______

______

______

______

Comprobar la comprensión

Si sabes que $7 \times 2 = 14$, ¿qué otras multiplicaciones y divisiones conoces?

______

Prueba rápida 1 de la Unidad 1

Nombre ______________________ Fecha ______________

Escribe la respuesta correcta.

1. $5 \times 3 = \square$

2. $18 \div 2 = \square$

3. Completa el enunciado de multiplicación.

   $5 \times 6 = 6 \times \square$

4. Andy usa 3 plátanos en cada uno de los 5 panes de plátano que está horneando. Escribe una expresión de multiplicación que represente el número total de plátanos que usa Andy.

   Muestra tu trabajo.

   ____

5. Resuelve para calcular el número desconocido de la ecuación.

   $5 \times \square = 40$

Nombre ______ Fecha ______

Haz un dibujo. Escribe una ecuación. Resuelve.

1. Imaad tiene 5 tazones. Quiere servir 4 bollos rellenos en cada tazón. ¿Cuántos bollos rellenos necesita en total?

______

2. Marja ordena sus carritos de juguete de modo que hay 7 carritos en cada fila. Forma 3 filas iguales de carritos. ¿Cuántos carritos de juguete tiene Marja?

______

3. Noriko pega estrellas en la primera página de su libro. Ordena las estrellas en 2 filas con 4 estrellas en cada fila. En la segunda página, pega 2 estrellas por fila. En la segunda página hay 4 filas de estrellas. ¿Cuántas estrellas hay en cada página?

______

Nombre ____________________

Camino al conocimiento

Explorar patrones con 10

¿Qué patrones ves a continuación?

Resolver problemas con 10

Escribe una ecuación y resuelve el problema. *Muestra tu trabajo.*

1. Raimundo tiene 9 monedas de 10¢. ¿Cuántos centavos tiene?

____

2. Yoko tiene unas monedas de 10¢ en el bolsillo y ninguna otra moneda. En total, tiene 70¢. ¿Cuántas monedas de 10¢ tiene en el bolsillo?

____

3. Jonah recogió 40 fresas. Las regaló a 10 de sus mejores amigos. Cada amigo recibió el mismo número de fresas. ¿Cuántas fresas recibió cada amigo?

____

4. Hay 10 tarjetas de colección del Comando Espacial en cada paquete. Zoe compró 5 paquetes de tarjetas. ¿Cuántas tarjetas compró en total?

____

5. Había 80 estudiantes en un auditorio. Había 10 estudiantes en cada fila. ¿Cuántas filas de estudiantes había?

____

6. Un rollo de cinta tiene 60 pulgadas de cinta. Harper cortó toda la cinta en 10 trozos de igual longitud. ¿Cuántas pulgadas de longitud mide cada trozo?

____

Nombre ______________________________

Usar variables en ecuaciones

VOCABULARIO
variable

Cuando escribes ecuaciones, puedes usar una letra para representar un número desconocido. Esa letra se llama **variable**.

Cada una de estas ecuaciones tiene una variable.

$a \times 10 = 60$	$70 = c \times 7$	$w = 80 \div 10$	$9 = 90 \div c$
$2 \times y = 18$	$p = 9 \times 2$	$f = 18 \div 2$	$18 \div n = 2$

Resuelve cada ecuación.

7. $14 = 7 \times a$

   $a =$ ______

8. $90 \div g = 9$

   $g =$ ______

9. $10 \div n = 5$

   $n =$ ______

10. $8 \times f = 40$

    $f =$ ______

Escribir y resolver ecuaciones con variables

Escribe una ecuación y resuelve el problema.

11. Una caja de pajillas contiene 60 pajillas. Hay 10 pajillas en cada fila. ¿Cuántas filas hay?

    ____

12. Ethan usó 9 monedas de 10¢ para pagar su libro. ¿Cuánto costó el libro?

    ____

13. En una carrera hay 10 equipos de relevos con el mismo número de personas en cada equipo. Hay 50 personas corriendo la carrera. ¿Cuántas personas hay en cada equipo?

    ____

14. Amanda tiene 20 pulseras. Regaló el mismo número de pulseras a sus 2 amigas. ¿Cuántas pulseras le regaló a cada amiga?

    ____

¿Cuál es el error?

Queridos estudiantes de matemáticas,

Hoy, mi maestra me pidió que escribiera un problema que se pueda resolver usando la división $40 \div 10$. Este es el problema que escribí:

> Kim tiene 40 manzanas y pone 4 manzanas en cada bolsa. ¿Cuántas bolsas usa Kim?

¿Es correcto mi problema? Si no, por favor corrijan mi trabajo y díganme qué hice mal.

Su amigo,
El Pingüino Confundido

15 **Escribe una respuesta para el Pingüino Confundido.**

Escribir y resolver problemas con 10

16 Escribe un problema que se pueda resolver usando la multiplicación 10×3. Luego, escribe un problema de división relacionado.

Comprobar la comprensión

Da un ejemplo de un número salteado de 10 y explica por qué lo sabes.

Nombre ______________________

Camino al conocimiento

Hoja de verificación 2: 10 y 9

Multiplicaciones con 10	Divisiones con 10	Multiplicaciones con 9	Divisiones con 9
9 × 10 = 90	100 / 10 = 10	3 × 9 = 27	27 / 9 = 3
10 • 3 = 30	50 ÷ 10 = 5	9 • 7 = 63	9 ÷ 9 = 1
10 * 6 = 60	70 / 10 = 7	10 * 9 = 90	81 / 9 = 9
1 × 10 = 10	40 ÷ 10 = 4	5 × 9 = 45	45 ÷ 9 = 5
10 • 4 = 40	80 / 10 = 8	9 • 8 = 72	90 / 9 = 10
10 * 7 = 70	60 ÷ 10 = 6	9 * 1 = 9	36 ÷ 9 = 4
8 × 10 = 80	10 / 10 = 1	2 × 9 = 18	18 / 9 = 2
10 • 10 = 100	20 ÷ 10 = 2	9 • 9 = 81	63 ÷ 9 = 7
5 * 10 = 50	90 / 10 = 9	6 * 9 = 54	54 / 9 = 6
10 × 2 = 20	30 / 10 = 3	9 × 4 = 36	72 / 9 = 8
10 • 5 = 50	80 ÷ 10 = 8	9 • 5 = 45	27 ÷ 9 = 3
4 * 10 = 40	70 / 10 = 7	4 * 9 = 36	45 / 9 = 5
10 × 1 = 10	100 ÷ 10 = 10	9 × 1 = 9	63 ÷ 9 = 7
3 • 10 = 30	90 / 10 = 9	3 • 9 = 27	72 / 9 = 8
10 * 8 = 80	60 ÷ 10 = 6	9 * 8 = 72	54 ÷ 9 = 6
7 × 10 = 70	30 / 10 = 3	7 × 9 = 63	18 / 9 = 2
6 • 10 = 60	10 ÷ 10 = 1	6 • 9 = 54	90 ÷ 9 = 10
10 * 9 = 90	40 ÷ 10 = 4	9 * 9 = 81	9 ÷ 9 = 1
10 × 10 = 100	20 / 10 = 2	10 × 9 = 90	36 / 9 = 4
2 • 10 = 20	50 ÷ 10 = 5	2 • 9 = 18	81 ÷ 9 = 9

Nombre ______________________________

Herramientas matemáticas: Multiplicación rápida con 9

Puedes usar el método de multiplicación rápida con 9 como ayuda para multiplicar por 9. Abre las manos y dales vuelta para que miren hacia ti. Imagina que tus dedos están numerados así.

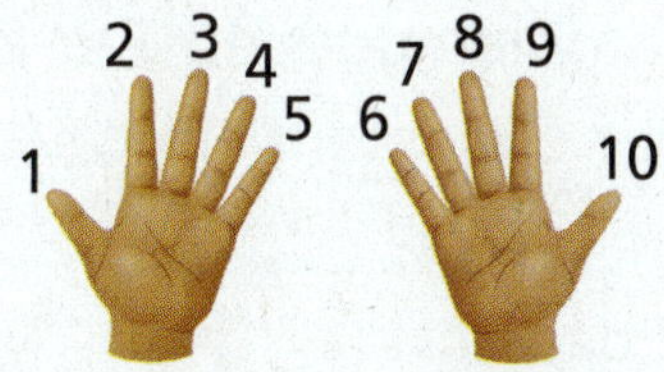

Para calcular un número por 9, dobla el dedo para ese número. Por ejemplo, para calcular 4 × 9, dobla tu cuarto dedo.

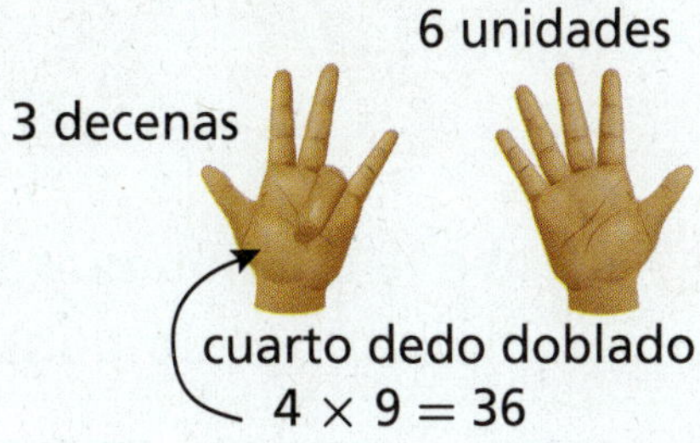

Los dedos a la izquierda del dedo doblado son las decenas. Los dedos a la derecha son las unidades. En este problema hay 3 decenas y 6 unidades, entonces 4 × 9 = 36.

¿Por qué funciona? Porque 4 × 9 = 4 × (10 − 1) = 40 − 4 = 36

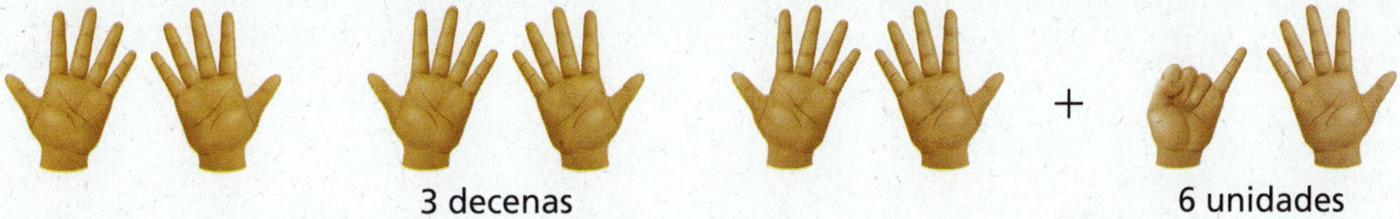

1. Escribe la multiplicación que se muestra cuando el séptimo dedo multiplicador está doblado.

   _____ × _____ = _____

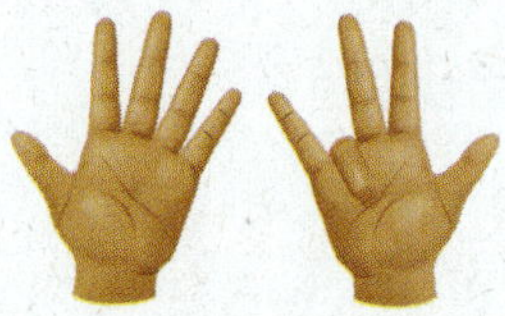

2. ¿Qué dedo multiplicador estará doblado para indicar 5 decenas y 4 unidades?

   ____

Herramientas matemáticas: División rápida con 9

También puedes usar los 9 rápidos como ayuda para dividir entre 9. Por ejemplo, para calcular 72 ÷ 9, muestra 72 con tus dedos.

7 decenas

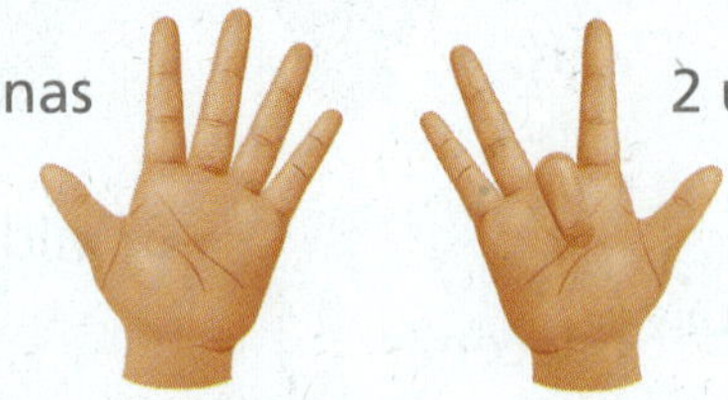

2 unidades

Tu octavo dedo está doblado, entonces 72 ÷ 9 = 8. 8 × 9 = 80 − 8 = 72

3 Escribe la división que se muestra cuando el quinto dedo multiplicador está doblado.

_____ ÷ _____ = _____

4 ¿Qué dedo multiplicador se debe doblar para indicar 81 ÷ 9?

____

5 ¿Qué multiplicación se muestra cuando el noveno dedo está doblado?

_____ × _____ = _____

Comprobar la comprensión

Usa el siguiente dibujo. Traza una X en el dedo que doblarías para calcular 6 × 9.

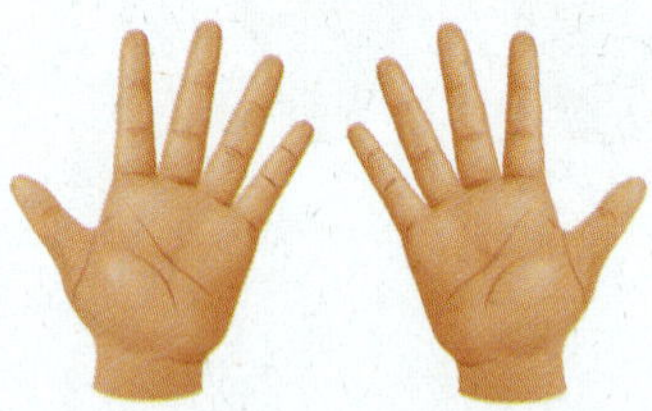

6 × 9 = ☐

Usa el siguiente dibujo. Traza una X en el dedo que doblarías para calcular 27 ÷ 9.

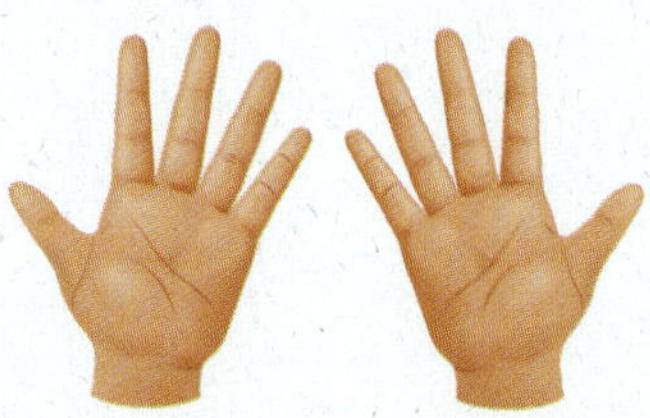

27 ÷ 9 = ☐

Nombre ______________________________

Camino al conocimiento

Hoja de verificación 3: 2, 5, 9 y 10

Multiplicaciones con 2, 5, 9 y 10	Multiplicaciones con 2, 5, 9 y 10	Divisiones con 2, 5, 9 y 10	Divisiones con 2, 5, 9 y 10
2 × 10 = 20	5 × 10 = 50	18 / 2 = 9	36 / 9 = 4
10 • 5 = 50	10 • 9 = 90	50 ÷ 5 = 10	70 ÷ 10 = 7
9 * 6 = 54	4 * 10 = 40	72 / 9 = 8	18 / 2 = 9
7 × 10 = 70	2 × 9 = 18	60 ÷ 10 = 6	45 ÷ 5 = 9
2 • 3 = 6	5 • 3 = 15	12 / 2 = 6	45 / 9 = 5
5 * 7 = 35	6 * 9 = 54	30 ÷ 5 = 6	30 ÷ 10 = 3
9 × 10 = 90	10 × 3 = 30	18 / 9 = 2	6 / 2 = 3
6 • 10 = 60	3 • 2 = 6	50 ÷ 10 = 5	50 ÷ 5 = 10
8 * 2 = 16	5 * 8 = 40	14 / 2 = 7	27 / 9 = 3
5 × 6 = 30	9 × 9 = 81	25 / 5 = 5	70 / 10 = 7
9 • 5 = 45	10 • 4 = 40	81 ÷ 9 = 9	20 ÷ 2 = 10
8 * 10 = 80	9 * 2 = 18	20 / 10 = 2	45 / 5 = 9
2 × 1 = 2	5 × 1 = 5	8 ÷ 2 = 4	54 ÷ 9 = 6
3 • 5 = 15	9 • 6 = 54	45 / 5 = 9	80 / 10 = 8
4 * 9 = 36	10 * 1 = 10	63 ÷ 9 = 7	16 ÷ 2 = 8
3 × 10 = 30	7 × 2 = 14	30 / 10 = 3	15 / 5 = 3
2 • 6 = 12	6 • 5 = 30	10 ÷ 2 = 5	90 ÷ 9 = 10
4 * 5 = 20	8 * 9 = 72	40 ÷ 5 = 8	100 ÷ 10 = 10
9 × 7 = 63	10 × 6 = 60	9 / 9 = 1	12 / 2 = 6
1 • 10 = 10	2 • 8 = 16	50 ÷ 10 = 5	35 ÷ 5 = 7

Hoja de verificación 3: 2, 5, 9 y 10

Nombre ____________________

Razonar problemas con 2, 5, 9 y 10

Escribe una ecuación que represente cada problema. Luego, resuelve el problema.

Muestra tu trabajo.

1. Ian sembró bulbos de tulipán en una matriz de 5 filas y 10 columnas. ¿Cuántos bulbos sembró?

   ____

2. Erin regaló 30 tarjetas de básquetbol a sus 5 primas. Cada prima recibió el mismo número de tarjetas. ¿Cuántas tarjetas recibió cada prima?

   ____

3. Martina compró 7 latas de pelotas de ráquetbol. Había 2 pelotas por lata. ¿Cuántas pelotas compró en total?

   ____

4. Los 27 estudiantes de la orquesta se pararon en filas para la fotografía de la escuela. Había 9 estudiantes en cada fila. ¿Cuántas filas de estudiantes había?

   ____

5. Lindsey necesita 40 tarjetas de notas. Las tarjetas vienen en cajas de 10 tarjetas. ¿Cuántos paquetes de tarjetas debe comprar Lindsey?

   ____

6. Hay 25 pupitres en al salón de clase. Los pupitres están dispuestos en 5 filas con el mismo número de pupitres por fila. ¿Cuántos pupitres hay en cada fila?

   ____

Herramientas matemáticas: Representación rápida de matrices

Una representación rápida de matrices muestra el número de elementos en cada fila y columna, pero no muestra todos los elementos de la matriz.

Problema 1 en la página 45:

Muestra el número de filas y el número de columnas. Haz una casilla en el centro para indicar que no sabes el total.

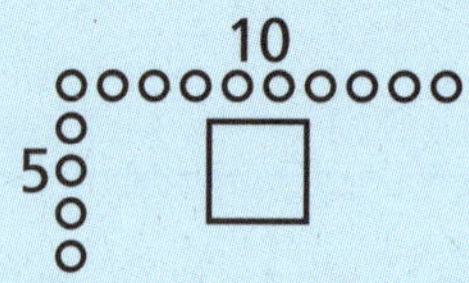

Estas son tres maneras de calcular el total.

- Calcula 5×10.
- Cuenta de 10 en 10 para calcular el total en 5 filas de 10: 10, 20, 30, 40, 50.
- Cuenta de 5 en 5 para calcular el total en 10 columnas de 5: 5, 10, 15, 20, 25, 30, 35, 40, 45, 50.

Problema 4 en la página 45:

Muestra el número en cada fila y el total. Haz una casilla para indicar que no sabes el número de filas.

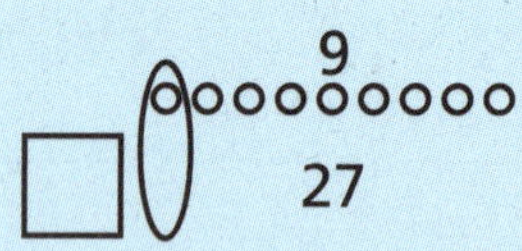

Estas son dos maneras de calcular el número de filas.

- Calcula $27 \div 9$ o resuelve $\square \times 9 = 27$.
- Cuenta de 9 en 9 hasta llegar a 27:

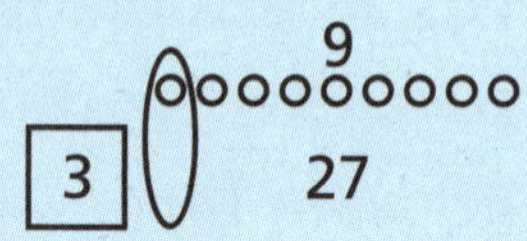

Diario matemático **Haz una representación rápida de matrices para resolver cada problema.**

7. Beth plantó árboles en 9 filas y 6 columnas. ¿Cuántos árboles plantó?

8. Los 36 chicos se pararon en 4 filas para la foto del equipo. ¿Cuántos chicos había en cada fila?

Comprobar la comprensión

¿Qué problema tiene un total desconocido?
Encierra uno en un círculo: Problema 7 Problema 8

Ampliar el conocimiento con 2, 5, 9 y 10

Prueba rápida 2 de la Unidad 1

Nombre ______________________ Fecha ____________

Escribe la respuesta correcta.

1. $10 \cdot \square = 50$

2. $80 \div 10 = \square$

3. $2 \times \square = 16$

4. $4 \times 9 = \square$

5. $27 \div 9 = \square$

Comprobar la estrategia 2

Nombre ______________________________ Fecha ______________________________

Completa el siguiente patrón para mostrar la multiplicación con 9.

1. $1 \times 9 = 10 - 1 = \square$

2. $2 \times 9 = 20 - 2 = \square$

3. $3 \times 9 = 30 - 3 = \square$

4. $4 \times 9 = 40 - \square = \square$

5. $5 \times 9 = \square - \square = \square$

6. $6 \times 9 = \square - \square = \square$

7. $7 \times 9 = \square - \square = \square$

8. $8 \times 9 = \square - \square = \square$

9. $9 \times 9 = \square - \square = \square$

10. $9 \times 10 = \square - \square = \square$

Nombre ______________________________

Camino al conocimiento

Explorar patrones con 3

¿Qué patrones ves a continuación?

Camino al conocimiento Usar el método rápido de 5 para 3

Escribe los números salteados de 3 para calcular el total.

1 ¿Cuántos lados hay en 8 triángulos?

2 ¿Cuántas ruedas hay en 6 triciclos?

3 ¿Cuántas patas hay en 7 trípodes?

Nombre

Camino al conocimiento

Usar el método rápido de 5 para 3 (continuación)

Calcula el total comenzando con el quinto número salteado y contando de 3 en 3 a partir de allí.

4 ¿Cuántos lados hay en 7 triángulos?

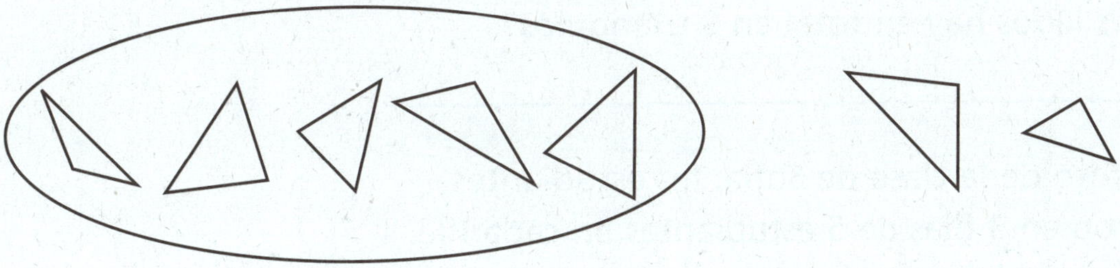

5 ¿Cuántas ruedas hay en 9 triciclos?

6 ¿Cuántas patas hay en 8 trípodes?

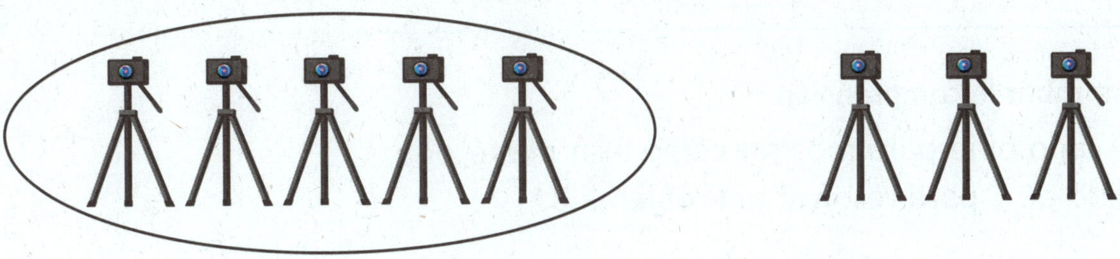

Razonar problemas.

Escribe una ecuación y resuelve el problema.

Muestra tu trabajo.

7. Spencer ordenó sus trofeos de fútbol en 3 filas iguales. Si tenía 12 trofeos, ¿cuántos trofeos hay en cada fila?

____

8. ¿Cuántos lados hay en total en 8 triángulos?

____

9. Para la foto de la clase de Sofía, los estudiantes se pararon en 3 filas de 5 estudiantes en cada fila. ¿Cuántas estudiantes salieron en la foto?

____

10. Las entradas para la función de la escuela cuestan $3 cada una. El Sr. Cortez gastó $27 en entradas. ¿Cuántas compró?

____

11. Hiran escribió 21 palabras de vocabulario. Si las palabras se ordenan en filas de 3, ¿cuántas filas de palabras escribió Hiran?

____

12. Las pelotas de tenis vienen en latas de 3 pelotas. El entrenador Pratt compró 6 latas para el equipo de tenis. ¿Cuántas pelotas de tenis compró el entrenador en total?

____

Comprobar la comprensión

Haz un dibujo para mostrar cómo usar el método rápido de 5 para resolver el Problema 8.

Nombre

Camino al conocimiento

Hoja de estudio B

De 3 en 3		
Conteo en secuencia	Mezcladas ×	Mezcladas ÷
1 × 3 = 3	5 × 3 = 15	27 ÷ 3 = 9
2 × 3 = 6	1 × 3 = 3	6 ÷ 3 = 2
3 × 3 = 9	8 × 3 = 24	18 ÷ 3 = 6
4 × 3 = 12	10 × 3 = 30	30 ÷ 3 = 10
5 × 3 = 15	3 × 3 = 9	9 ÷ 3 = 3
6 × 3 = 18	7 × 3 = 21	3 ÷ 3 = 1
7 × 3 = 21	9 × 3 = 27	12 ÷ 3 = 4
8 × 3 = 24	2 × 3 = 6	24 ÷ 3 = 8
9 × 3 = 27	4 × 3 = 12	15 ÷ 3 = 5
10 × 3 = 30	6 × 3 = 18	21 ÷ 3 = 7

De 4 en 4		
Conteo en secuencia	Mezcladas ×	Mezcladas ÷
1 × 4 = 4	4 × 4 = 16	12 ÷ 4 = 3
2 × 4 = 8	1 × 4 = 4	36 ÷ 4 = 9
3 × 4 = 12	7 × 4 = 28	24 ÷ 4 = 6
4 × 4 = 16	3 × 4 = 12	4 ÷ 4 = 1
5 × 4 = 20	9 × 4 = 36	20 ÷ 4 = 5
6 × 4 = 24	10 × 4 = 40	28 ÷ 4 = 7
7 × 4 = 28	2 × 4 = 8	8 ÷ 4 = 2
8 × 4 = 32	5 × 4 = 20	40 ÷ 4 = 10
9 × 4 = 36	8 × 4 = 32	32 ÷ 4 = 8
10 × 4 = 40	6 × 4 = 24	16 ÷ 4 = 4

De 0 en 0	
Conteo en secuencia	Mezcladas ×
1 × 0 = 0	3 × 0 = 0
2 × 0 = 0	10 × 0 = 0
3 × 0 = 0	5 × 0 = 0
4 × 0 = 0	8 × 0 = 0
5 × 0 = 0	7 × 0 = 0
6 × 0 = 0	2 × 0 = 0
7 × 0 = 0	9 × 0 = 0
8 × 0 = 0	6 × 0 = 0
9 × 0 = 0	1 × 0 = 0
10 × 0 = 0	4 × 0 = 0

De 1 en 1		
Conteo en secuencia	Mezcladas ×	Mezcladas ÷
1 × 1 = 1	5 × 1 = 5	10 ÷ 1 = 10
2 × 1 = 2	7 × 1 = 7	8 ÷ 1 = 8
3 × 1 = 3	10 × 1 = 10	4 ÷ 1 = 4
4 × 1 = 4	1 × 1 = 1	9 ÷ 1 = 9
5 × 1 = 5	8 × 1 = 8	6 ÷ 1 = 6
6 × 1 = 6	4 × 1 = 4	7 ÷ 1 = 7
7 × 1 = 7	9 × 1 = 9	1 ÷ 1 = 1
8 × 1 = 8	3 × 1 = 3	2 ÷ 1 = 2
9 × 1 = 9	2 × 1 = 2	5 ÷ 1 = 5
10 × 1 = 10	6 × 1 = 6	3 ÷ 1 = 3

2×2

$\begin{array}{r} 2 \\ \times\ 3 \\ \hline \end{array}$ $\begin{array}{r} 3 \\ \times\ 2 \\ \hline \end{array}$

2×4
4×2

$\begin{array}{r} 2 \\ \times\ 5 \\ \hline \end{array}$ $\begin{array}{r} 5 \\ \times\ 2 \\ \hline \end{array}$

2×6
6×2

$\begin{array}{r} 2 \\ \times\ 7 \\ \hline \end{array}$ $\begin{array}{r} 7 \\ \times\ 2 \\ \hline \end{array}$

2×8
8×2

$\begin{array}{r} 2 \\ \times\ 9 \\ \hline \end{array}$ $\begin{array}{r} 9 \\ \times\ 2 \\ \hline \end{array}$

$10 = 2 \times 5$

$10 = 5 \times 2$

5
10

2
4
6
8
10

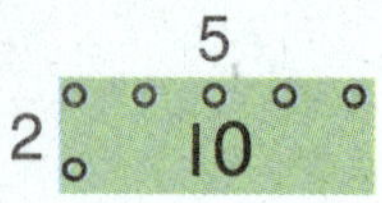

$$\begin{array}{r} 2 \\ \times\ 4 \\ \hline 8 \end{array} \qquad \begin{array}{r} 4 \\ \times\ 2 \\ \hline 8 \end{array}$$

2
4
6
8

4
8

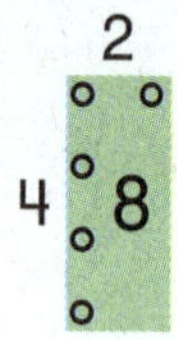

$6 = 2 \times 3$

$6 = 3 \times 2$

3
6

2
4
6

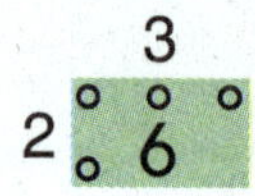

$$\begin{array}{r} 2 \\ \times\ 2 \\ \hline 4 \end{array}$$

2
4

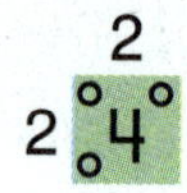

$18 = 2 \times 9$

$18 = 9 \times 2$

9
18

2
4
6
8
10

12
14
16
18

$$\begin{array}{r} 2 \\ \times\ 8 \\ \hline 16 \end{array} \qquad \begin{array}{r} 8 \\ \times\ 2 \\ \hline 16 \end{array}$$

8
16

2
4
6
8
10

12
14
16

$14 = 2 \times 7$

$14 = 7 \times 2$

7
14

2
4
6
8
10

12
14

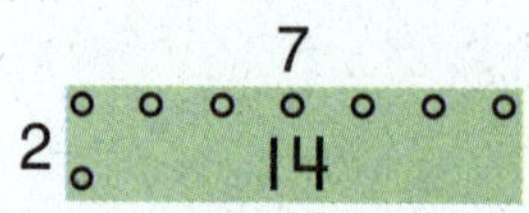

$$\begin{array}{r} 2 \\ \times\ 6 \\ \hline 12 \end{array} \qquad \begin{array}{r} 6 \\ \times\ 2 \\ \hline 12 \end{array}$$

6
12

2
4
6
8
10

12

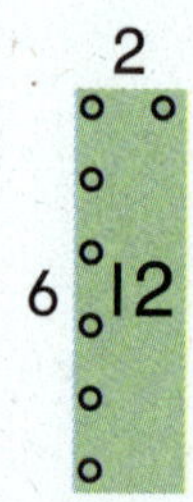

3×3	$\begin{array}{r} 3 \\ \times\ 4 \\ \hline \end{array}$ $\begin{array}{r} 4 \\ \times\ 3 \\ \hline \end{array}$	3×5 5×3	$\begin{array}{r} 3 \\ \times\ 6 \\ \hline \end{array}$ $\begin{array}{r} 6 \\ \times\ 3 \\ \hline \end{array}$
3×7 7×3	$\begin{array}{r} 3 \\ \times\ 8 \\ \hline \end{array}$ $\begin{array}{r} 8 \\ \times\ 3 \\ \hline \end{array}$	3×9 9×3	$\begin{array}{r} 4 \\ \times\ 4 \\ \hline \end{array}$

$18 = 3 \times 6$

$18 = 6 \times 3$

6, 12, 18

3, 6, 9, 12, 15, 18

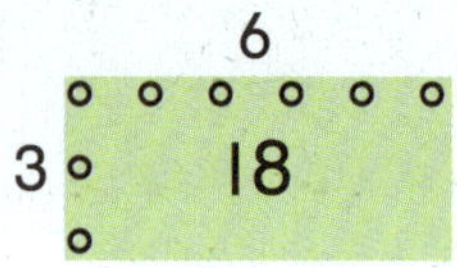

$$\begin{array}{r} 3 \\ \times\ 5 \\ \hline 15 \end{array} \qquad \begin{array}{r} 5 \\ \times\ 3 \\ \hline 15 \end{array}$$

5, 10, 15

3, 6, 9, 12, 15

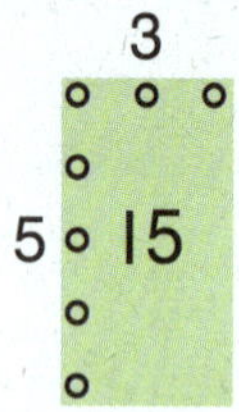

$12 = 3 \times 4$

$12 = 4 \times 3$

4, 8, 12

3, 6, 9, 12

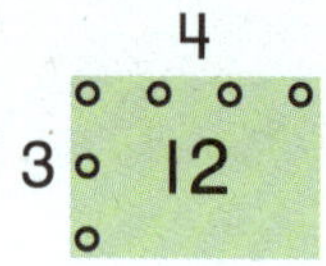

$$\begin{array}{r} 3 \\ \times\ 3 \\ \hline 9 \end{array}$$

3, 6, 9

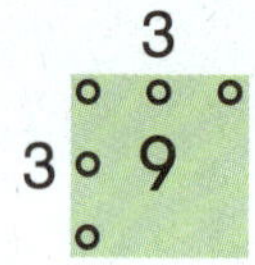

$16 = 4 \times 4$

4, 8, 12, 16

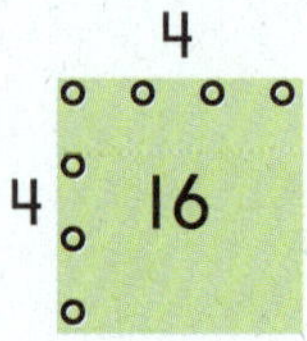

$$\begin{array}{r} 3 \\ \times\ 9 \\ \hline 27 \end{array} \qquad \begin{array}{r} 9 \\ \times\ 3 \\ \hline 27 \end{array}$$

9, 18, 27

3, 6, 9, 12, 15, 18, 21, 24, 27

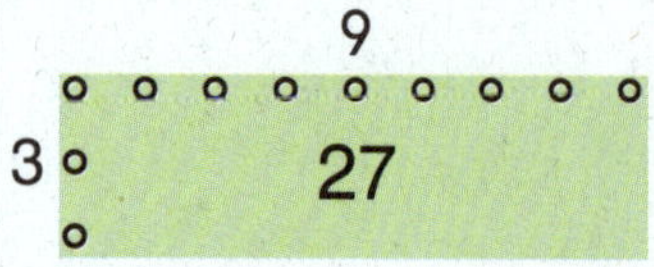

$24 = 3 \times 8$

$24 = 8 \times 3$

8, 16, 24

3, 6, 9, 12, 15, 18, 21, 24

$$\begin{array}{r} 3 \\ \times\ 7 \\ \hline 21 \end{array} \qquad \begin{array}{r} 7 \\ \times\ 3 \\ \hline 21 \end{array}$$

7, 14, 21

3, 6, 9, 12, 15, 18, 21

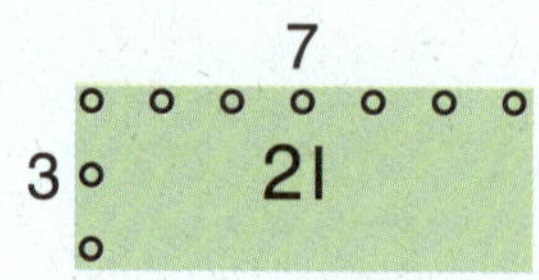

4×5 5×4	$\begin{array}{r} 4 \\ \times\ 6 \\ \hline \end{array}$ $\begin{array}{r} 6 \\ \times\ 4 \\ \hline \end{array}$	4×7 7×4	$\begin{array}{r} 4 \\ \times\ 8 \\ \hline \end{array}$ $\begin{array}{r} 8 \\ \times\ 4 \\ \hline \end{array}$
4×9 9×4	$\begin{array}{r} 5 \\ \times\ 5 \\ \hline \end{array}$	5×6 6×5	$\begin{array}{r} 5 \\ \times\ 7 \\ \hline \end{array}$ $\begin{array}{r} 7 \\ \times\ 5 \\ \hline \end{array}$

$32 = 4 \times 8$

$32 = 8 \times 4$

8	4
16	8
24	12
32	16
	20
	24
	28
	32

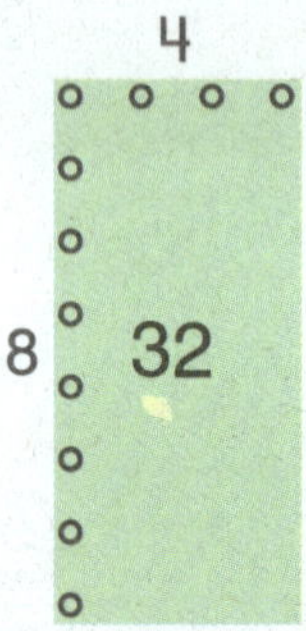

$$\begin{array}{r} 4 \\ \times\ 7 \\ \hline 28 \end{array} \qquad \begin{array}{r} 7 \\ \times\ 4 \\ \hline 28 \end{array}$$

7	4
14	8
21	12
28	16
	20
	24
	28

$24 = 4 \times 6$

$24 = 6 \times 4$

6	4
12	8
18	12
24	16
	20
	24

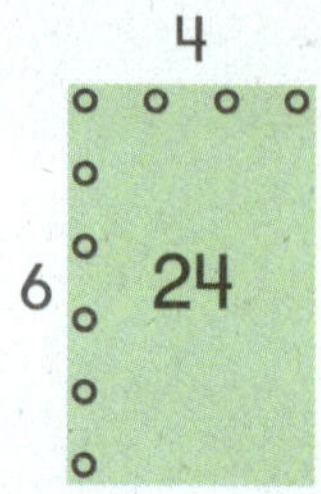

$$\begin{array}{r} 4 \\ \times\ 5 \\ \hline 20 \end{array} \qquad \begin{array}{r} 5 \\ \times\ 4 \\ \hline 20 \end{array}$$

5	4
10	8
15	12
20	16
	20

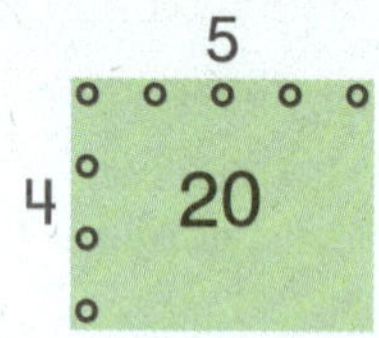

$35 = 5 \times 7$

$35 = 7 \times 5$

7	5
14	10
21	15
28	20
35	25
	30
	35

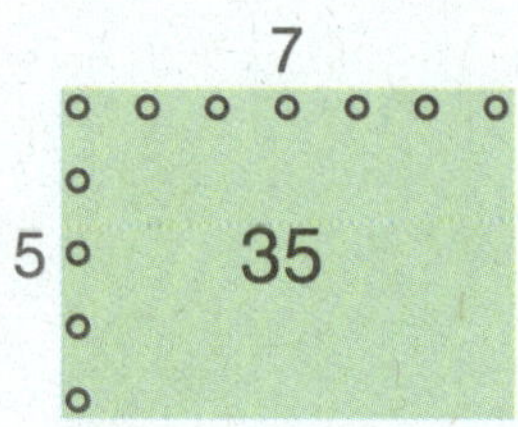

$$\begin{array}{r} 5 \\ \times\ 6 \\ \hline 30 \end{array} \qquad \begin{array}{r} 6 \\ \times\ 5 \\ \hline 30 \end{array}$$

6	5
12	10
18	15
24	20
30	25
	30

$25 = 5 \times 5$

5
10
15
20
25

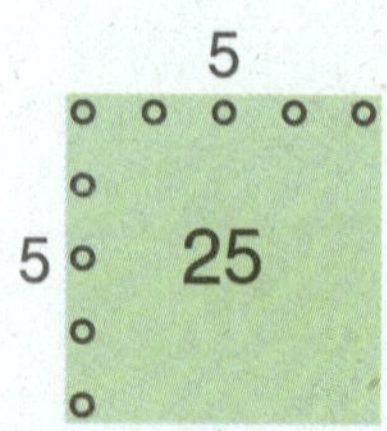

$$\begin{array}{r} 4 \\ \times 9 \\ \hline 36 \end{array} \qquad \begin{array}{r} 9 \\ \times\ 4 \\ \hline 36 \end{array}$$

9	4
18	8
27	12
36	16
	20
	24
	28
	32
	36

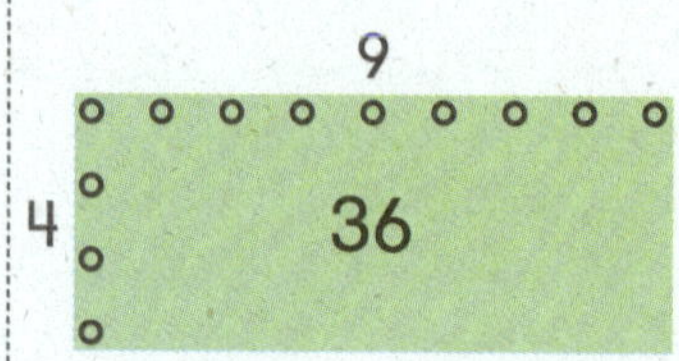

5×8 8×5	$\begin{array}{r} 5 \\ \times 9 \\ \hline \end{array}$ $\begin{array}{r} 9 \\ \times 5 \\ \hline \end{array}$	6×6	$\begin{array}{r} 6 \\ \times 7 \\ \hline \end{array}$ $\begin{array}{r} 7 \\ \times 6 \\ \hline \end{array}$
6×8 8×6	$\begin{array}{r} 6 \\ \times 9 \\ \hline \end{array}$ $\begin{array}{r} 9 \\ \times 6 \\ \hline \end{array}$	7×7	$\begin{array}{r} 7 \\ \times 8 \\ \hline \end{array}$ $\begin{array}{r} 8 \\ \times 7 \\ \hline \end{array}$

$42 = 7 \times 6$

$42 = 6 \times 7$

6	7
12	14
18	21
24	28
30	35
36	42
42	

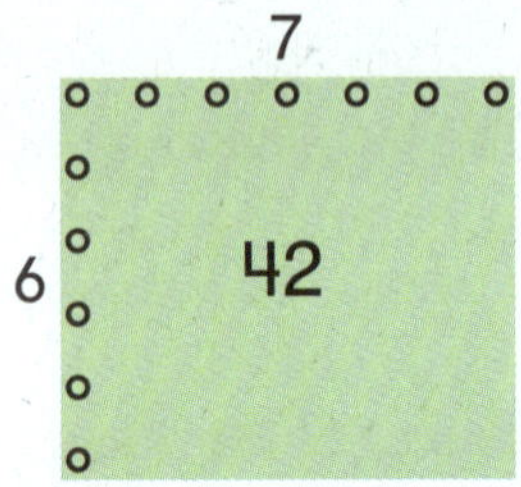

$$\begin{array}{r} 6 \\ \times\ 6 \\ \hline 36 \end{array}$$

6
12
18
24
30

36

$45 = 9 \times 5$

$45 = 5 \times 9$

5	9
10	18
15	27
20	36
25	45
30	
35	
40	
45	

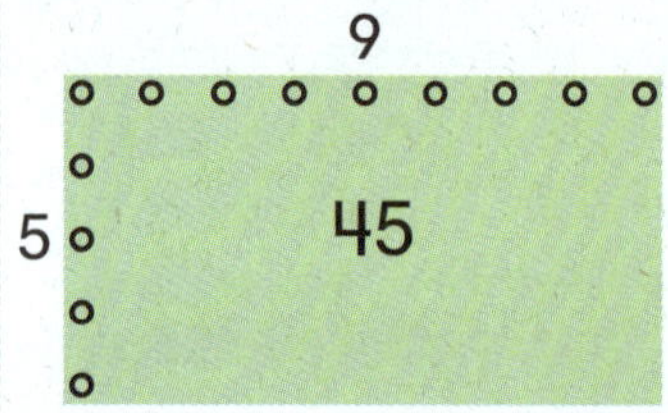

$$\begin{array}{r} 8 \\ \times\ 5 \\ \hline 40 \end{array} \qquad \begin{array}{r} 5 \\ \times\ 8 \\ \hline 40 \end{array}$$

5	8
10	16
15	24
20	32
25	40
30	
35	
40	

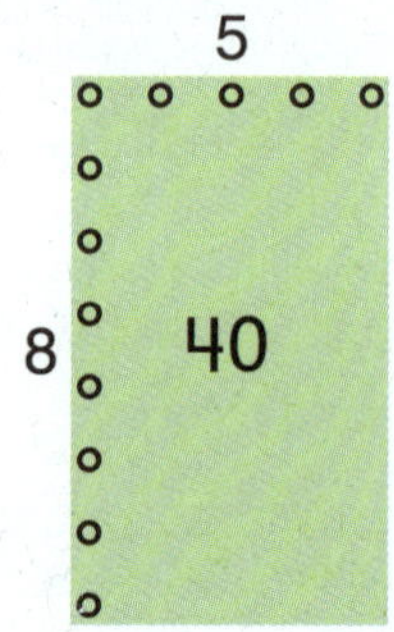

$56 = 7 \times 8$

$56 = 8 \times 7$

8	7
16	14
24	21
32	28
40	35
48	42
56	49
	56

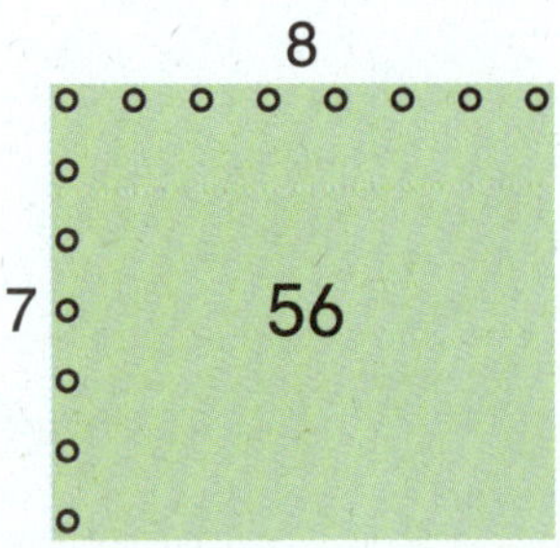

$$\begin{array}{r} 7 \\ \times\ 7 \\ \hline 49 \end{array}$$

7
14
21
28
35

42
49

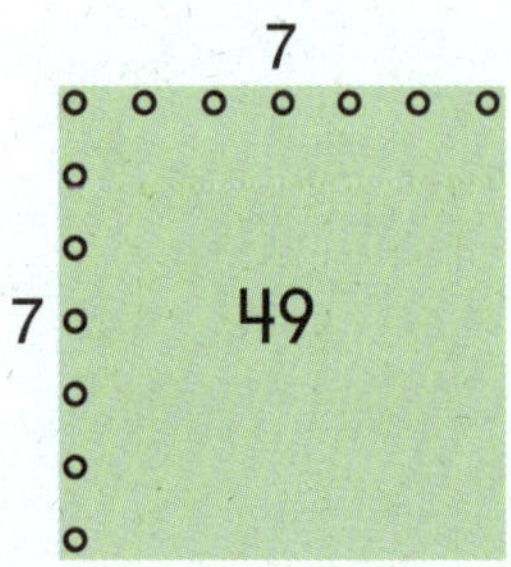

$54 = 9 \times 6$

$54 = 6 \times 9$

6	9
12	18
18	27
24	36
30	45
36	54
42	
48	
54	

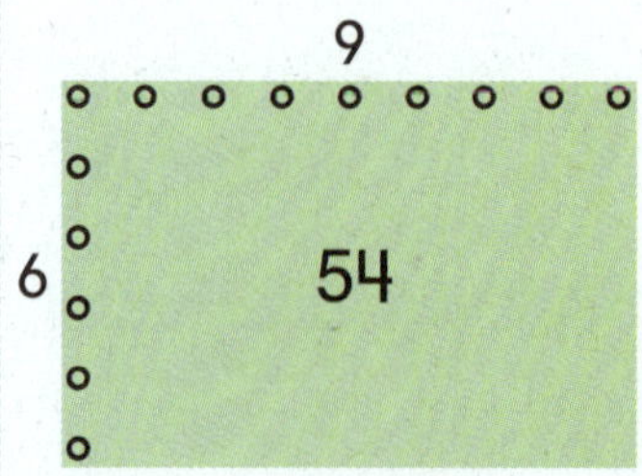

$$\begin{array}{r} 6 \\ \times 8 \\ \hline 48 \end{array} \qquad \begin{array}{r} 8 \\ \times\ 6 \\ \hline 48 \end{array}$$

8	6
16	12
24	18
32	24
40	30
48	36
	42
	48

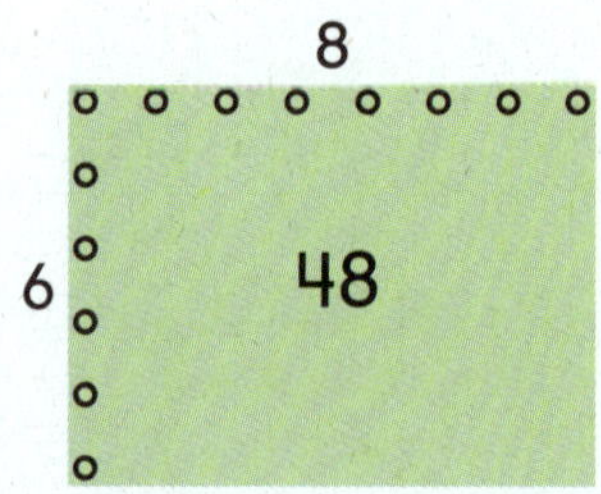

7×9 9×7	$\begin{array}{r} 8 \\ \times\ 8 \\ \hline \end{array}$	9×8 8×9	$\begin{array}{r} 9 \\ \times\ 9 \\ \hline \end{array}$

$81 = 9 \times 9$

9
18
27
36
45

54
63
72
81

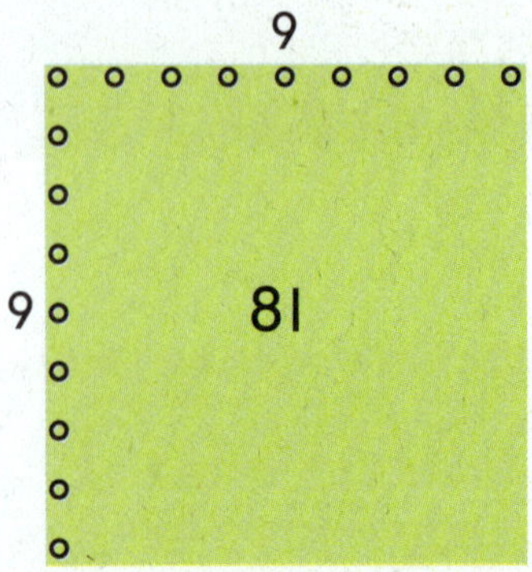

$$\begin{array}{r} 9 \\ \times\ 8 \\ \hline 72 \end{array} \qquad \begin{array}{r} 8 \\ \times\ 9 \\ \hline 72 \end{array}$$

8	9
16	18
24	27
32	36
40	45
48	54
56	63
64	72
72	

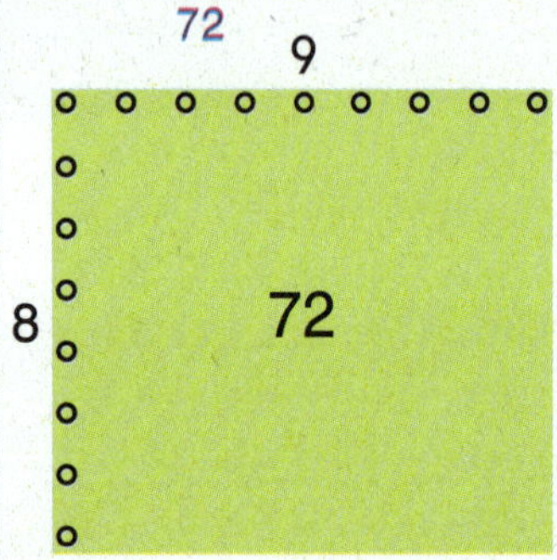

$64 = 8 \times 8$

8
16
24
32
40

48
56
64

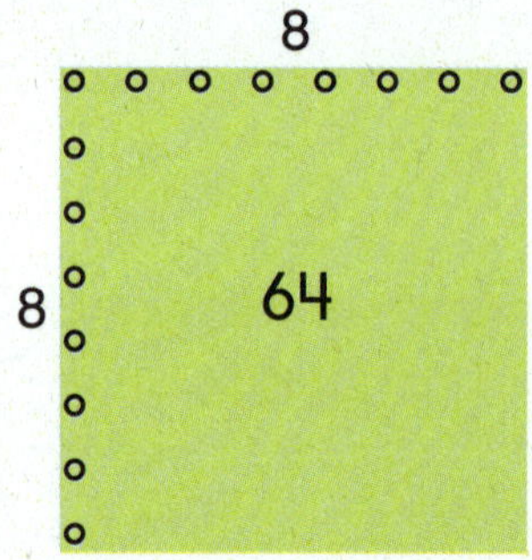

$$\begin{array}{r} 7 \\ \times\ 9 \\ \hline 63 \end{array} \qquad \begin{array}{r} 9 \\ \times\ 7 \\ \hline 63 \end{array}$$

9	7
18	14
27	21
36	28
45	35
54	42
63	49
	56
	63

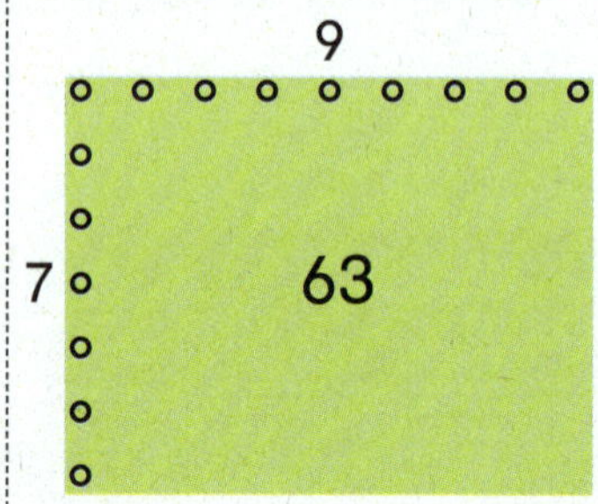

$2\overline{)4}$ $4 \div 2$	$2\overline{)6}$ $6 \div 2$	$2\overline{)8}$ $8 \div 2$	$2\overline{)10}$ $10 \div 2$
$2\overline{)12}$ $12 \div 2$	$2\overline{)14}$ $14 \div 2$	$2\overline{)16}$ $16 \div 2$	$2\overline{)18}$ $18 \div 2$

5 2

2)10 5)10

2
4
6
8
10

5
10

5

2 10

4 2

2)8 4)8

2
4
6
8

4
8

4

2 8

3 2

2)6 3)6

2
4
6

3
6

3

2 6

2

2)4

2
4

2

2 4

9 2

2)18 9)18

2
4
6
8
10

12
14
16
18

9
18

9

2 18

8 2

2)16 8)16

2
4
6
8
10

12
14
16

8
16

8

2 16

7 2

2)14 7)14

2
4
6
8
10

12
14

7
14

7

2 14

6 2

2)12 6)12

2
4
6
8
10

12

6
12

6

2 12

$3\overline{)6}$ $6 \div 3$	$4\overline{)8}$ $8 \div 4$	$5\overline{)10}$ $10 \div 5$	$6\overline{)12}$ $12 \div 6$
$7\overline{)14}$ $14 \div 7$	$8\overline{)16}$ $16 \div 8$	$9\overline{)18}$ $18 \div 9$	$3\overline{)9}$ $9 \div 3$

$6\overline{)12}$ = 2 $2\overline{)12}$ = 6

6, 12

2, 4, 6, 8, 10, 12

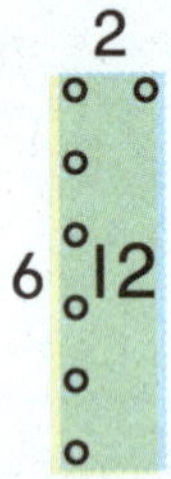

$5\overline{)10}$ = 2 $2\overline{)10}$ = 5

5, 10

2, 4, 6, 8, 10

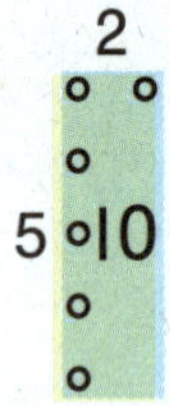

$4\overline{)8}$ = 2 $2\overline{)8}$ = 4

4, 8

2, 4, 6, 8

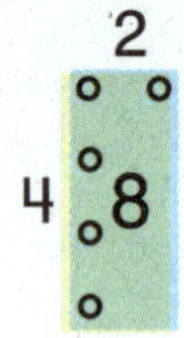

$3\overline{)6}$ = 2 $2\overline{)6}$ = 3

3, 6

2, 4, 6

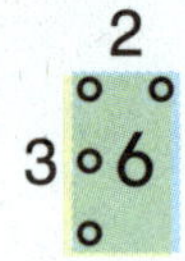

$3\overline{)9}$ = 3

3, 6, 9

$9\overline{)18}$ = 2 $2\overline{)18}$ = 9

9, 18

2, 4, 6, 8, 10, 12, 14, 16, 18

$8\overline{)16}$ = 2 $2\overline{)16}$ = 8

8, 16

2, 4, 6, 8, 10, 12, 14, 16

$7\overline{)14}$ = 2 $2\overline{)14}$ = 7

7, 14

2, 4, 6, 8, 10, 12, 14

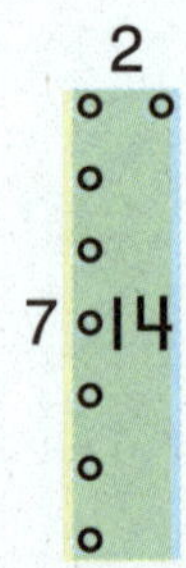

$3\overline{)12}$ $12 \div 3$	$3\overline{)15}$ $15 \div 3$	$3\overline{)18}$ $18 \div 3$	$3\overline{)21}$ $21 \div 3$
$3\overline{)24}$ $24 \div 3$	$3\overline{)27}$ $27 \div 3$	$4\overline{)12}$ $12 \div 4$	$5\overline{)15}$ $15 \div 5$

$$\begin{array}{r}7\\3\overline{)21}\end{array}\quad\begin{array}{r}3\\7\overline{)21}\end{array}$$

3, 6, 9, 12, 15, 18, 21

7, 14, 21

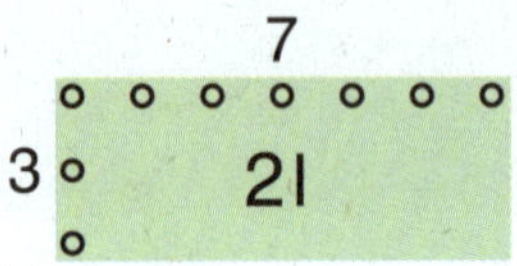

$$\begin{array}{r}6\\3\overline{)18}\end{array}\quad\begin{array}{r}3\\6\overline{)18}\end{array}$$

3, 6, 9, 12, 15, 18

6, 12, 18

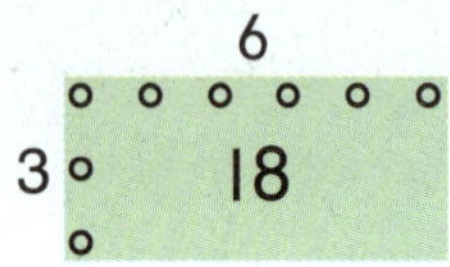

$$\begin{array}{r}5\\3\overline{)15}\end{array}\quad\begin{array}{r}3\\5\overline{)15}\end{array}$$

3, 6, 9, 12, 15

5, 10, 15

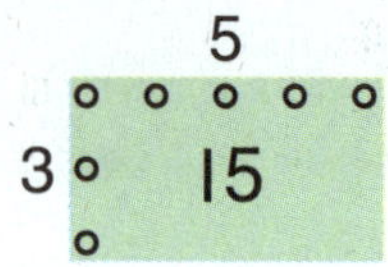

$$\begin{array}{r}4\\3\overline{)12}\end{array}\quad\begin{array}{r}3\\4\overline{)12}\end{array}$$

3, 6, 9, 12

4, 8, 12

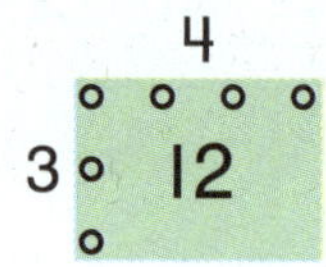

$$\begin{array}{r}3\\5\overline{)15}\end{array}\quad\begin{array}{r}5\\3\overline{)15}\end{array}$$

5, 10, 15

3, 6, 9, 12, 15

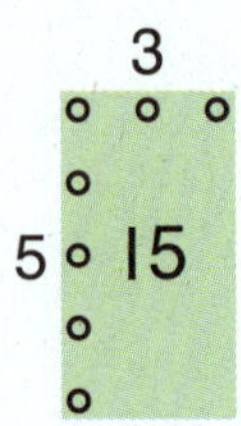

$$\begin{array}{r}3\\4\overline{)12}\end{array}\quad\begin{array}{r}4\\3\overline{)12}\end{array}$$

4, 8, 12

3, 6, 9, 12

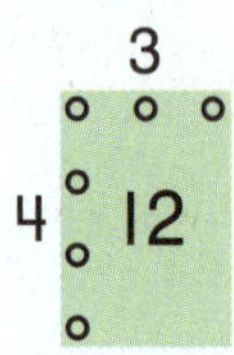

$$\begin{array}{r}9\\3\overline{)27}\end{array}\quad\begin{array}{r}3\\9\overline{)27}\end{array}$$

3, 6, 9, 12, 15, 18, 21, 24, 27

9, 18, 27

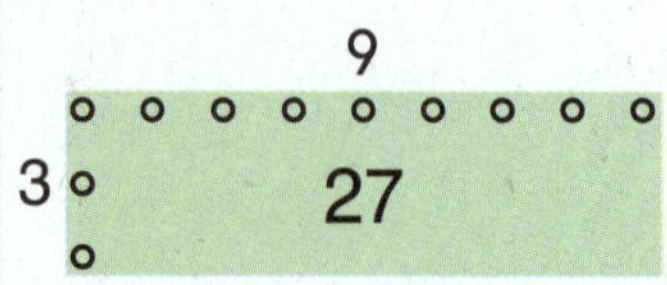

$$\begin{array}{r}8\\3\overline{)24}\end{array}\quad\begin{array}{r}3\\8\overline{)24}\end{array}$$

3, 6, 9, 12, 15, 18, 21, 24

8, 16, 24

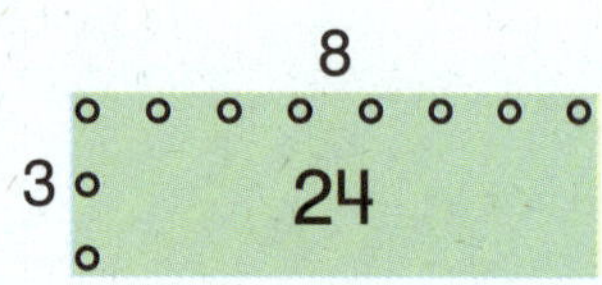

$6\overline{)18}$ $18 \div 6$	$7\overline{)21}$ $21 \div 7$	$8\overline{)24}$ $24 \div 8$	$9\overline{)27}$ $27 \div 9$
$4\overline{)16}$ $16 \div 4$	$4\overline{)20}$ $20 \div 4$	$4\overline{)24}$ $24 \div 4$	$4\overline{)28}$ $28 \div 4$

$\overset{3}{9\overline{)27}}$ $\overset{9}{3\overline{)27}}$

9
18
27

3
6
9
12
15
18
21
24
27

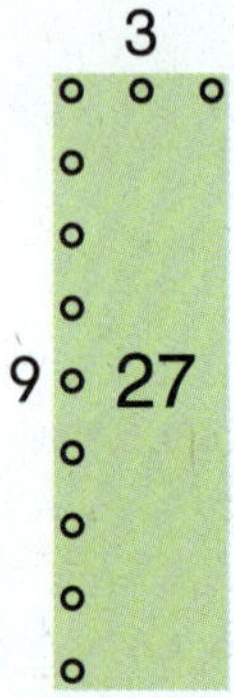

$\overset{3}{8\overline{)24}}$ $\overset{8}{3\overline{)24}}$

8
16
24

3
6
9
12
15
18
21
24

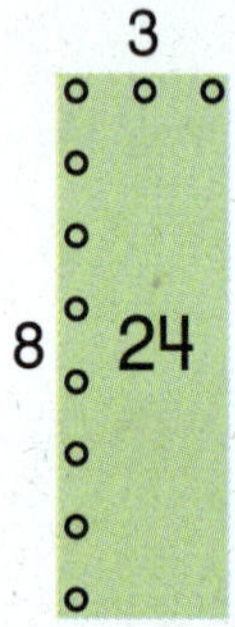

$\overset{3}{7\overline{)21}}$ $\overset{7}{3\overline{)21}}$

7
14
21

3
6
9
12
15
18
21

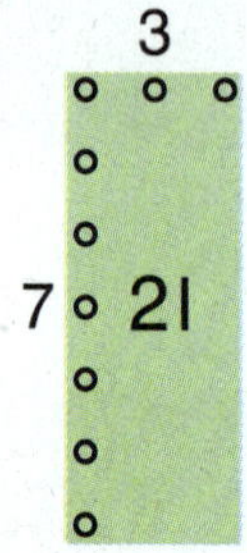

$\overset{3}{6\overline{)18}}$ $\overset{6}{3\overline{)18}}$

6
12
18

3
6
9
12
15
18

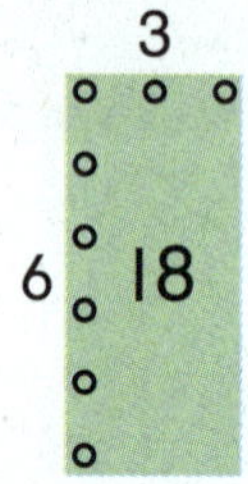

$\overset{7}{4\overline{)28}}$ $\overset{4}{7\overline{)28}}$

4
8
12
16
20
24
28

7
14
21
28

$\overset{6}{4\overline{)24}}$ $\overset{4}{6\overline{)24}}$

4
8
12
16
20
24

6
12
18
24

$\overset{5}{4\overline{)20}}$ $\overset{4}{5\overline{)20}}$

4
8
12
16
20

5
10
15
20

$\overset{4}{4\overline{)16}}$

4
8
12
16

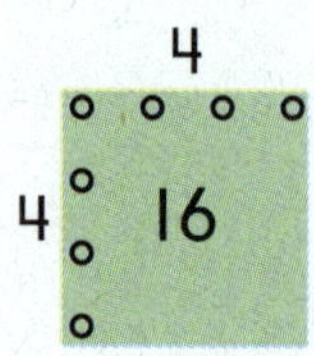

$4\overline{)32}$ $32 \div 4$	$4\overline{)36}$ $36 \div 4$	$5\overline{)20}$ $20 \div 5$	$6\overline{)24}$ $24 \div 6$
$7\overline{)28}$ $28 \div 7$	$8\overline{)32}$ $32 \div 8$	$9\overline{)36}$ $36 \div 9$	$5\overline{)25}$ $25 \div 5$

4 6

6)24 4)24

6, 12, 18, 24

4, 8, 12, 16, 20, 24

4 5

5)20 4)20

5, 10, 15, 20

4, 8, 12, 16, 20

9 4

4)36 9)36

4, 8, 12, 16, 20, 24, 28, 32, 36

9, 18, 27, 36

8 4

4)32 8)32

4, 8, 12, 16, 20, 24, 28, 32

8, 16, 24, 32

5

5)25

5, 10, 15, 20, 25

4 9

9)36 4)36

9, 18, 27, 36

4, 8, 12, 16, 20, 24, 28, 32, 36

4 8

8)32 4)32

8, 16, 24, 32

4, 8, 12, 16, 20, 24, 28, 32

4 7

7)28 4)28

7, 14, 21, 28

4, 8, 12, 16, 20, 24, 28

$5\overline{)30}$ $30 \div 5$	$5\overline{)35}$ $35 \div 5$	$5\overline{)40}$ $40 \div 5$	$5\overline{)45}$ $45 \div 5$
$6\overline{)30}$ $30 \div 6$	$7\overline{)35}$ $35 \div 7$	$8\overline{)40}$ $40 \div 8$	$9\overline{)45}$ $45 \div 9$

$\begin{array}{r}9\\5\overline{)45}\end{array}$ $\begin{array}{r}5\\9\overline{)45}\end{array}$

5, 10, 15, 20, 25, 30, 35, 40, 45

9, 18, 27, 36, 45

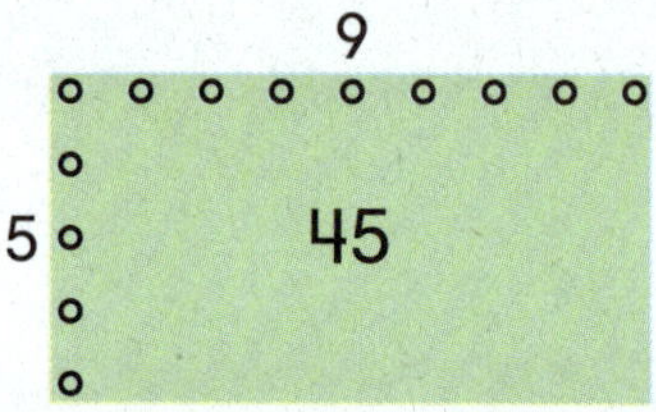

$\begin{array}{r}8\\5\overline{)40}\end{array}$ $\begin{array}{r}5\\8\overline{)40}\end{array}$

5, 10, 15, 20, 25, 30, 35, 40

8, 16, 24, 32, 40

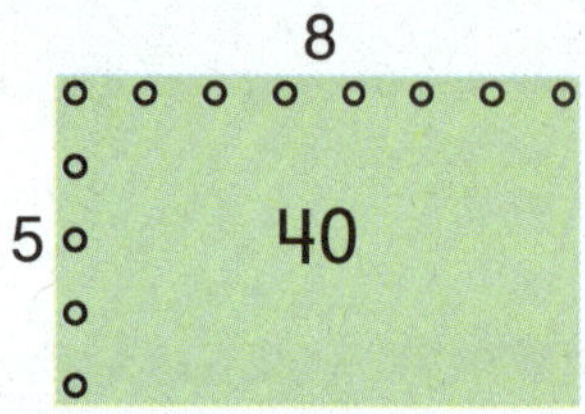

$\begin{array}{r}7\\5\overline{)35}\end{array}$ $\begin{array}{r}5\\7\overline{)35}\end{array}$

5, 10, 15, 20, 25, 30, 35

7, 14, 21, 28, 35

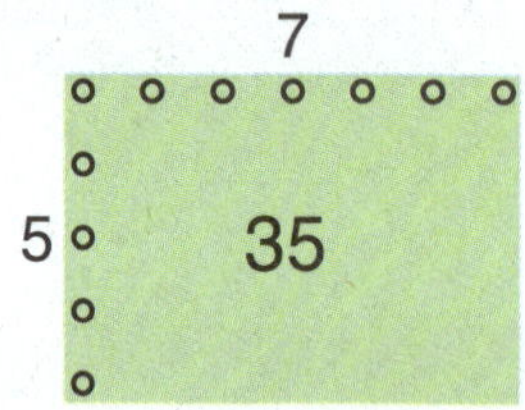

$\begin{array}{r}6\\5\overline{)30}\end{array}$ $\begin{array}{r}5\\6\overline{)30}\end{array}$

5, 10, 15, 20, 25, 30

6, 12, 18, 24, 30

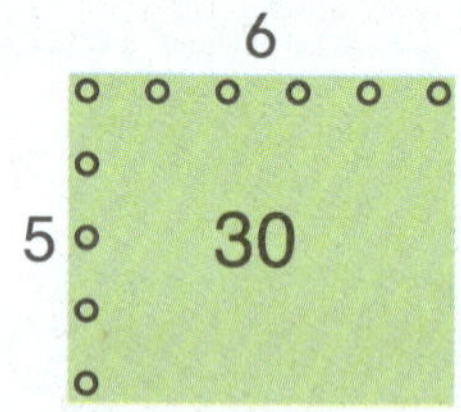

$\begin{array}{r}5\\9\overline{)45}\end{array}$ $\begin{array}{r}9\\5\overline{)45}\end{array}$

9, 18, 27, 36, 45

5, 10, 15, 20, 25, 30, 35, 40, 45

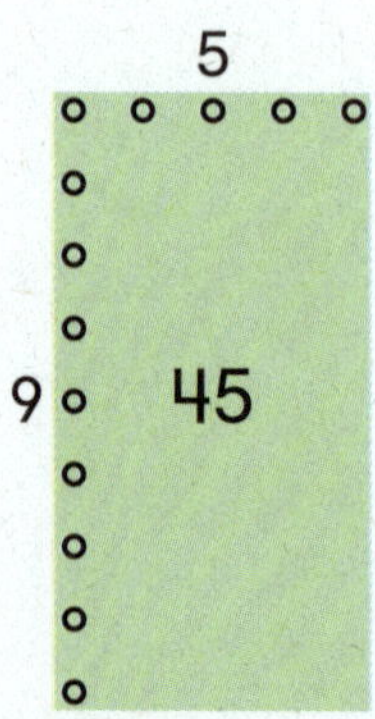

$\begin{array}{r}5\\8\overline{)40}\end{array}$ $\begin{array}{r}8\\5\overline{)40}\end{array}$

8, 16, 24, 32, 40

5, 10, 15, 20, 25, 30, 35, 40

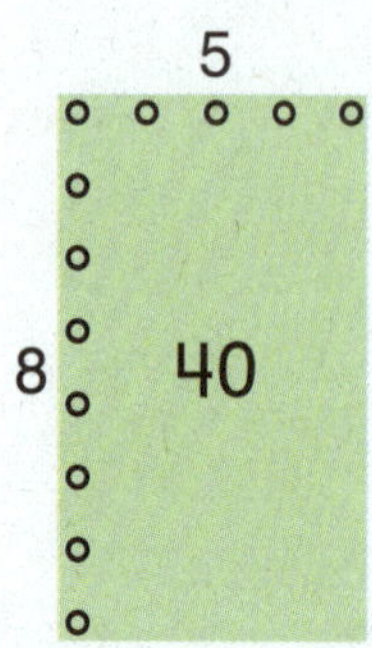

$\begin{array}{r}5\\7\overline{)35}\end{array}$ $\begin{array}{r}7\\5\overline{)35}\end{array}$

7, 14, 21, 28, 35

5, 10, 15, 20, 25, 30, 35

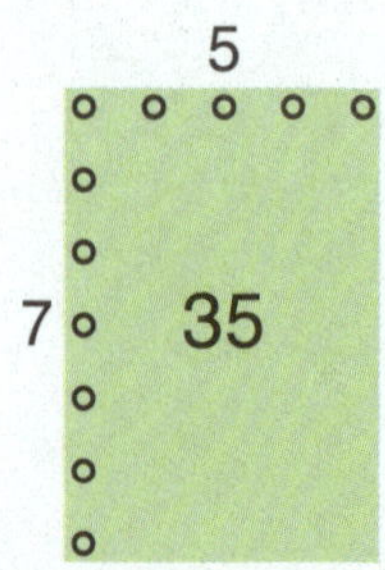

$\begin{array}{r}5\\6\overline{)30}\end{array}$ $\begin{array}{r}6\\5\overline{)30}\end{array}$

6, 12, 18, 24, 30

5, 10, 15, 20, 25, 30

$6\overline{)36}$ 36 ÷ 6	$6\overline{)42}$ 42 ÷ 6	$6\overline{)48}$ 48 ÷ 6	$6\overline{)54}$ 54 ÷ 6
$7\overline{)42}$ 42 ÷ 7	$8\overline{)48}$ 48 ÷ 8	$9\overline{)54}$ 54 ÷ 9	$7\overline{)49}$ 49 ÷ 7

9 6

$6\overline{)54}$ $9\overline{)54}$

6	9
6	9
12	18
18	27
24	36
30	45
36	54
42	
48	
54	

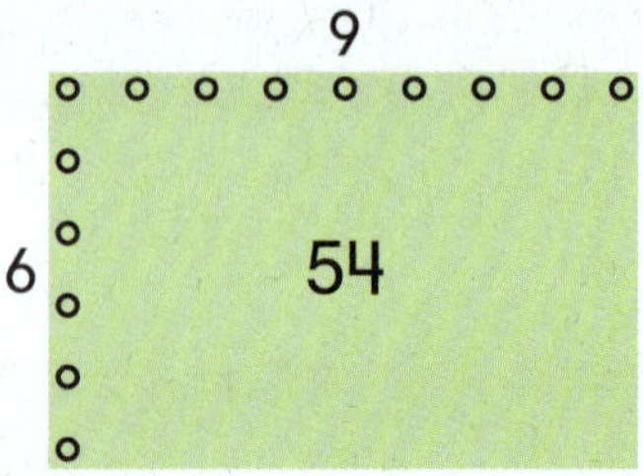

8 6

$6\overline{)48}$ $8\overline{)48}$

6	8
6	8
12	16
18	24
24	32
30	40
36	48
42	
48	

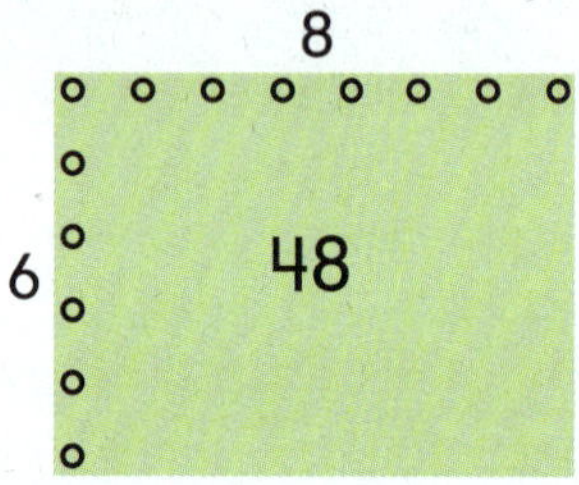

7 6

$6\overline{)42}$ $7\overline{)42}$

6	7
6	7
12	14
18	21
24	28
30	35
36	42
42	

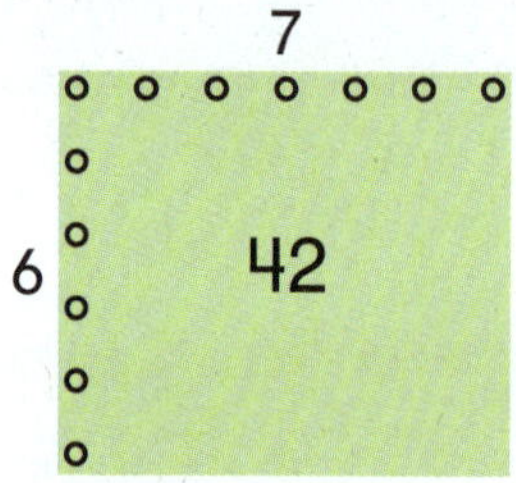

6

$6\overline{)36}$

6
12
18
24
30

36

7

$7\overline{)49}$

7
14
21
28
35

42
49

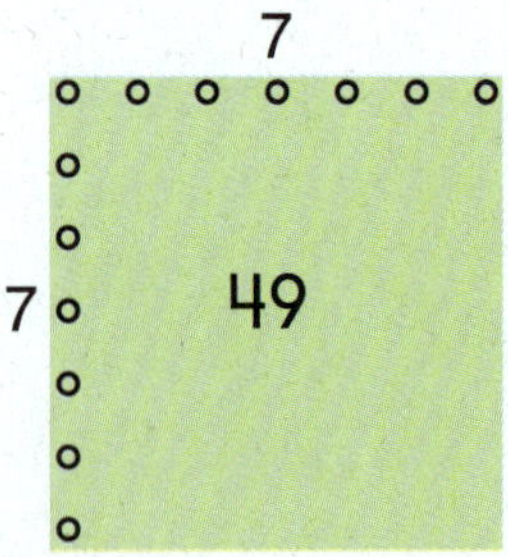

6 9

$9\overline{)54}$ $6\overline{)54}$

9	6
9	6
18	12
27	18
36	24
45	30
54	36
	42
	48
	54

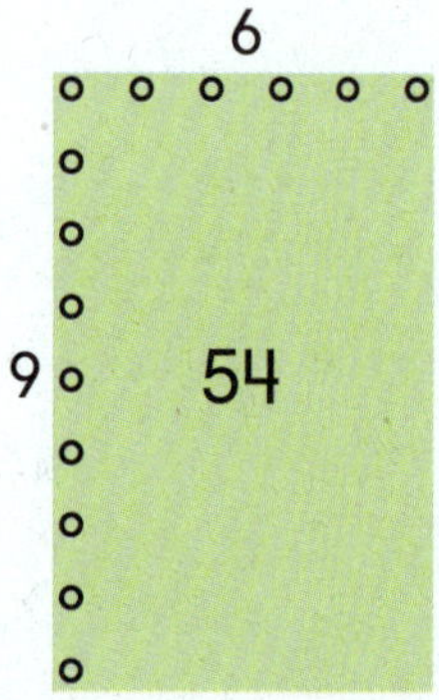

6 8

$8\overline{)48}$ $6\overline{)48}$

8	6
8	6
16	12
24	18
32	24
40	30
48	36
	42
	48

6 7

$7\overline{)42}$ $6\overline{)42}$

7	6
7	6
14	12
21	18
28	24
35	30
42	36
	42

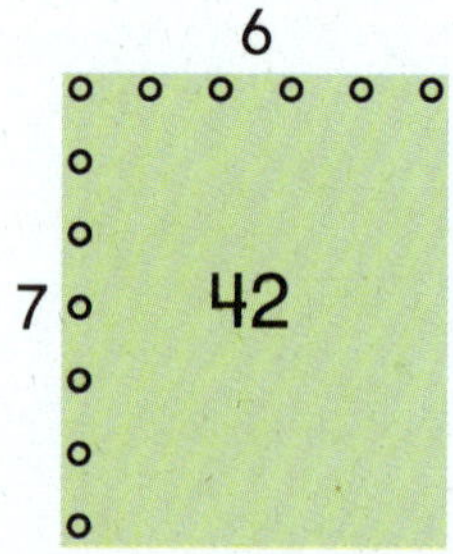

$7\overline{)56}$ $56 \div 7$	$7\overline{)63}$ $63 \div 7$	$8\overline{)56}$ $56 \div 8$	$9\overline{)63}$ $63 \div 9$
$8\overline{)64}$ $64 \div 8$	$8\overline{)72}$ $72 \div 8$	$9\overline{)72}$ $72 \div 9$	$9\overline{)81}$ $81 \div 9$

$\begin{array}{r}7\\9\overline{)63}\end{array}$ $\begin{array}{r}9\\7\overline{)63}\end{array}$

9	7
18	14
27	21
36	28
45	35
54	42
63	49
	56
	63

$\begin{array}{r}7\\8\overline{)56}\end{array}$ $\begin{array}{r}8\\7\overline{)56}\end{array}$

8	7
16	14
24	21
32	28
40	35
48	42
56	49
	56

$\begin{array}{r}9\\7\overline{)63}\end{array}$ $\begin{array}{r}7\\9\overline{)63}\end{array}$

7	9
14	18
21	27
28	36
35	45
42	54
49	63
56	
63	

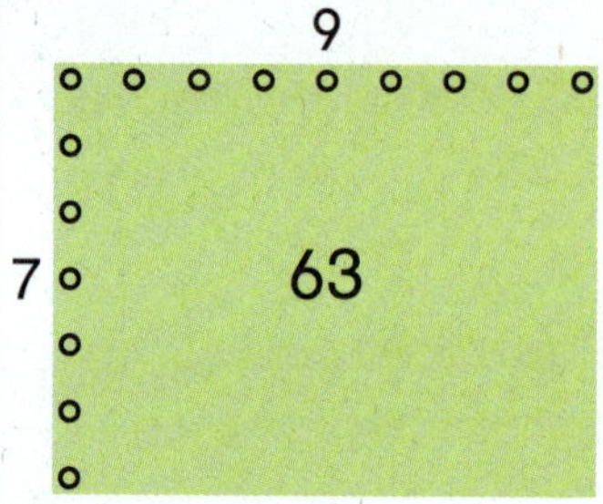

$\begin{array}{r}8\\7\overline{)56}\end{array}$ $\begin{array}{r}7\\8\overline{)56}\end{array}$

7	8
14	16
21	24
28	32
35	40
42	48
49	56
56	

$\begin{array}{r}9\\9\overline{)81}\end{array}$

9
18
27
36
45

54
63
72
81

$\begin{array}{r}8\\9\overline{)72}\end{array}$ $\begin{array}{r}9\\8\overline{)72}\end{array}$

9	8
18	16
27	24
36	32
45	40
54	48
63	56
72	64
	72

$\begin{array}{r}9\\8\overline{)72}\end{array}$ $\begin{array}{r}8\\9\overline{)72}\end{array}$

8	9
16	18
24	27
32	36
40	45
48	54
56	63
64	72
72	

$\begin{array}{r}8\\8\overline{)64}\end{array}$

8
16
24
32
40

48
56
64

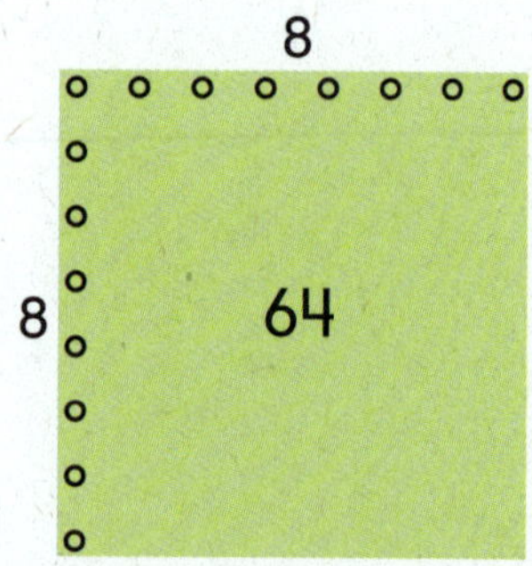

Nombre ____________________

VOCABULARIO
área
unidades cuadradas

Camino al conocimiento

Hallar el área

El **área** de un rectángulo es igual al número de **unidades cuadradas** que caben dentro del rectángulo.

Primero, escribe una ecuación de multiplicación que represente el área de cada rectángulo. Luego, sombrea un número entero de filas en cada rectángulo. Escribe una multiplicación para representar el área del rectángulo sombreado y el área del rectángulo no sombreado. Después escribe una ecuación de suma para representar el área del rectángulo entero.

1 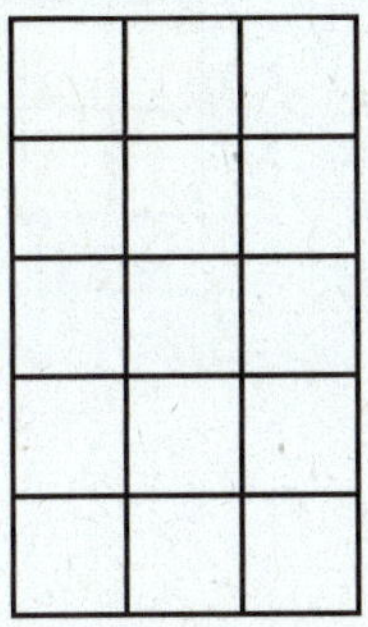

____
____
____

2 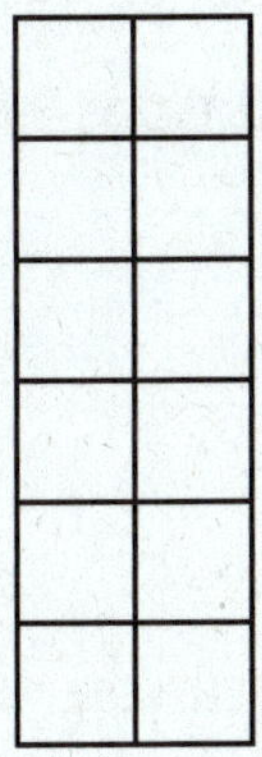

____
____
____

3 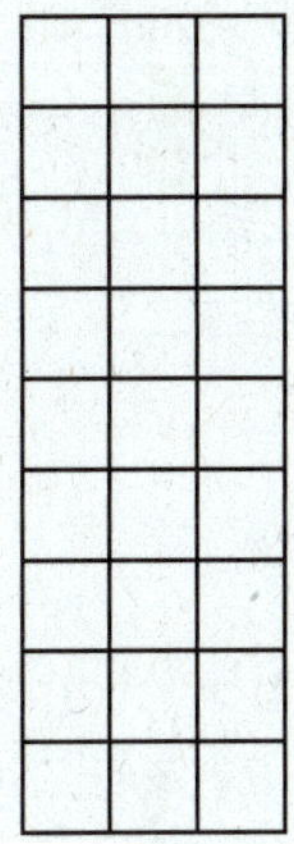

____
____
____

Dibuja un rectángulo para representar cada problema. Luego, escribe el producto.

4 $5 \times 3 =$ ______

5 $7 * 2 =$ ______

6 $2 \bullet 9 =$ ______

Camino al conocimiento

Diferentes maneras de calcular el área

VOCABULARIO
propiedad distributiva

El rectángulo grande está dividido en dos rectángulos pequeños. Puedes calcular el área del rectángulo grande de dos maneras:

- Suma las áreas de los dos rectángulos pequeños:

  $5 \times 3 =$ 15 unidades cuadradas
  $2 \times 3 =$ 6 unidades cuadradas
  21 unidades cuadradas

  La **propiedad distributiva** se muestra con
  $7 \times 3 = (5 + 2) \times 3 = (5 \times 3) + (2 \times 3)$

- Multiplica el número de filas en el rectángulo grande por el número de unidades cuadradas en cada fila:

  $7 \times 3 =$ 21 unidades cuadradas

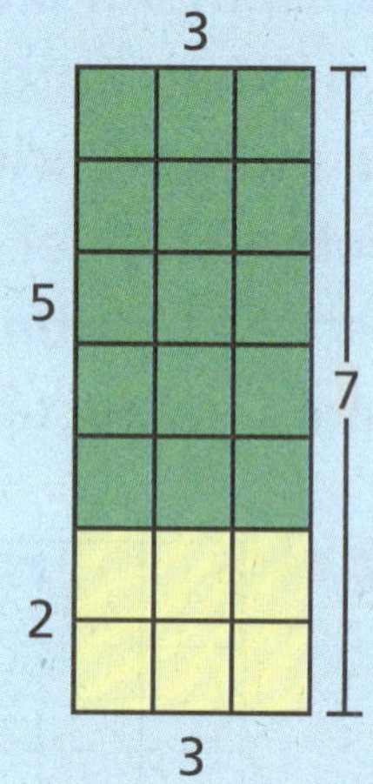

Completa.

7 Calcula el área del rectángulo grande calculando las áreas de los dos rectángulos pequeños y sumándolas.

____

8 Calcula el área del rectángulo grande multiplicando el número de filas por el número de unidades cuadradas en cada fila.

____

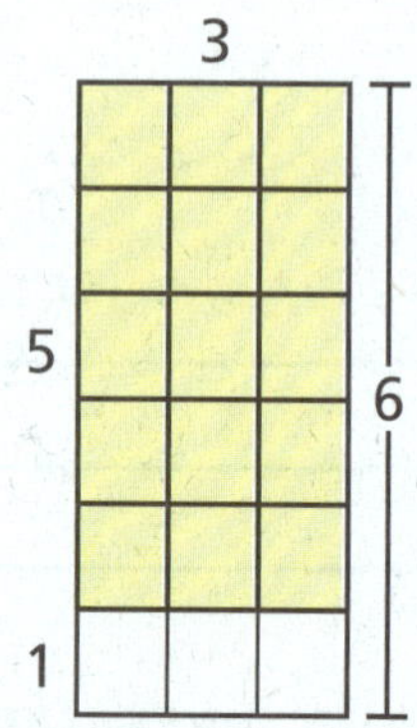

9 $5 \times 4 =$ ______ $2 \times 4 =$ ______ $7 \times 4 =$ ______

Comprobar la comprensión

Describe maneras de calcular el área de este rectángulo:

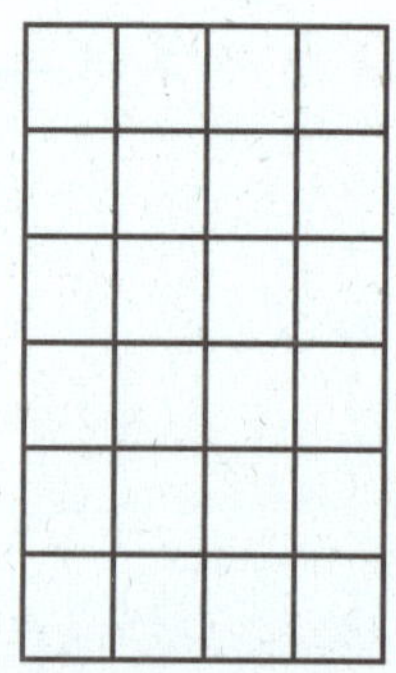

Nombre ______________________

Camino al conocimiento

Hoja de verificación 4: 3 y 4

Multiplicaciones con 3	Divisiones con 3	Multiplicaciones con 4	Divisiones con 4
8 × 3 = 24	9 / 3 = 3	1 × 4 = 4	40 / 4 = 10
3 • 2 = 6	21 ÷ 3 = 7	4 • 5 = 20	12 ÷ 4 = 3
3 * 5 = 15	27 / 3 = 9	8 * 4 = 32	24 / 4 = 6
10 × 3 = 30	3 ÷ 3 = 1	3 × 4 = 12	8 ÷ 4 = 2
3 • 3 = 9	18 / 3 = 6	4 • 6 = 24	4 / 4 = 1
3 * 6 = 18	12 ÷ 3 = 4	4 * 9 = 36	28 ÷ 4 = 7
7 × 3 = 21	30 / 3 = 10	10 × 4 = 40	32 / 4 = 8
3 • 9 = 27	6 ÷ 3 = 2	4 • 7 = 28	16 ÷ 4 = 4
4 * 3 = 12	24 / 3 = 8	4 * 4 = 16	36 / 4 = 9
3 × 1 = 3	15 / 3 = 5	2 × 4 = 8	20 / 4 = 5
3 • 4 = 12	21 ÷ 3 = 7	4 • 3 = 12	4 ÷ 4 = 1
3 * 3 = 9	3 / 3 = 1	4 * 2 = 8	32 / 4 = 8
3 × 10 = 30	9 ÷ 3 = 3	9 × 4 = 36	8 ÷ 4 = 2
2 • 3 = 6	27 / 3 = 9	1 • 4 = 4	16 / 4 = 4
3 * 7 = 21	30 ÷ 3 = 10	4 * 6 = 24	36 ÷ 4 = 9
6 × 3 = 18	18 / 3 = 6	5 × 4 = 20	12 / 4 = 3
5 • 3 = 15	6 ÷ 3 = 2	4 • 4 = 16	40 ÷ 4 = 10
3 * 8 = 24	15 ÷ 3 = 5	7 * 4 = 28	20 ÷ 4 = 5
9 × 3 = 27	12 / 3 = 4	8 × 4 = 32	24 / 4 = 6
2 • 3 = 6	24 ÷ 3 = 8	10 • 4 = 40	28 ÷ 4 = 7

Nombre ______________________________

Camino al conocimiento

Explorar patrones con 4

¿Qué patrones ves a continuación?

Camino al conocimiento Usar el método rápido de 5 para 4

Resuelve cada problema.

1. ¿Cuántas patas hay en 6 caballos? Calcula el total comenzando con el quinto número y contando de manera ascendente desde allí en adelante.

2. ¿Cuántos lados hay en 8 cuadriláteros? Calcula el total comenzando con el quinto número y contando de manera ascendente desde allí en adelante.

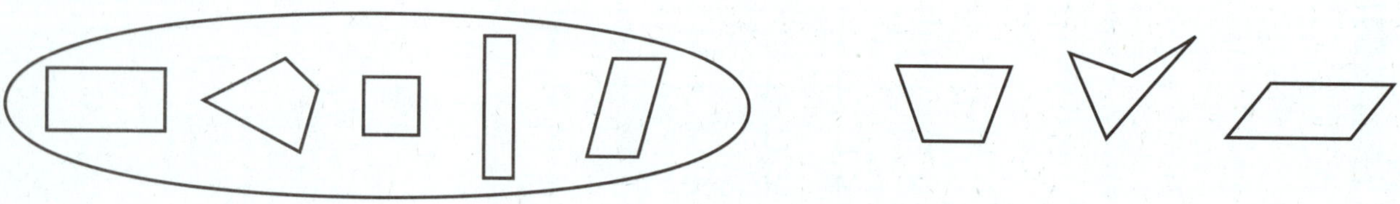

Este rectángulo grande está formado por dos rectángulos pequeños.

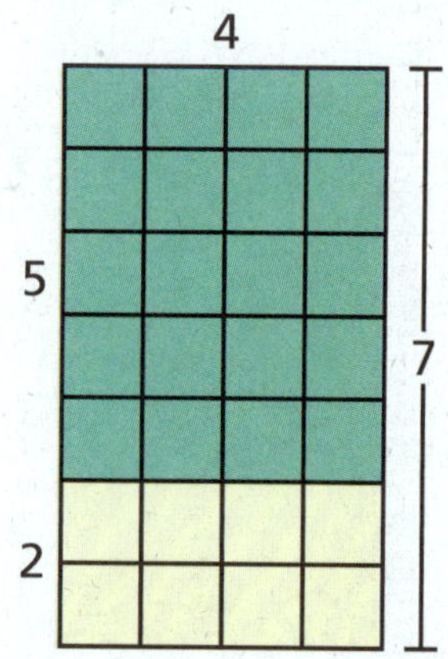

3. Calcula el área del rectángulo grande calculando las áreas de los dos rectángulos pequeños y sumándolos.

4. Calcula el área del rectángulo grande multiplicando el número de filas por el número de unidades cuadradas en cada fila.

Nombre ______________________________

Camino al conocimiento Usar multiplicaciones que conoces

Puedes combinar multiplicaciones para calcular otras multiplicaciones.

Este dibujo de partes iguales muestra que 7 grupos de 4 es lo mismo que 5 grupos de 4 más 2 grupos de 4.

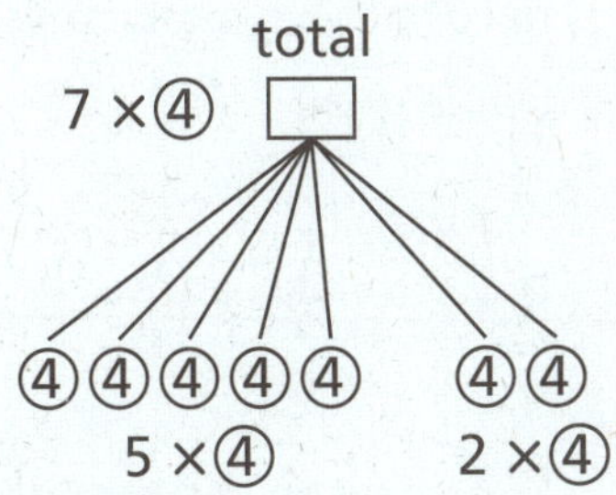

5 Calcula 5 ×④ y 2 ×④ y suma las respuestas.

____

6 Calcula 7 ×④. ¿Obtuviste la misma respuesta que en el Ejercicio 5?

____

7 Calcula este producto: $5 \times 4 =$ ______

8 Calcula este producto: $4 \times 4 =$ ______

9 Usa tus soluciones a los Ejercicios 7 y 8 para mostrar que $(5 \times 4) + (4 \times 4) = 9 \times 4 =$ ______

10 Haz un dibujo para mostrar que tus soluciones a los Ejercicios 7 al 9 son correctas.

¿Cuál es el error?

Queridos estudiantes de matemáticas,

Hoy tuve que calcular 8×4. No sabía la respuesta, pero la hallé combinando dos multiplicaciones.
Sabía que:

$$\begin{array}{r} 5 \times 2 = 10 \\ \underline{3 \times 2 = \ \ 6} \\ 8 \times 4 = 16 \end{array}$$

¿Es correcta mi respuesta? Si no, por favor corrijan mi trabajo y díganme qué hice mal.

Su amigo,
El Pingüino Confundido

11 **Escribe una respuesta para el Pingüino Confundido.**

____

____

____

Razonar problemas

Escribe una ecuación y resuelve el problema.

12 Galen tiene 20 fotos para poner en su libro. Si coloca 4 fotos en cada página, ¿cuántas páginas puede llenar?

____

13 Emery ordenó fichas en una matriz de 4 columnas y 7 filas. ¿Cuántas fichas había en la matriz?

____

Comprobar la comprensión

Haz un dibujo para mostrar cómo puedes usar las soluciones 5×4 y 3×4 para hallar 8×4.

Nombre ______________________________

Razonar problemas

Escribe una ecuación y resuelve el problema.

Muestra tu trabajo.

1. La tienda de jardinería recibió un envío de 12 rosales. Ordenaron los rosales en 3 filas con el mismo número de plantas en cada fila. ¿Cuántos rosales había en cada fila?

   ____

2. Eric vio 4 señales de pare en el camino a la escuela. Cada señal tenía 8 lados. ¿Cuántos lados había en las 4 señales?

   ____

3. Ed necesita 14 pilas. Si compra las pilas en paquetes de 2, ¿cuántos paquetes de pilas debe comprar?

   ____

4. Una bandera tiene 5 filas de estrellas con el mismo número de estrellas en cada fila. Hay 35 estrellas en la bandera. ¿Cuántas estrellas hay en cada fila?

   ____

5. Melia aprendió en la clase de ciencias que los insectos tienen 6 patas. ¿Cuál es el número total de patas en 9 insectos?

   ____

6. Stan tiene 4 juegos de carritos de armar. Cada juego viene con 5 ruedas. ¿Cuántas ruedas tiene Stan en total?

   ____

Razonar problemas (continuación)

Escribe una ecuación y resuelve el problema.

Muestra tu trabajo.

7 María compró una repisa para poner zapatos. La repisa tiene 3 filas con espacios para 6 zapatos en cada fila. ¿Cuántos zapatos puede poner en la repisa?

____

8 El parque tiene 4 juegos de columpios con el mismo número de columpios en cada juego. Hay un total de 16 columpios en el parque. ¿Cuántos columpios tiene cada juego?

____

9 Amanda tiene 27 conchas marinas en su colección. Ordena sus conchas en 3 filas con el mismo número de conchas en cada fila. ¿Cuántas conchas marinas hay en cada fila?

____

10 El salón de arte tiene 4 mesas redondas. Hay 6 sillas alrededor de cada mesa. En total, ¿cuántas sillas hay en las mesas?

____

11 Shanna está haciendo collares de cuentas para la feria artesanal. Puede hacer 3 collares cada día. Su plan es hacer 21 collares. ¿Cuántos días necesita para hacer los 21 collares?

____

Comprobar la comprensión

¿Cuáles son cuatro ecuaciones que puedes escribir para esta representación rápida de matrices?

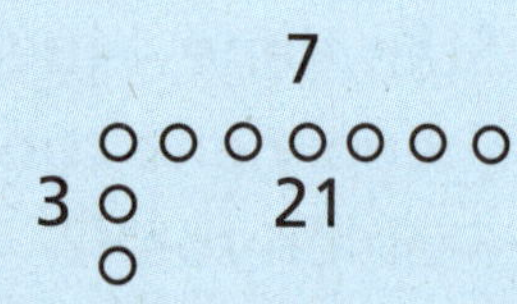

____

Nombre ____________________

Camino al conocimiento

Jugar a *Resolver la pila*

Lee las reglas para jugar a *Resolver la pila.* Luego, juega con tu grupo.

Reglas para *Resolver la pila*

Número de jugadores: 2 a 4

Lo que necesitas: 1 juego de Tarjetas de estrategias de multiplicación y de división

1. Las tarjetas se mezclan y se ubican en el centro de la mesa con el lado del ejercicio hacia arriba.
2. Los jugadores se turnan. En cada turno, un jugador busca la solución a la multiplicación o la división que aparece en la primera tarjeta, y luego le da la vuelta para comprobar la respuesta.
3. Si la solución del jugador es correcta, debe tomar la tarjeta. Si es incorrecta, coloca la tarjeta en el fondo de la pila.
4. El juego termina cuando ya no quedan más tarjetas en la pila. El jugador que tenga más tarjetas es el ganador.

Camino al conocimiento Jugar a *Gana la tarjeta más alta*

Lee las instrucciones para jugar *Gana la tarjeta más alta.* Luego, juega con tu compañero.

Reglas para *Gana la tarjeta más alta*

Número de jugadores: 2

Lo que necesitas: 1 juego de Tarjetas de estrategias de multiplicación y de división con 2, 3, 4, 5 y 9

1. Las tarjetas se mezclan y se reparten equitativamente entre los dos jugadores.
2. Los jugadores ponen sus pilas frente a ellos, con la cara del ejercicio hacia arriba.
3. Cada jugador toma la tarjeta de arriba de su pila y la pone, con el lado del ejercicio hacia arriba, en el centro de la mesa.
4. Cada jugador dice la respuesta de la multiplicación o división y luego le da vuelta a la tarjeta para comprobar. Luego, los jugadores eligen una de las acciones siguientes:
   - Si un jugador dice la respuesta equivocada, el otro toma las dos tarjetas y las pone en el fondo de su pila.
   - Si los dos jugadores dicen la respuesta equivocada, los dos toman de nuevo sus tarjetas y las ponen en el fondo de sus pilas.
   - Si los dos jugadores dicen la respuesta correcta, el jugador que tenga el mayor producto o cociente toma ambas tarjetas y las pone en el fondo de su pila. Si los productos o cocientes son iguales, ponen las tarjetas a un lado y juegan otra vuelta. El ganador de esa vuelta toma todas las tarjetas.
5. El juego continúa hasta que uno de los jugadores se quede con todas las tarjetas.

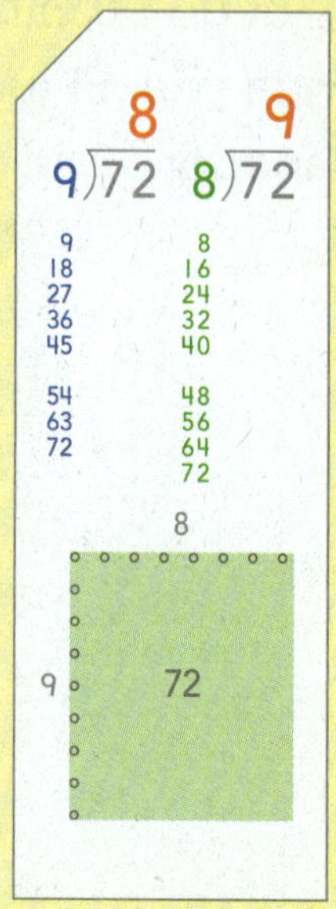

Nombre ______________________________

Camino al conocimiento Repasar estrategias

Contesta las preguntas.

1. Emily sabe que $4 \times 10 = 40$. ¿Cómo puede usar la resta y los múltiplos de 9 para calcular 4×9?

____

____

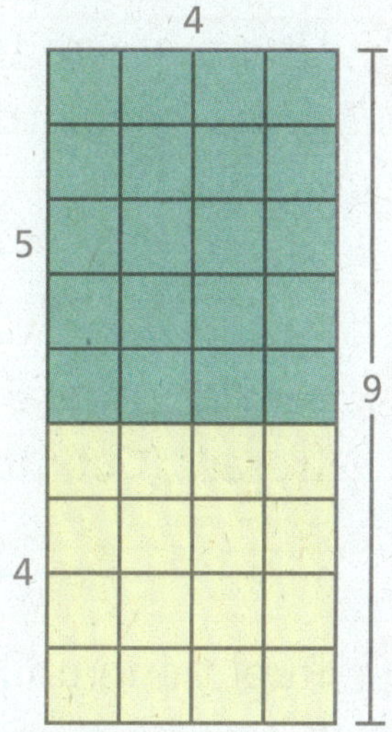

2. Joey conoce las multiplicaciones 5×4 y 4×4. ¿Cómo puede usar sus productos para calcular 9×4?

____

3. Hannah sabe que cada división tiene una multiplicación relacionada. ¿Qué multiplicación relacionada puede usar para calcular $18 \div 3$?

____

4. Kyle sabe que $5 \times 3 = 15$. ¿Cómo puede usar el método rápido de 5 para calcular 8×3?

____

____

____

5. Leticia sabe que $5 \times 4 = 20$. ¿Cómo puede usar el método rápido de 5 para calcular 9×4?

____

____

____

6. Jorge sabe que $6 \times 9 = 54$. ¿Cómo puede usar la propiedad conmutativa o matrices para calcular 9×6?

____

____

____

Razonar problemas

Escribe una ecuación y resuelve el problema.

Muestra tu trabajo.

7. Jordan tiene 32 duraznos. Los quiere repartir por igual en 4 cestos. ¿Cuántos duraznos debe poner en cada cesto?

____

8. Una guitarra tiene 6 cuerdas. Si Taylor reemplaza todas las cuerdas de 3 guitarras, ¿cuántas cuerdas necesita?

____

9. Kassler pone 5 fresas en cada tazón. Kassler tiene 40 fresas. ¿Cuántos tazones llenará?

____

10. Ruel tiene una tabla que mide 36 pulgadas de longitud. Quiere cortarla en pedazos iguales de 9 pulgadas de longitud. ¿Cuántos pedazos obtendrá?

____

Escribir un problema

11. Escribe un problema que se pueda resolver con la ecuación $7 \times 10 = 70$.

____

____

____

Comprobar la comprensión

¿Qué estrategia usaste para resolver el Problema 10?

____

Ampliar el conocimiento con 2, 3, 4, 5, 9 y 10

Prueba rápida 3 de la Unidad 1

Nombre ______ Fecha ______

Escribe una ecuación y resuelve el problema.

Muestra tu trabajo.

1. Un edificio de 3 pisos de apartamentos tiene un total de 24 apartamentos. Todos los pisos tienen el mismo número de apartamentos. ¿Cuántos apartamentos hay en un piso?

______

2. Marcus pone herraduras a 5 caballos en la granja de la familia. ¿Cuántas herraduras pone Marcus en total?

______

3. Las 14 jugadoras en el equipo de básquetbol se colocan en 2 filas iguales para practicar pases. ¿Cuántas jugadoras hay en cada fila?

______

4. Marla usó 4 tazas de caldo de pollo para preparar una sopa. Hay 8 onzas en cada taza. ¿Cuántas onzas de caldo usó Marla?

______

5. Muestra el área de este rectángulo en unidades cuadradas.

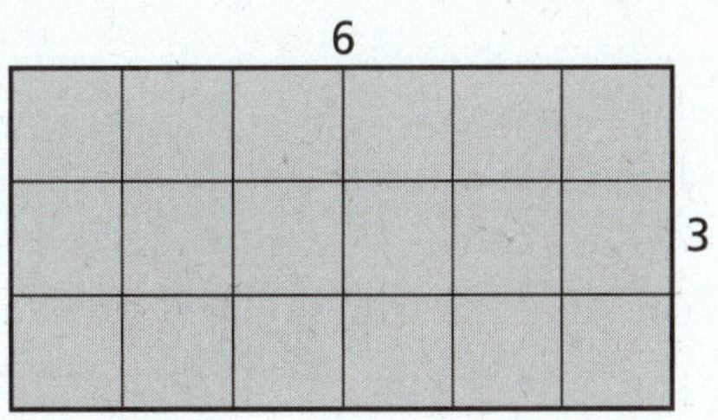

______

Nombre ________________________ Fecha ____________

Completa.

1. Rashawn conoce las multiplicaciones 6 × 4 y 2 × 4. ¿Cómo puede usar sus productos para calcular 8 × 4?

____

2. Rubén coloca 4 botones en cada marioneta. Usó 20 botones en 5 marionetas. Necesita botones para otras 3 marionetas. ¿Cuántos botones necesita para las 8 marionetas? Explica.

____

____

3. ¿Qué multiplicación puedes usar para calcular 21 ÷ 3?

____

4. Calcula el área del rectángulo grande. Explica.

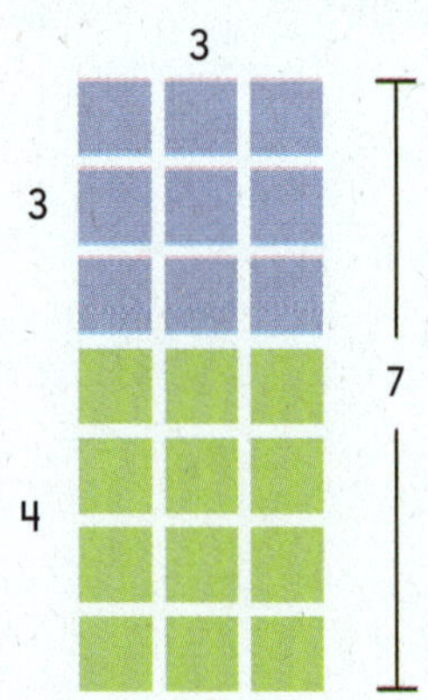

____

____

Nombre ______________________________

Explorar patrones con 1

¿Qué patrones ves a continuación?

1

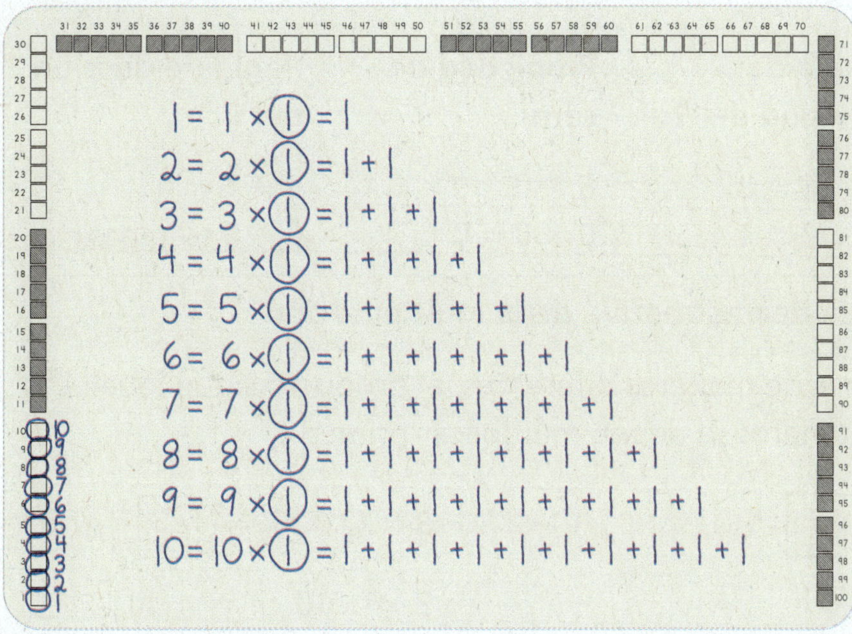

Explorar patrones con 0

¿Qué patrones ves a continuación?

2

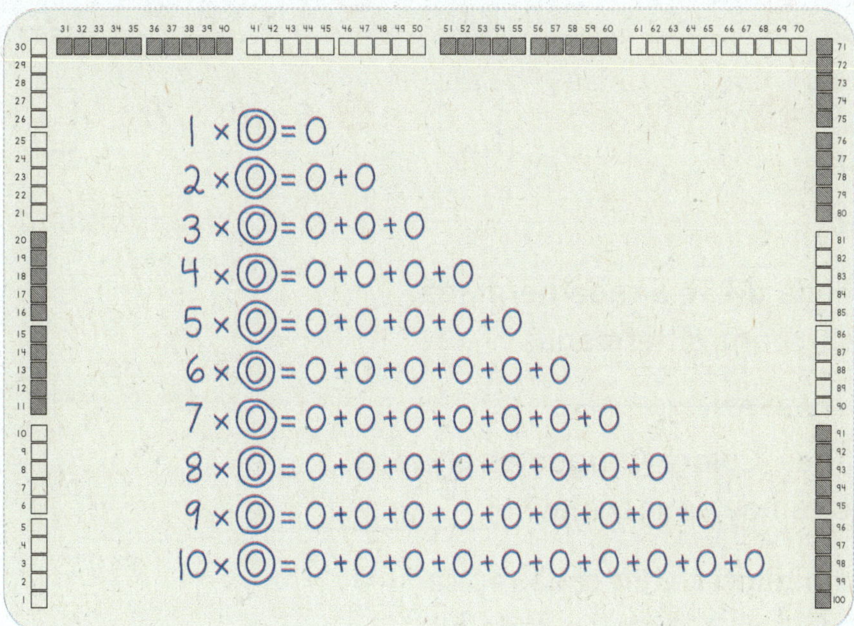

Camino al conocimiento Propiedades de la multiplicación y reglas de la división

Propiedades y reglas

Propiedad del 1	Regla de división del 1	Propiedad del cero	Regla de división del 0
$1 \times 6 = 6$	$8 \div 1 = 8$	$6 \times 0 = 0$	$0 \div 6 = 0$
$6 \times 1 = 6$	$8 \div 8 = 1$	$0 \times 6 = 0$	$6 \div 0$ es imposible

Propiedad asociativa de la multiplicación

Cuando agrupas factores de maneras diferentes, el producto sigue igual. Los paréntesis dicen qué números se deben multiplicar primero.

$(3 \times 2) \times 5 = \square$

$6 \times 5 = 30$

$3 \times (2 \times 5) = \square$

$3 \times 10 = 30$

Calcula cada producto.

3. $2 \times (6 \times 1) = \square$
4. $(4 \times 2) \times 2 = \square$
5. $7 \times (1 \times 5) = \square$
6. $(9 \times 8) \times 0 = \square$
7. $3 \times (2 \times 3) = \square$
8. $6 \times (0 \times 7) = \square$

Resuelve cada problema.

Muestra tu trabajo.

9. Shawn regaló 1 moneda de 5¢ a cada hermana. Si regaló 3 monedas, ¿cuántas hermanas tiene Shawn? __________
10. Kara tiene 3 cajas vacías. Coloca 0 juguetes en cada caja. ¿Cuántos juguetes hay en las cajas? __________
11. Hay 3 repisas en una biblioteca. En cada repisa hay 2 pilas de libros. Si hay 3 libros en cada pila, ¿cuántos libros hay en la biblioteca?

____

Nombre ____________________

Camino al conocimiento Identificar las propiedades de la suma y de la multiplicación

Propiedades de la suma

A. Propiedad conmutativa de la suma El orden en que se suman los números no cambia la suma.

$$3 + 5 = 5 + 3$$

B. Propiedad asociativa de la suma La manera en que se agrupan los números no cambia la suma.

$$(3 + 2) + 5 = 3 + (2 + 5)$$

C. Propiedad de identidad de la suma Si le sumas 0 a un número, la suma es igual a ese número.

$$3 + 0 = 3$$

Propiedades de la multiplicación

A. Propiedad conmutativa de la multiplicación El orden en que se multiplican los números no cambia el producto.

$$3 \times 5 = 5 \times 3$$

B. Propiedad asociativa de la multiplicación La manera en que se agrupan los números no cambia el producto.

$$(3 \times 2) \times 5 = 3 \times (2 \times 5)$$

C. Propiedad de identidad de la multiplicación El producto de 1 y cualquier número es ese número.

$$3 \times 1 = 3$$

D. Propiedad del cero de la multiplicación Si multiplicas 0 por un número, el producto es 0.

$$3 \times 0 = 0$$

Escribe la letra de la propiedad que se muestra.

12 $1 \times 9 = 9$ ____

13 $5 + (6 + 7) = (5 + 6) + 7$ ____

14 $5 \times 0 = 0$ ____

15 $8 + 0 = 8$ ____

16 $3 \times 9 = 9 \times 3$ ____

17 $(2 \times 1) \times 3 = 2 \times (1 \times 3)$ ____

Camino al conocimiento

Usar propiedades para resolver ecuaciones

Usa propiedades y reglas para calcular los números desconocidos.

18 $5 \times 8 = \square \times 5$

19 $4 + 3 = \square + 4$

20 $0 \div 8 = \square$

21 $4 \div 4 = \square$

22 $(3 \times 2) \times 4 = 3 \times (\square \times 4)$

23 $6 \times 2 = 2 \times \square$

24 $5 \times 3 = \square \times 5$

25 $(6 + 2) + 2 = 6 + (\square + 2)$

26 $11 + 0 = \square$

27 $65 \times 1 = \square$

28 $5 \times (2 \times 6) = (5 \times 2) \times \square$

29 $17 \times 0 = \square$

Usar ecuaciones para demostrar propiedades

Escribe tu propia ecuación que muestre la propiedad.

30 Propiedad conmutativa de la multiplicación ______________________

31 Propiedad asociativa de la suma ______________________

32 Propiedad de identidad de la suma ______________________

33 Propiedad de identidad de la multiplicación ______________________

34 Propiedad asociativa de la multiplicación ______________________

35 Propiedad del cero en la multiplicación ______________________

36 Propiedad conmutativa de la suma ______________________

Comprobar la comprensión

Explica lo que sabes sobre multiplicar o dividir un número por 1 y multiplicar o dividir un número por 0.

Nombre ____________________

Identificar tipos de problema

Lee cada problema y decide qué tipo de problema es. Escribe la letra de la lista siguiente. Luego, escribe una ecuación para resolver el problema.

a. Multiplicación con matriz
b. División con matriz
c. Multiplicación con grupos iguales
d. División con grupos iguales con tamaño de grupo desconocido
e. División con grupos iguales con un multiplicador desconocido (número de grupos)
f. Ninguna de las opciones anteriores

1. La Sra. Ortega tiene 3 hijos. Quiere comprar 5 cajas de jugo para cada uno. ¿Cuántas cajas de jugo necesita?

   ____

2. Sophie bajó 15 duraznos de un árbol y 3 duraznos de otro árbol. ¿Cuántos duraznos bajó en total?

   ____

3. Zamir llevó 21 galletas al parque canino. Repartió las galletas por igual entre los 7 perros que había allí. ¿Cuántas galletas recibió cada perro?

   ____

4. Art dice que puede hornear 12 panecillos en un molde. El molde tiene espacio para 3 panecillos por fila. ¿Cuántas filas tiene el molde para panecillos?

   ____

5. Bia ayuda con las luces para la función de la escuela. Cada caja de luces tiene 6 filas, con 3 bombillas en cada fila. ¿Cuántas bombillas hay en cada caja?

   ____

6. Se hicieron pruebas para elegir trillizos para un comercial de Cereal Triple-Crocante. Si 24 niños se presentaron a las pruebas, ¿cuántos grupos de trillizos se presentaron?

   ____

Razonar problemas

Escribe una ecuación y resuelve el problema.

Muestra tu trabajo.

7 En el mercado se venden naranjas en bolsas de 6. Santos compró una bolsa. ¿Cuántas naranjas compró?

____

8 Janine compró un joyero con 36 bolsillos. Los bolsillos están ordenados en 9 filas con el mismo número de bolsillos en cada fila. ¿Cuántos bolsillos hay en cada fila?

____

9 Un estacionamiento tiene 9 filas con espacios para estacionar. Cada fila tiene 7 espacios. ¿Cuántos carros se pueden estacionar en el estacionamiento?

____

10 La tienda de mascotas tiene 3 peceras en una repisa. Hay 0 peces en cada pecera. ¿Cuántos peces hay en las peceras?

____

Escribir un problema.

11 Escribe un problema que se pueda resolver usando $0 \div 5$.

____

____

____

Comprobar la comprensión

De los problemas en esta página, ¿cuáles son sobre matrices? _______

Nombre ______________________________

Camino al conocimiento

Hoja de verificación 5: 1 y 0

Multiplicaciones con 1	Divisiones con 1	Multiplicaciones con 0
1 × 4 = 4	10 / 1 = 10	4 × 0 = 0
5 • 1 = 5	5 ÷ 1 = 5	2 • 0 = 0
7 * 1 = 7	7 / 1 = 7	0 * 8 = 0
1 × 8 = 8	9 ÷ 1 = 9	0 × 5 = 0
1 • 6 = 6	3 / 1 = 3	6 • 0 = 0
10 * 1 = 10	10 ÷ 1 = 10	0 * 7 = 0
1 × 9 = 9	2 / 1 = 2	0 × 2 = 0
3 • 1 = 3	8 ÷ 1 = 8	0 • 9 = 0
1 * 2 = 2	6 / 1 = 6	10 * 0 = 0
1 × 1 = 1	9 / 1 = 9	1 × 0 = 0
8 • 1 = 8	1 ÷ 1 = 1	0 • 6 = 0
1 * 7 = 7	5 / 1 = 5	9 * 0 = 0
1 × 5 = 5	3 ÷ 1 = 3	0 × 4 = 0
6 • 1 = 6	4 / 1 = 4	3 • 0 = 0
1 * 1 = 1	2 ÷ 1 = 2	0 * 3 = 0
1 × 10 = 10	8 / 1 = 8	8 × 0 = 0
9 • 1 = 9	4 ÷ 1 = 4	0 • 10 = 0
4 * 1 = 4	7 ÷ 1 = 7	0 * 1 = 0
2 × 1 = 2	1 / 1 = 1	5 × 0 = 0
1 • 3 = 3	6 ÷ 1 = 6	7 • 0 = 0

Camino al conocimiento

Hoja de verificación 6: Combinaciones con 3, 4, 0 y 1

Multiplicaciones con 3, 4, 0 y 1	Multiplicaciones con 3, 4, 0 y 1	Divisiones con 3, 4 y 1	Divisiones con 3, 4 y 1
5 × 3 = 15	0 × 5 = 0	18 / 3 = 6	4 / 1 = 4
6 • 4 = 24	10 • 1 = 10	20 ÷ 4 = 5	21 ÷ 3 = 7
9 * 0 = 0	6 * 3 = 18	1 / 1 = 1	16 / 4 = 4
7 × 1 = 7	2 × 4 = 8	21 ÷ 3 = 7	9 ÷ 1 = 9
3 • 3 = 9	5 • 0 = 0	12 / 4 = 3	15 / 3 = 5
4 * 7 = 28	1 * 2 = 2	5 ÷ 1 = 5	8 ÷ 4 = 2
0 × 10 = 0	10 × 3 = 30	15 / 3 = 5	5 / 1 = 5
1 • 6 = 6	5 • 4 = 20	24 ÷ 4 = 6	30 ÷ 3 = 10
3 * 4 = 12	0 * 8 = 0	7 / 1 = 7	12 / 4 = 3
5 × 4 = 20	9 × 1 = 9	12 / 3 = 4	8 / 1 = 8
0 • 5 = 0	10 • 3 = 30	36 ÷ 4 = 9	27 ÷ 3 = 9
9 * 1 = 9	9 * 4 = 36	6 / 1 = 6	40 / 4 = 10
2 × 3 = 6	1 × 0 = 0	12 ÷ 3 = 4	4 ÷ 1 = 4
3 • 4 = 12	1 • 6 = 6	16 / 4 = 4	9 / 3 = 3
0 * 9 = 0	3 * 6 = 18	7 ÷ 1 = 7	16 ÷ 4 = 4
1 × 5 = 5	7 × 4 = 28	9 / 3 = 3	10 / 1 = 10
2 • 3 = 6	6 • 0 = 0	8 ÷ 4 = 2	9 ÷ 3 = 3
4 * 4 = 16	8 * 1 = 8	2 ÷ 1 = 2	20 ÷ 4 = 5
9 × 0 = 0	3 × 9 = 27	6 / 3 = 2	6 / 1 = 6
1 • 1 = 1	1 • 4 = 4	32 ÷ 4 = 8	24 ÷ 3 = 8

Nombre

Escribir y resolver ecuaciones

Escribe una ecuación y resuelve el problema.

Muestra tu trabajo.

1. La biblioteca compró 1 computadora para cada una de las estaciones de trabajo. Si compró 8 computadoras, ¿cuántas estaciones de trabajo tiene la biblioteca?

2. Ari ordenó su colección de gorras de béisbol en 9 filas con 2 gorras por fila. ¿Cuántas gorras de béisbol hay en la colección?

3. Jess resolvió 28 problemas de multiplicación. Si los problemas estaban ordenados en columnas de 7 problemas por columna, ¿cuántas columnas de problemas resolvió Jess?

4. Una sección de un avión tiene 9 filas de sillas. En cada fila se pueden sentar 5 pasajeros. ¿Cuántos pasajeros se pueden sentar en esta sección del avión?

5. Emily recorre 3 millas en su bicicleta todos los días. ¿Cuántas millas recorre en una semana?

Resolver y comentar

Escribe una ecuación y resuelve el problema.

Muestra tu trabajo.

6 Paige colocó 35 libros en 5 repisas. Colocó el mismo número de libros en cada repisa. ¿Cuántos libros colocó en cada repisa?

______

7 Una caja de *bagels* tiene 24 rosquillas. Hay 4 *bagels* en cada fila. ¿Cuántas filas de *bagels* hay en cada caja?

______

8 Keshawn compró 18 adhesivos de animales para sus hermanas. Le dio 6 adhesivos a cada una y no le sobró ninguna. ¿Cuántas hermanas tiene Keshawn?

______

Escribir un problema

9 Escribe un problema que se pueda resolver usando $4 \div 1$, donde 1 es el tamaño del grupo.

______

______

______

Comprobar la comprensión

Escribe dos ecuaciones de multiplicación y dos ecuaciones de división usando los números 8, 4 y 2 en cada una.

______

______

Nombre ______________________________

Camino al conocimiento Jugar a *Tres en línea de la multiplicación*

Lee las instrucciones para jugar a *Tres en línea de la multiplicación.* Luego, juega con un compañero.

Reglas para *Tres en línea de la multiplicación*

Número de jugadores: 2

Lo que necesitas: 1 juego de Tarjetas de estrategias de multiplicación, cuadrículas de juego de Tres en línea de la multiplicación para cada jugador (ver página 83)

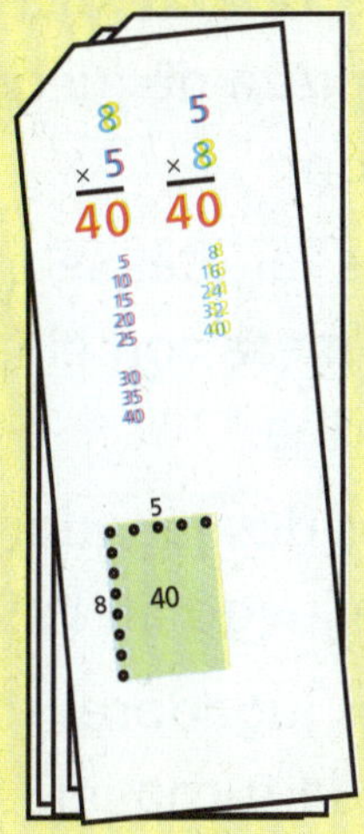

1. Cada jugador examina las tarjetas y escribe nueve productos cualesquiera en los recuadros de la cuadrícula de juego. Un jugador puede escribir el mismo producto más de una vez.
2. Las tarjetas se mezclan y se ubican en el centro de la mesa con la cara del ejercicio hacia arriba.
3. Los jugadores se turnan. En cada turno, el jugador debe calcular la respuesta de la multiplicación que sale en la tarjeta, y luego le da vuelta para comprobar la respuesta.
4. Si la respuesta es correcta, el jugador busca el producto en la cuadrícula del juego. Si la encuentra, marca una X sobre ese cuadrado. Si la respuesta es errada o el producto no está en la cuadrícula, el jugador no marca nada. Después coloca la tarjeta del problema en el fondo de la pila, con el lado del problema hacia arriba.
5. Gana el primer jugador en marcar tres recuadros en una línea (horizontal, vertical o diagonal).

Camino al conocimiento Jugar a *Carrera de divisiones*

Lee las instrucciones para jugar a *Carrera de divisiones*. Luego, juega con un compañero.

Reglas de *Carrera de divisiones*

Número de jugadores: 2

Lo que necesitas: 1 juego de Tarjetas de estrategias de división, el tablero de juego de Carrera de divisiones (ver página 84), una pieza de juego diferente para cada jugador

1. Las tarjetas se mezclan y se ubican en la mesa con el lado del ejercicio hacia arriba.
2. Los dos jugadores ponen sus piezas de juego en la SALIDA.
3. Los jugadores toman turnos. En cada turno, el jugador busca la respuesta de la división en la primera tarjeta y luego le da vuelta para comprobar la respuesta.
4. Si la respuesta es correcta, el jugador avanza ese número de espacios. Si su respuesta es equivocada, el jugador retrocede el número de espacios que corresponden a la respuesta correcta. Los jugadores no pueden retroceder más allá del recuadro de "SALIDA". El jugador pone la tarjeta en el fondo de la pila.

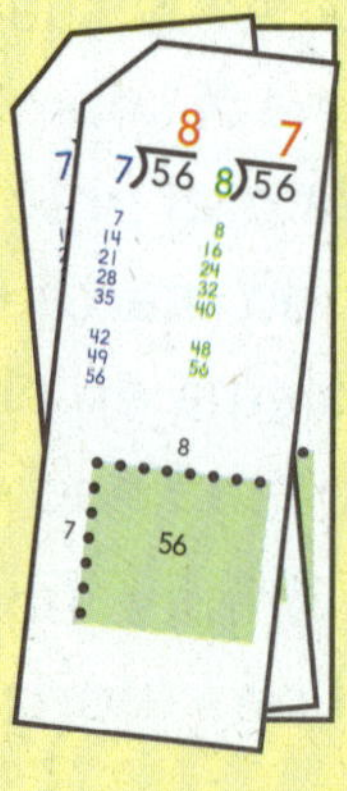

5. Si un jugador cae en un espacio que tiene instrucciones especiales, debe seguirlas.
6. El juego termina cuando los jugadores llegan o pasan el recuadro de "LLEGADA".

Nombre ______________________________

Carrera de divisiones

Nombre ____________________

Camino al conocimiento

Carreras 1 a 4

Completa cada carrera. Comprueba tus respuestas en la página 89.

Carrera 1 Multiplicaciones con 2 y 5	Carrera 2 Divisiones con 2 y 5	Carrera 3 Multiplicaciones con 9 y 10	Carrera 4 Divisiones con 9 y 10
a. 2 × 6 = ____	a. 18 / 2 = ____	a. 9 × 10 = ____	a. 100 / 10 = ____
b. 9 * 5 = ____	b. 25 ÷ 5 = ____	b. 10 * 3 = ____	b. 9 ÷ 9 = ____
c. 7 • 2 = ____	c. 8 / 2 = ____	c. 1 • 9 = ____	c. 30 / 10 = ____
d. 5 × 8 = ____	d. 45 ÷ 5 = ____	d. 2 × 10 = ____	d. 81 ÷ 9 = ____
e. 2 * 4 = ____	e. 16 / 2 = ____	e. 9 * 9 = ____	e. 70 / 10 = ____
f. 3 • 5 = ____	f. 20 ÷ 5 = ____	f. 10 • 6 = ____	f. 45 ÷ 9 = ____
g. 1 × 2 = ____	g. 4 / 2 = ____	g. 4 × 9 = ____	g. 10 / 10 = ____
h. 5 * 7 = ____	h. 40 ÷ 5 = ____	h. 10 × 10 = ____	h. 54 ÷ 9 = ____
i. 2 • 9 = ____	i. 20 / 2 = ____	i. 9 * 2 = ____	i. 50 / 10 = ____
j. 4 × 5 = ____	j. 35 ÷ 5 = ____	j. 1 • 10 = ____	j. 27 ÷ 9 = ____
k. 5 * 2 = ____	k. 6 / 2 = ____	k. 7 × 9 = ____	k. 20 / 10 = ____
l. 5 • 1 = ____	l. 15 ÷ 5 = ____	l. 10 * 5 = ____	l. 72 ÷ 9 = ____
m. 2 × 2 = ____	m. 14 / 2 = ____	m. 9 • 8 = ____	m. 40 / 10 = ____
n. 10 × 5 = ____	n. 5 ÷ 5 = ____	n. 7 × 10 = ____	n. 18 ÷ 9 = ____
o. 10 * 2 = ____	o. 10 / 2 = ____	o. 3 * 9 = ____	o. 60 / 10 = ____
p. 5 • 6 = ____	p. 10 ÷ 5 = ____	p. 10 • 4 = ____	p. 90 ÷ 9 = ____
q. 2 × 3 = ____	q. 6 / 2 = ____	q. 9 × 5 = ____	q. 90 / 10 = ____
r. 5 * 5 = ____	r. 30 ÷ 5 = ____	r. 8 * 10 = ____	r. 63 ÷ 9 = ____
s. 8 • 2 = ____	s. 2 / 2 = ____	s. 6 • 9 = ____	s. 80 / 10 = ____
t. 6 × 5 = ____	t. 45 ÷ 5 = ____	t. 10 × 9 = ____	t. 36 ÷ 9 = ____

Camino al conocimiento

Carreras 5 a 8

Completa cada carrera. Comprueba tus respuestas en la página 89.

Carrera 5 Multiplicaciones con 3 y 4	**Carrera 6 Divisiones con 3 y 4**	**Carrera 7 Multiplicaciones con 0 y 1**	**Carrera 8 Divisiones con 1 y *n* ÷ *n***
a. 3 × 9 = ___	a. 12 / 4 = ___	a. 0 × 6 = ___	a. 9 / 9 = ___
b. 4 * 2 = ___	b. 20 ÷ 4 = ___	b. 1 * 4 = ___	b. 8 ÷ 1 = ___
c. 6 • 3 = ___	c. 21 / 3 = ___	c. 4 • 0 = ___	c. 7 / 7 = ___
d. 10 × 4 = ___	d. 16 ÷ 4 = ___	d. 8 × 1 = ___	d. 6 ÷ 1 = ___
e. 3 * 1 = ___	e. 9 / 3 = ___	e. 0 * 2 = ___	e. 1 / 1 = ___
f. 4 • 1 = ___	f. 32 ÷ 4 = ___	f. 1 • 3 = ___	f. 4 ÷ 1 = ___
g. 10 × 3 = ___	g. 24 / 4 = ___	g. 9 × 0 = ___	g. 2 / 2 = ___
h. 5 * 4 = ___	h. 18 ÷ 3 = ___	h. 2 * 1 = ___	h. 2 ÷ 1 = ___
i. 3 • 3 = ___	i. 40 / 4 = ___	i. 0 • 8 = ___	i. 8 / 8 = ___
j. 4 × 4 = ___	j. 12 ÷ 3 = ___	j. 1 × 10 = ___	j. 9 ÷ 1 = ___
k. 8 * 3 = ___	k. 6 / 3 = ___	k. 7 * 0 = ___	k. 3 / 3 = ___
l. 7 • 4 = ___	l. 28 ÷ 4 = ___	l. 1 • 1 = ___	l. 5 ÷ 1 = ___
m. 3 × 2 = ___	m. 24 / 3 = ___	m. 0 × 0 = ___	m. 5 / 5 = ___
n. 4 * 9 = ___	n. 20 ÷ 4 = ___	n. 5 * 1 = ___	n. 10 / 10 = ___
o. 7 • 3 = ___	o. 27 / 3 = ___	o. 1 • 0 = ___	o. 7 ÷ 1 = ___
p. 3 × 4 = ___	p. 15 ÷ 3 = ___	p. 1 × 6 = ___	p. 4 / 4 = ___
q. 3 * 5 = ___	q. 27 / 3 = ___	q. 5 * 0 = ___	q. 10 ÷ 1 = ___
r. 4 • 6 = ___	r. 36 ÷ 4 = ___	r. 0 • 3 = ___	r. 6 / 6 = ___
s. 4 × 3 = ___	s. 8 / 4 = ___	s. 7 × 1 = ___	s. 3 ÷ 1 = ___
t. 8 * 4 = ___	t. 40 ÷ 4 = ___	t. 1 * 9 = ___	t. 1 / 1 = ___

Nombre ____________________

Camino al conocimiento

Carreras 9 a 12

Completa cada carrera. Comprueba tus respuestas en la página 90.

Carrera 9 Multiplicaciones con 2, 5, 9, 10	Carrera 10 Divisiones con 2, 5, 9, 10	Carrera 11 Multiplicaciones con 3, 4, 0, 1	Carrera 12 Divisiones con 3, 4, 1
a. 4 × 5 = ____	a. 8 / 2 = ____	a. 3 × 0 = ____	a. 12 / 4 = ____
b. 10 • 3 = ____	b. 50 ÷ 10 = ____	b. 4 • 6 = ____	b. 5 ÷ 1 = ____
c. 8 * 9 = ____	c. 15 / 5 = ____	c. 9 * 1 = ____	c. 21 / 3 = ____
d. 6 × 2 = ____	d. 63 ÷ 9 = ____	d. 3 × 3 = ____	d. 1 ÷ 1 = ____
e. 5 • 7 = ____	e. 90 / 10 = ____	e. 8 • 4 = ____	e. 16 / 4 = ____
f. 10 * 5 = ____	f. 90 ÷ 9 = ____	f. 0 * 5 = ____	f. 9 ÷ 3 = ____
g. 8 × 2 = ____	g. 35 / 5 = ____	g. 1 × 6 = ____	g. 32 / 4 = ____
h. 6 • 10 = ____	h. 14 ÷ 2 = ____	h. 4 • 3 = ____	h. 8 ÷ 1 = ____
i. 9 * 3 = ____	i. 27 / 9 = ____	i. 7 * 4 = ____	i. 24 / 4 = ____
j. 2 × 9 = ____	j. 45 / 5 = ____	j. 3 × 7 = ____	j. 18 / 3 = ____
k. 5 • 8 = ____	k. 10 ÷ 10 = ____	k. 0 • 1 = ____	k. 10 ÷ 1 = ____
l. 10 * 7 = ____	l. 25 / 5 = ____	l. 10 * 1 = ____	l. 40 / 4 = ____
m. 5 × 5 = ____	m. 54 ÷ 9 = ____	m. 4 × 4 = ____	m. 12 ÷ 3 = ____
n. 1 • 5 = ____	n. 6 / 2 = ____	n. 9 • 3 = ____	n. 6 / 3 = ____
o. 9 * 6 = ____	o. 72 ÷ 9 = ____	o. 8 * 0 = ____	o. 4 ÷ 4 = ____
p. 10 × 10 = ____	p. 40 / 5 = ____	p. 5 × 4 = ____	p. 7 / 1 = ____
q. 4 • 2 = ____	q. 80 ÷ 10 = ____	q. 1 • 6 = ____	q. 28 ÷ 4 = ____
r. 10 * 8 = ____	r. 18 ÷ 2 = ____	r. 3 * 8 = ____	r. 24 ÷ 3 = ____
s. 3 × 9 = ____	s. 36 / 9 = ____	s. 4 × 9 = ____	s. 20 / 4 = ____
t. 9 • 9 = ____	t. 30 ÷ 5 = ____	t. 0 • 4 = ____	t. 27 ÷ 3 = ____

Camino al conocimiento

Carreras 9A al 12A

Completa cada carrera. Comprueba tus respuestas en la página 90.

Carrera 9A Multiplicaciones con 2, 5, 9, 10

a. 9 × 9 = ____
b. 4 * 5 = ____
c. 10 • 3 = ____
d. 3 × 9 = ____
e. 10 * 8 = ____
f. 6 • 2 = ____
g. 8 × 9 = ____
h. 4 * 2 = ____
i. 10 • 10 = ____
j. 9 × 6 = ____
k. 5 * 7 = ____
l. 10 • 5 = ____
m. 8 × 2 = ____
n. 6 * 10 = ____
o. 2 * 9 = ____
p. 9 • 6 = ____
q. 1 × 5 = ____
r. 5 * 5 = ____
s. 10 • 7 = ____
t. 5 × 8 = ____

Carrera 10A Divisiones con 2, 5, 9, 10

a. 30 / 5 = ____
b. 18 ÷ 2 = ____
c. 40 / 5 = ____
d. 6 ÷ 2 = ____
e. 25 / 5 = ____
f. 45 ÷ 5 = ____
g. 14 / 2 = ____
h. 90 ÷ 9 = ____
i. 63 / 9 = ____
j. 50 ÷ 10 = ____
k. 8 / 2 = ____
l. 15 ÷ 5 = ____
m. 90 / 10 = ____
n. 35 ÷ 5 = ____
o. 27 / 9 = ____
p. 10 ÷ 10 = ____
q. 54 / 9 = ____
r. 72 ÷ 9 = ____
s. 80 / 10 = ____
t. 36 ÷ 9 = ____

Carrera 11A Multiplicaciones con 3, 4, 0, 1

a. 0 × 4 = ____
b. 4 * 9 = ____
c. 3 • 8 = ____
d. 3 × 0 = ____
e. 4 * 6 = ____
f. 9 • 1 = ____
g. 3 × 3 = ____
h. 8 * 4 = ____
i. 0 • 5 = ____
j. 1 × 6 = ____
k. 5 * 4 = ____
l. 8 • 0 = ____
m. 9 × 3 = ____
n. 4 * 4 = ____
o. 10 • 1 = ____
p. 4 × 3 = ____
q. 7 * 4 = ____
r. 3 • 7 = ____
s. 0 × 1 = ____
t. 10 * 1 = ____

Carrera 12A Divisiones con 3, 4, 1

a. 10 / 1 = ____
b. 40 ÷ 4 = ____
c. 12 / 3 = ____
d. 6 ÷ 3 = ____
e. 4 / 4 = ____
f. 7 ÷ 1 = ____
g. 28 / 4 = ____
h. 24 ÷ 3 = ____
i. 20 / 4 = ____
j. 27 ÷ 3 = ____
k. 12 / 4 = ____
l. 5 ÷ 1 = ____
m. 21 / 3 = ____
n. 1 ÷ 1 = ____
o. 16 / 4 = ____
p. 9 ÷ 3 = ____
q. 32 / 4 = ____
r. 8 ÷ 1 = ____
s. 24 / 4 = ____
t. 18 ÷ 3 = ____

Nombre ____________________

Camino al conocimiento

Respuestas a las Carreras 1 a 8

Usa esta hoja para comprobar tus respuestas de Carreras en las páginas 85 y 86.

Carrera 1 2 y 5 ×	Carrera 2 2 y 5 ÷	Carrera 3 9 y 10 ×	Carrera 4 9 y 10 ÷	Carrera 5 3 y 4 ×	Carrera 6 3 y 4 ÷	Carrera 7 0 y 1 ×	Carrera 8 1 y $n \div n$ ÷
a. 12	a. 9	a. 90	a. 10	a. 27	a. 3	a. 0	a. 1
b. 45	b. 5	b. 30	b. 1	b. 8	b. 5	b. 4	b. 8
c. 14	c. 4	c. 9	c. 3	c. 18	c. 7	c. 0	c. 1
d. 40	d. 9	d. 20	d. 9	d. 40	d. 4	d. 8	d. 6
e. 8	e. 8	e. 81	e. 7	e. 3	e. 3	e. 0	e. 1
f. 15	f. 4	f. 60	f. 5	f. 4	f. 8	f. 3	f. 4
g. 2	g. 2	g. 36	g. 1	g. 30	g. 6	g. 0	g. 1
h. 35	h. 8	h. 100	h. 6	h. 20	h. 6	h. 2	h. 2
i. 18	i. 10	i. 18	i. 5	i. 9	i. 10	i. 0	i. 1
j. 20	j. 7	j. 10	j. 3	j. 16	j. 4	j. 10	j. 9
k. 10	k. 3	k. 63	k. 2	k. 24	k. 2	k. 0	k. 1
l. 5	l. 3	l. 50	l. 8	l. 28	l. 7	l. 1	l. 5
m. 4	m. 7	m. 72	m. 4	m. 6	m. 8	m. 0	m. 1
n. 50	n. 1	n. 70	n. 2	n. 36	n. 5	n. 5	n. 1
o. 20	o. 5	o. 27	o. 6	o. 21	o. 9	o. 0	o. 7
p. 30	p. 2	p. 40	p. 10	p. 12	p. 5	p. 6	p. 1
q. 6	q. 3	q. 45	q. 9	q. 15	q. 9	q. 0	q. 10
r. 25	r. 6	r. 80	r. 7	r. 24	r. 9	r. 0	r. 1
s. 16	s. 1	s. 54	s. 8	s. 12	s. 2	s. 7	s. 3
t. 30	t. 9	t. 90	t. 4	t. 32	t. 10	t. 9	t. 1

Camino al conocimiento

Respuestas a las Carreras 9 a 12, 9A al 12A

Usa esta hoja para comprobar tus respuestas de Carreras en las páginas 87 y 88.

Carrera 9 ×	Carrera 10 ÷	Carrera 11 ×	Carrera 12 ÷	Carrera 9A ×	Carrera 10A ÷	Carrera 11A ×	Carrera 12A ÷
a. 20	a. 4	a. 0	a. 3	a. 81	a. 6	a. 0	a. 10
b. 30	b. 5	b. 24	b. 5	b. 20	b. 9	b. 36	b. 10
c. 72	c. 3	c. 9	c. 7	c. 30	c. 8	c. 24	c. 4
d. 12	d. 7	d. 9	d. 1	d. 27	d. 3	d. 0	d. 2
e. 35	e. 9	e. 32	e. 4	e. 80	e. 5	e. 24	e. 1
f. 50	f. 10	f. 0	f. 3	f. 12	f. 9	f. 9	f. 7
g. 16	g. 7	g. 6	g. 8	g. 72	g. 7	g. 9	g. 7
h. 60	h. 7	h. 12	h. 8	h. 8	h. 10	h. 32	h. 8
i. 27	i. 3	i. 28	i. 6	i. 100	i. 7	i. 0	i. 5
j. 18	j. 9	j. 21	j. 6	j. 54	j. 5	j. 6	j. 9
k. 40	k. 1	k. 0	k. 10	k. 35	k. 4	k. 20	k. 3
l. 70	l. 5	l. 10	l. 10	l. 50	l. 3	l. 0	l. 5
m. 25	m. 6	m. 16	m. 4	m. 16	m. 9	m. 27	m. 7
n. 5	n. 3	n. 27	n. 2	n. 60	n. 7	n. 16	n. 1
o. 54	o. 8	o. 0	o. 1	o. 18	o. 3	o. 10	o. 4
p. 100	p. 8	p. 20	p. 7	p. 54	p. 1	p. 12	p. 3
q. 8	q. 8	q. 6	q. 7	q. 5	q. 6	q. 28	q. 8
r. 80	r. 9	r. 24	r. 8	r. 25	r. 8	r. 21	r. 8
s. 27	s. 4	s. 36	s. 5	s. 70	s. 8	s. 0	s. 6
t. 81	t. 6	t. 0	t. 9	t. 40	t. 4	t. 10	t. 6

Nombre ______________________

Resolver problemas con 2, 3, 4, 5 y 9

Escribe una ecuación y resuelve el problema. *Muestra tu trabajo.*

1. Toni contó 36 sillas en el restaurante. En cada mesa había 4 sillas. ¿Cuántas mesas había?

   ____

2. En una pared, una galería de arte tiene 5 filas de cuadros. En cada fila hay 9 cuadros. ¿Cuántos cuadros hay en la pared?

   ____

3. El molde de hornear panecillos de Josh es una matriz de 4 filas y 6 columnas. ¿Cuántos panecillos puede hornear Josh en su molde?

   ____

4. Para prepararse para la competencia de ortografía de la escuela, Tanya estudió 3 horas cada noche durante toda una semana. ¿Cuántas horas estudió?

   ____

5. Los 14 trompetistas de la banda marcial se formaron en 2 filas iguales. ¿Cuántos trompetistas había en la banda?

   ____

6. El establo Sol de Verano tiene 9 caballos. Los dueños van a comprar nuevas herraduras para todos sus caballos. ¿Cuántas herraduras necesitan?

   ____

Razonar problemas

Escribe una ecuación y resuelve el problema.

Muestra tu trabajo

7. Sadie piensa leer 2 libros cada mes durante 6 meses. ¿Cuántos libros leerá en ese tiempo?

8. Un granjero vende calabazas por $5 cada una. El viernes vendió $35 en calabazas. ¿Cuántas calabazas vendió el granjero el sábado?

9. Cada estudiante reunió 10 hojas para un proyecto de ciencias en grupo. Si el grupo reunió un total de 80 hojas, ¿cuántos estudiantes hay en el grupo?

Escribir un problema

10. Escribe y resuelve un problema que se pueda resolver usando la ecuación $4 \times 1 = n$.

Comprobar la comprensión

Escribe una ecuación de multiplicación o de división relacionada para la ecuación que usaste en el Problema 9.

Nombre ______________________________

Camino al conocimiento

Las matemáticas y los pasatiempos

Un pasatiempo es algo que haces para divertirte. El pasatiempo de Owen es la fotografía. Tomó unas fotos y las puso en un cartel.

Resuelve.

1. ¿Cuántas fotos colocó Owen en el cartel? Explica las diferentes estrategias que puedes usar para calcular la respuesta. Escribe una ecuación para cada una.

____

____

____

____

2. ¿De qué otras maneras puede Owen ordenar las fotos en una matriz en el cartel?

____

____

Camino al conocimiento ¿Cuál es tu pasatiempo?

Carina les preguntó a unos estudiantes de tercer grado: "¿Cuál es tu pasatiempo?" Las respuestas se ven debajo de las fotos.

Baile
Cuatro estudiantes respondieron baile.

Fotografía
Ocho estudiantes más respondieron fotografía que baile.

Lectura
Seis menos respondieron lectura que fotografía.

Juegos
Ocho estudiantes respondieron juegos.

3 **Usa la información anterior para completar la siguiente tabla.**

¿Cuál es tu pasatiempo?	
Pasatiempo	Número de estudiantes
Baile	
Fotografía	
Juegos	
Lectura	

4 **Usa la tabla para completar la siguiente pictografía.**

Pasatiempos	
Baile	
Fotografía	
Juegos	
Lectura	

Cada ☐ representa 2 estudiantes de tercer grado.

5 ¿Cuántos estudiantes de tercer grado respondieron a la pregunta de Carina? ____________________

Nombre ______ Fecha ______

Escribe una ecuación y resuelve el problema.

Muestra tu trabajo.

1. La Sra. Andrews repartió 45 mililitros de agua por igual en 9 tubos de ensayo para su clase de ciencias. ¿Cuántos mililitros de agua puso en cada tubo de ensayo?

______

______

2. Los miembros del coro que cantan en el concierto de la escuela se paran en 3 filas, con 9 miembros en cada fila. ¿Cuántos son los miembros del coro?

______

3. Los 32 estudiantes que van a la excursión están ordenados en grupos de 4 para una visita. ¿Cuántos grupos de estudiantes hay?

______

Resuelve.

4. Susan organiza sus carritos en 6 filas, con 3 carritos en cada fila. ¿De qué otra manera puede ordenar sus carritos en filas iguales?

______

______

5. Philip hornea 8 panecillos y regala 1 a cada uno de sus amigos. No le quedan panecillos. ¿A cuántos amigos les regaló un panecillo?

______

Comprobar el conocimiento 1

Nombre _______________ Fecha _______________

Suma.

1. $1 + 6 = \square$
2. $3 + 8 = \square$
3. $8 + 5 = \square$
4. $5 + 3 = \square$
5. $2 + 8 = \square$
6. $3 + 9 = \square$
7. $4 + 5 = \square$
8. $6 + 7 = \square$
9. $5 + 9 = \square$
10. $\begin{array}{r} 7 \\ +\ 5 \\ \hline \end{array}$
11. $\begin{array}{r} 6 \\ +\ 9 \\ \hline \end{array}$
12. $\begin{array}{r} 8 \\ +\ 0 \\ \hline \end{array}$
13. $\begin{array}{r} 9 \\ +\ 7 \\ \hline \end{array}$
14. $\begin{array}{r} 8 \\ +\ 6 \\ \hline \end{array}$
15. $\begin{array}{r} 7 \\ +\ 8 \\ \hline \end{array}$

Nombre ______________________ Fecha ______________

1 Escribe una ecuación de multiplicación para la matriz.

____

2 Escribe los números que completan el patrón.

6	7	8	9	72	81

$4 \times 9 = 36$

$5 \times 9 = 45$

$\square \times 9 = 54$

$7 \times \square = 63$

$8 \times 9 = \square$

Nombre ____________________ Fecha ____________

3 Lee el problema. Elige qué tipo de problema es. Luego, escribe una ecuación para resolverlo.

Paula dibuja tulipanes en 9 carteles. Dibuja 4 tulipanes en cada cartel. ¿Cuántos tulipanes dibuja Paula en los carteles?

El tipo de problema es de

- multiplicación con matriz
- división con matriz
- multiplicación con grupos iguales

.

Ecuación: ____________________

____________________ tulipanes

4 Traza una línea para emparejar la ecuación de la izquierda con el número desconocido de la derecha.

$\frac{45}{5} = \blacksquare$	•	• 0
$9 \times \blacksquare = 0$	•	• 5
$\blacksquare \times 3 = 15$	•	• 8
$\blacksquare \div 3 = 7$	•	• 9
$72 \div \blacksquare = 9$	•	• 14
$7 \times 2 = \blacksquare$	•	• 21

Nombre ______________________ Fecha ______________

5 Escribe el número que completa la ecuación de multiplicación.

$$6 \times 4 = \square \times 6$$

$$7 \times 3 = (4 + 3) \times \square$$

$$5 \times (2 \times 4) = (\square \times \square) \times 4$$

6 Sydney quiere calcular el área del rectángulo grande sumando las áreas de los dos rectángulos pequeños.

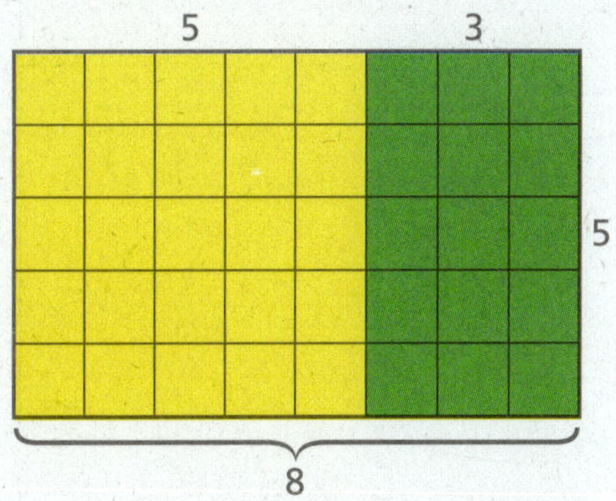

En los números 6a al 6d, elige Sí o No para decir si Sydney puede usar la expresión para calcular el área del rectángulo grande.

6a. $(8 \times 5) + (5 \times 5)$ ○ Sí ○ No

6b. $25 + 15$ ○ Sí ○ No

6c. $(5 \times 5) + (3 \times 5)$ ○ Sí ○ No

6d. $(5 \times 5) + (5 \times 3)$ ○ Sí ○ No

Nombre ____________________ Fecha ____________________

7 Observa el dibujo del rectángulo.

Parte A

Escribe un problema que puedas resolver usando el dibujo.

Parte B

Resuelve el problema. Explica cómo usar el dibujo del rectángulo para comprobar tu respuesta.

Nombre ______________________________ Fecha ______________

8 Elige la situación que se puede representar con la expresión matemática 5×7. Marca todas las que correspondan.

Ⓐ número total de estampillas en 5 páginas con 7 estampillas en cada página

Ⓑ número total de estampillas cuando hay 5 estampillas en una página y 7 en otra

Ⓒ 5 estampillas repartidas por igual en 7 páginas

Ⓓ 5 estampillas más que en una página con 7 estampillas

Haz un dibujo para el problema. Luego, escribe una ecuación y resuélvelo.

9 Los 28 pupitres en el salón del Sr. Becker están ordenados en 7 filas iguales. ¿Cuántos pupitres hay en cada fila?

10 La biblioteca de Michelle tiene 3 estantes. En cada estante caben 3 libros. ¿Cuántos libros caben en la biblioteca?

11 Rami cuenta 6 aves paradas en 5 cables diferentes. ¿Cuántas aves cuenta Rami?

Nombre ______________________ Fecha ______________

12 Usa las propiedades de la multiplicación para resolver.

12a. $9 \times 6 = \square \times 9$

12b. $\square \times 10 = 10$

12c. $\square \times 2 = 0$

12d. $(3 \times \square) \times 5 = 3 \times (4 \times 5)$

13 Chloe compró 10 globos para sus hermanas. Le dio 5 globos a cada hermana y no le sobró ninguno.

Parte A

¿Cuántas hermanas tiene Chloe? Escribe una ecuación y resuelve el problema.

Ecuación: ______________________

__________ hermanas

Parte B

Resuelve el problema de otra manera. Explica en qué se parecen y en qué se diferencian las maneras.

 Nombre ____ Fecha ____

Planes de viaje

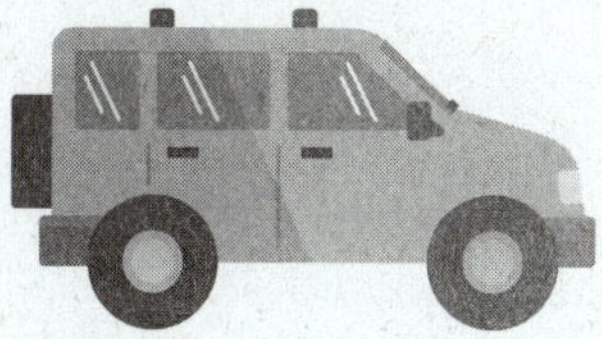

Un grupo de 40 estudiantes va al museo de ciencias. Algunos padres de familia han ofrecido llevarlos en carro. La tabla siguiente muestra los vehículos que pueden usar.

Tipo de vehículo	Número de estudiantes que caben en el vehículo	Número de vehículos que hay
Carro pequeño	2	3
Carro grande	3	10
Crossover	4	4
Minivan	5	4
SUV	6	5

1. Planifica dos maneras diferentes en que los estudiantes pueden viajar al museo. Todos los estudiantes deben tener cupo en cada plan. Describe el plan en palabras, dibujos, ecuaciones o una tabla. Explica qué plan es el mejor y por qué.

2. Planifica una manera de usar el menor número de vehículos. Describe el plan con palabras, dibujos, ecuaciones o una tabla. Explica por qué el plan usa el menor número de vehículos.

Nombre ______________________ Fecha ______________

3 Si hay otro viaje, diferentes padres de familia conducirán. ¿Cambia eso el menor número de vehículos que se necesitan? Explica tu respuesta y muestra cómo la sabes.

4 ¿Cómo cambiarías tu estrategia para planear el viaje si en cada vehículo debe viajar un adulto, además del conductor?

Dear Family:

In this unit, students learn multiplications and divisions for 6s, 7s, and 8s, while continuing to practice the rest of the basic multiplications and divisions covered in Unidad 1.

Although students practice all the 6s, 7s, and 8s multiplications, they really have only six new multiplications to learn: 6×6, 6×7, 6×8, 7×7, 7×8, and 8×8. The Leccións for these multiplications focus on strategies for finding the products using multiplications they know.

This unit also focuses on word problems. Students are presented with a variety of one-step and two-step word problems.

Here is an example of a two-step problem:

> A roller coaster has 7 cars. Each car has 4 seats. If there were 3 empty seats, how many people were on the roller coaster?

Students use the language and context of each problem to determine which operation or operations—multiplication, division, addition, or subtraction—they must use to solve it. Students use a variety of methods to solve two-step word problems.

Please continue to help your child get faster on multiplications and divisions. Use all of the practice materials that your child has brought home. Your support is crucial to your child's learning.

Please contact me if you have any questions or comments.

Thank you.

Sincerely,
Your child's teacher

Estimada familia:

En esta unidad los estudiantes aprenden las multiplicaciones y divisiones con el 6, el 7 y el 8, mientras siguen practicando las demás multiplicaciones y divisiones que se presentaron en la Unidad 1.

Aunque los estudiantes practican todas las multiplicaciones con el 6, el 7 y el 8, en realidad sólo tienen que aprender seis multiplicaciones nuevas: 6×6, 6×7, 6×8, 7×7, 7×8 y 8×8. Las lecciones acerca de estas multiplicaciones se centran en estrategias para hallar los productos usando multiplicaciones que ya se conocen.

Esta unidad también se centra en problemas verbales. A los estudiantes se les presenta una variedad de problemas de uno y de dos pasos.

Este es un ejemplo de un problema de dos pasos:

> Una montaña rusa tiene 7 carros. Cada carro tiene 7 asientos. Si hay 3 asientos vacíos. Cuántas personas había en la montaña rusa?

Los estudiantes aprovechan el lenguaje y el contexto de cada problema para determinar qué operación u operaciones deben usar para resolverlo: multiplicación, división, suma o resta. Los estudiantes usan una variedad de métodos para resolver problemas de dos pasos.

Por favor continúe ayudando a su niño a practicar las multiplicaciones y las divisiones. Use todos los materiales de práctica que su niño ha llevado a casa. Su apoyo es importante para el aprendizaje de su niño.

Si tiene alguna duda o pregunta, por favor comuníquese conmigo.

Atentamente,
El maestro de su niño

expresión

orden de las operaciones

número al cuadrado

Combinación de números, variables y/o signos de operación. Una expresión no tiene un signo de igual.

Ejemplos:

$4 + 7$ $a - 3$

Conjunto de reglas que establecen el orden en el cual se deben realizar las operaciones de una expresión.

PASO 1: Realizar primero las operaciones dentro de los paréntesis.

PASO 2: Multiplicar y dividir de izquierda a derecha.

PASO 3: Sumar y restar de izquierda a derecha.

Producto de un número entero multiplicado por sí mismo.

Ejemplo:

$3 \times 3 = 9$

↑ número al cuadrado

Nombre ____________________

Camino al conocimiento

Explorar patrones con 6

¿Qué patrones ves a continuación?

Camino al conocimiento Estrategias para multiplicar con 6

Puedes usar multiplicaciones con 6 que ya conoces para encontrar multiplicaciones con 6 que no conoces. Aquí hay algunas estrategias para 6 × 6.

- **Estrategia 1:** Empieza con 5 × 6, y cuenta de 6 en 6 desde allí.

  5 × 6 = 30, entonces el número salteado que sigue es 36. Entonces, 6 × 6 = 36.

- **Estrategia 2:** Duplica una multiplicación con 3.

  6 × 6 es el doble que 6 × 3, que es igual a 18. Entonces, 6 × 6 = 18 + 18 = 36.

- **Estrategia 3:** Combina dos multiplicaciones que conozcas.

4 × 6 = 24	4 seis son 24.
2 × 6 = 12	2 seis son 12.
6 × 6 = 36	6 seis son 36.

Estas son dos formas de mostrar la Estrategia 3 con dibujos.

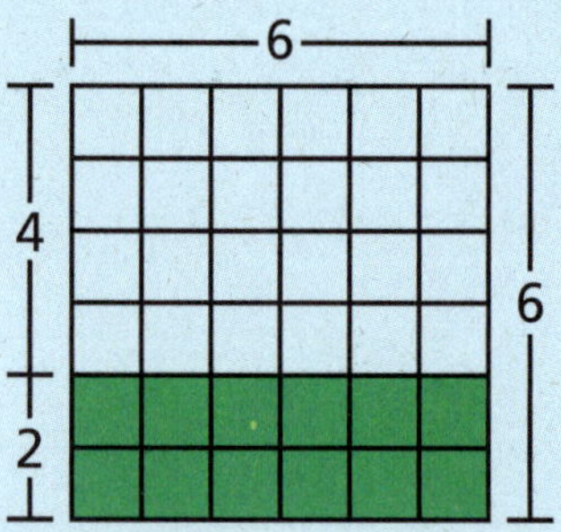

área sin sombrear:	4 × 6 = 24
área sombreada:	2 × 6 = 12
área total:	6 × 6 = 36

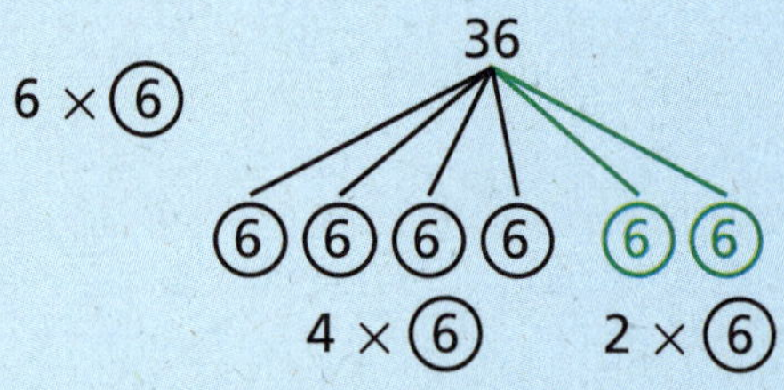

Explicación:
6 grupos de 6 equivalen a 4 grupos de 6 más 2 grupos de 6.

- **Estrategia 4:** Suma 6 a la multiplicación con 6 anterior o resta 6 de la multiplicación con 6 siguiente.

  5 × 6 = 30, suma 6 más para obtener 36. Entonces, 6 × 6 = 36.

Aplicar estrategias para la multiplicación con 6

Usa cualquiera de las estrategias anteriores.

1. 7 × 6 = ______
2. 8 × 6 = ______
3. 9 × 6 = ______

Comprobar la comprensión

Describe la estrategia que usaste para calcular 8 × 6.

Nombre ____________________

Camino al conocimiento

Hoja de estudio C

6		
Números salteados	**Desordenadas ×**	**Desordenadas ÷**
1 × 6 = 6	10 × 6 = 60	54 ÷ 6 = 9
2 × 6 = 12	8 × 6 = 48	30 ÷ 6 = 5
3 × 6 = 18	2 × 6 = 12	12 ÷ 6 = 2
4 × 6 = 24	6 × 6 = 36	60 ÷ 6 = 10
5 × 6 = 30	4 × 6 = 24	48 ÷ 6 = 8
6 × 6 = 36	1 × 6 = 6	36 ÷ 6 = 6
7 × 6 = 42	9 × 6 = 54	6 ÷ 6 = 1
8 × 6 = 48	3 × 6 = 18	42 ÷ 6 = 7
9 × 6 = 54	7 × 6 = 42	18 ÷ 6 = 3
10 × 6 = 60	5 × 6 = 30	24 ÷ 6 = 4

7		
Números salteados	**Desordenadas ×**	**Desordenadas ÷**
1 × 7 = 7	6 × 7 = 42	70 ÷ 7 = 10
2 × 7 = 14	8 × 7 = 56	14 ÷ 7 = 2
3 × 7 = 21	5 × 7 = 35	28 ÷ 7 = 4
4 × 7 = 28	9 × 7 = 63	56 ÷ 7 = 8
5 × 7 = 35	4 × 7 = 28	42 ÷ 7 = 6
6 × 7 = 42	10 × 7 = 70	63 ÷ 7 = 9
7 × 7 = 49	3 × 7 = 21	21 ÷ 7 = 3
8 × 7 = 56	1 × 7 = 7	49 ÷ 7 = 7
9 × 7 = 63	7 × 7 = 49	7 ÷ 7 = 1
10 × 7 = 70	2 × 7 = 14	35 ÷ 7 = 5

8		
Números salteados	**Desordenadas ×**	**Desordenadas ÷**
1 × 8 = 8	6 × 8 = 48	16 ÷ 8 = 2
2 × 8 = 16	10 × 8 = 80	40 ÷ 8 = 5
3 × 8 = 24	7 × 8 = 56	72 ÷ 8 = 9
4 × 8 = 32	2 × 8 = 16	32 ÷ 8 = 4
5 × 8 = 40	4 × 8 = 32	8 ÷ 8 = 1
6 × 8 = 48	8 × 8 = 64	80 ÷ 8 = 10
7 × 8 = 56	5 × 8 = 40	64 ÷ 8 = 8
8 × 8 = 64	9 × 8 = 72	24 ÷ 8 = 3
9 × 8 = 72	3 × 8 = 24	56 ÷ 8 = 7
10 × 8 = 80	1 × 8 = 8	48 ÷ 8 = 6

Cuadrados		
Números salteados	**Desordenadas ×**	**Desordenadas ÷**
1 × 1 = 1	3 × 3 = 9	25 ÷ 5 = 5
2 × 2 = 4	9 × 9 = 81	4 ÷ 2 = 2
3 × 3 = 9	4 × 4 = 16	81 ÷ 9 = 9
4 × 4 = 16	6 × 6 = 36	9 ÷ 3 = 3
5 × 5 = 25	2 × 2 = 4	36 ÷ 6 = 6
6 × 6 = 36	7 × 7 = 49	100 ÷ 10 = 10
7 × 7 = 49	10 × 10 = 100	16 ÷ 4 = 4
8 × 8 = 64	1 × 1 = 1	49 ÷ 7 = 7
9 × 9 = 81	5 × 5 = 25	1 ÷ 1 = 1
10 × 10 = 100	8 × 8 = 64	64 ÷ 8 = 8

Nombre

Camino al conocimiento Acertijos con números desconocidos

Completa cada acertijo.

1

×	5	2	
	30		48
4		8	32
	45		72

2

×		3	
6	30		42
4			28
	40	24	56

3

×	4		8
9		81	
	12		24
	20	45	40

4

×		3	
	60		20
6	36		
	18	9	6

5

×	8		2
7		28	
	16	8	
	32	16	8

6

×	9		
8		56	24
	54	42	18
5			15

7

×	8		7
8		40	
	32	20	28
	24	15	

8

×	3	4	
	27	36	81
7			63
			18

9

×			10
8	48	16	
7	42	14	
	36		60

Usar fichas y multiplicar para calcular el área

Usa fichas de una pulgada para calcular el área. Luego rotula las longitudes de los lados y usa la multiplicación para hallar el área.

10

Área: ____________ ________________

11

Área: ____________

____

12

Área: ____________ ________________

Nombre ____________________

Dibujar rectángulos para resolver problemas de área

Dibuja un rectángulo como ayuda para resolver cada problema. Rotula tus respuestas con las unidades correctas.

Muestra tu trabajo.

13. El colchón tiene una longitud de 7 pies y un ancho de 6 pies. ¿Cuál es el área del colchón?

____

14. Un escenario al aire libre en Evans Park tiene forma de cuadrado con lados que miden 8 pies de largo. ¿Cuál es el área del escenario?

____

15. El tapete de Milo tiene una longitud de 5 pies y un área de 40 pies cuadrados. ¿Cuál es el ancho del tapete?

____

16. Laura desea encerrar una huerta. Cada lado de la huerta medirá 9 pies. ¿Cuál es el área de la huerta?

____

17. Un cuadro tiene una longitud de 6 pulgadas y un ancho de 8 pulgadas. ¿Cuál es el área del cuadro?

____

18. Un cuadrado de una colcha tiene lados que miden 7 pulgadas de largo. ¿Cuál es el área del cuadrado?

____

Hacer un dibujo para resolver un problema

Haz un dibujo como ayuda para resolver cada problema.

Muestra tu trabajo.

19 Ana tiene una cinta que mide 18 pulgadas de largo. Cortó la cinta en 3 trozos iguales. Luego cortó cada uno de esos trozos por la mitad. ¿Cuántos trozos de cinta pequeños hay? ¿Cuánto mide de largo cada cinta?

____

____

20 Un letrero tiene forma de cuadrado. Eva traza líneas en el letrero para formar 3 rectángulos iguales. Cada rectángulo mide 3 pulgadas de ancho y 9 pulgadas de largo. ¿Cuál es el área del cuadrado?

____

21 Ty usa 20 pies de cerca para hacer un jardín rectangular. Divide el rectángulo en 4 cuadrados iguales, todos en una fila. El lado de cada cuadrado mide 2 pies. ¿Cuál es el área del jardín?

____

22 Hay 4 carros en una fila. Cada carro mide 13 pies de largo. Hay 6 pies entre cada carro. ¿Cuál es la longitud desde el frente del primer carro hasta el final del último carro en la fila?

____

Comprobar la comprensión

Haz un dibujo rápido de área para determinar el área de un cuadrado con lados que miden 5 unidades de largo.

Nombre ______________________

Camino al conocimiento

Hoja de verificación 7: Operaciones con 6 y 8

Multiplicaciones con 6	Divisiones con 6	Multiplicaciones con 8	Divisiones con 8
10 × 6 = 60	24 / 6 = 4	2 × 8 = 16	72 / 8 = 9
6 • 4 = 24	48 ÷ 6 = 8	8 • 10 = 80	16 ÷ 8 = 2
6 * 7 = 42	60 / 6 = 10	3 * 8 = 24	40 / 8 = 5
2 × 6 = 12	12 ÷ 6 = 2	9 × 8 = 72	8 ÷ 8 = 1
6 • 5 = 30	42 / 6 = 7	8 • 4 = 32	80 / 8 = 10
6 * 8 = 48	30 ÷ 6 = 5	8 * 7 = 56	48 ÷ 8 = 6
9 × 6 = 54	6 / 6 = 1	5 × 8 = 40	56 / 8 = 7
6 • 1 = 6	18 ÷ 6 = 3	8 • 6 = 48	24 ÷ 8 = 3
6 * 6 = 36	54 / 6 = 9	1 * 8 = 8	64 / 8 = 8
6 × 3 = 18	36 / 6 = 6	8 × 8 = 64	32 / 8 = 4
6 • 6 = 36	48 ÷ 6 = 8	4 • 8 = 32	80 ÷ 8 = 10
5 * 6 = 30	12 / 6 = 2	6 * 8 = 48	56 / 8 = 7
6 × 2 = 12	24 ÷ 6 = 4	8 × 3 = 24	8 ÷ 8 = 1
4 • 6 = 24	60 / 6 = 10	7 • 8 = 56	24 / 8 = 3
6 * 9 = 54	6 ÷ 6 = 1	8 * 2 = 16	64 ÷ 8 = 8
8 × 6 = 48	42 / 6 = 7	8 × 9 = 72	16 / 8 = 2
7 • 6 = 42	18 ÷ 6 = 3	8 • 1 = 8	72 ÷ 8 = 9
6 * 10 = 60	36 ÷ 6 = 6	8 * 8 = 64	32 ÷ 8 = 4
1 × 6 = 6	30 / 6 = 5	10 × 8 = 80	40 / 8 = 5
4 • 6 = 24	54 ÷ 6 = 9	5 • 8 = 40	48 ÷ 8 = 6

Nombre ____________________

Camino al conocimiento

Explorar patrones con 8

¿Qué patrones ves a continuación?

Camino al conocimiento Representaciones rápidas de matrices

Halla el número desconocido para cada representación rápida de matrices.

1
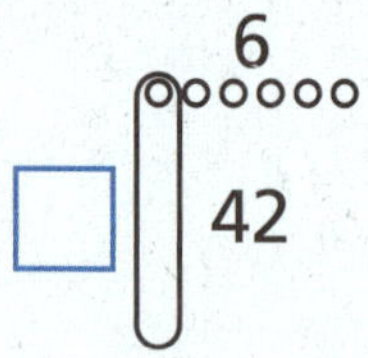

2

3
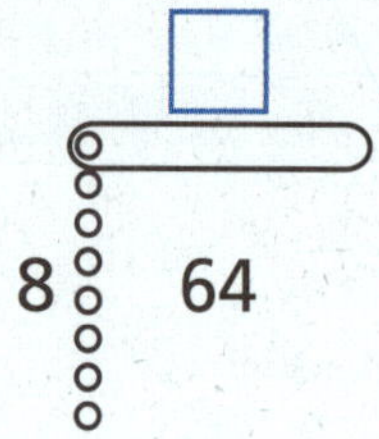

4
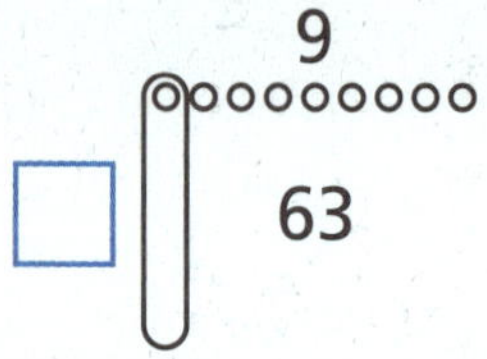

5
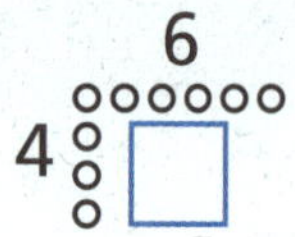

6
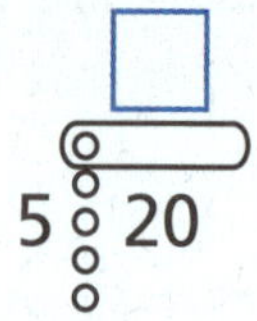

7
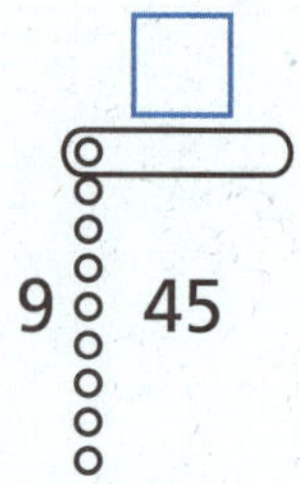

8
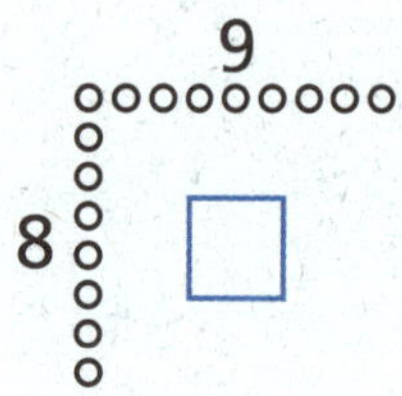

9
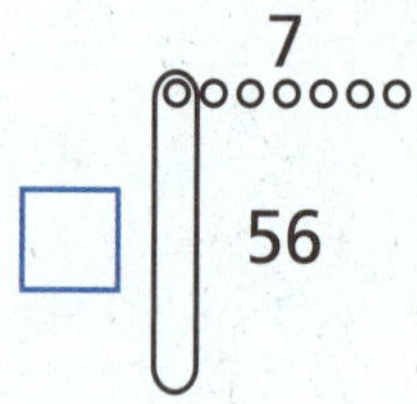

10
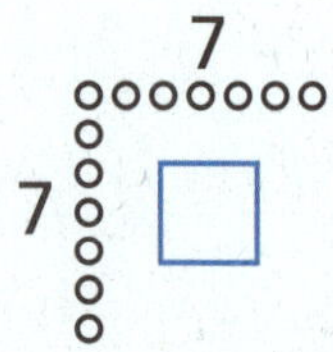

11
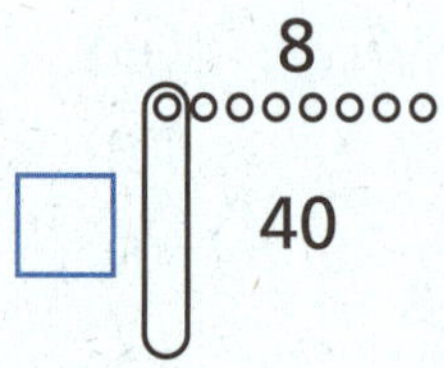

12
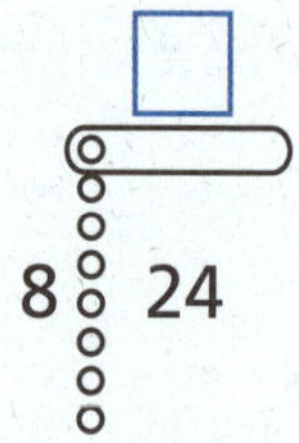

13
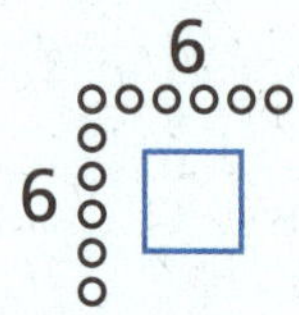

14
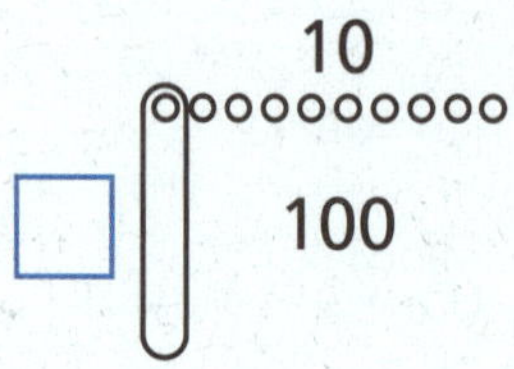

15
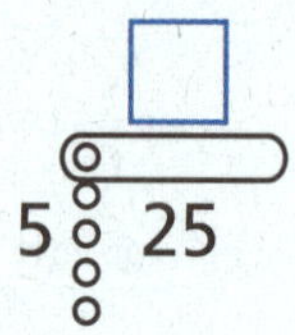

Comprobar la comprensión

Describe una estrategia que puedes usar para calcular 9 × 8 si no recuerdas el producto.

Nombre ______________________

Identificar el tipo y elegir la operación

Resuelve. Luego encierra en un círculo qué tipo de problema es y qué operación usas.

1. Los estudiantes en la clase del Sr. Till colgaron sus cuadros en la pared. Hicieron 6 filas, con 5 cuadros en cada fila. ¿Cuántos cuadros colgaron los estudiantes?

   ____

   Encierra un tipo: matriz grupos iguales área
   Encierra una operación: multiplicación división

2. Escribe tu propio problema que sea del mismo tipo que el Problema 1. ______________________

   ____

   ____

3. Hay 8 peces dorados en cada tanque en la tienda de mascotas. Si hay 56 peces dorados en total, ¿cuántos tanques hay?

   ____

   Encierra un tipo: matriz grupos iguales área
   Encierra una operación: multiplicación división

4. Escribe tu propio problema que sea del mismo tipo que el Problema 3. ______________________

   ____

   ____

5. Pierre hizo una conejera rectangular para sus conejos. La conejera mide 4 pies de ancho y 6 pies de largo. ¿Cuál es el área de la conejera? ______________________

   Encierra un tipo: matriz grupos iguales área
   Encierra una operación: multiplicación división

Camino al conocimiento Identificar el tipo y elegir la operación (continuación)

6 Escribe tu propio problema que sea del mismo tipo que el Problema 5. ______________________________

____

____

7 Paulo colocó 72 tarjetas de béisbol en filas y columnas. Si había 9 filas, ¿en cuántas columnas puso las tarjetas?

____

Encierra un tipo: matriz grupos iguales área
Encierra una operación: multiplicación división

8 Escribe tu propio problema que sea del mismo tipo que el Problema 7. ______________________________

____

____

9 En la tienda venden botellas de jugo en cartones de seis. El Sr. Lee compró 9 cartones para un picnic. ¿Cuántas botellas compró? ______________________________

Encierra un tipo: matriz grupos iguales área
Encierra una operación: multiplicación división

10 Escribe tu propio problema que sea del mismo tipo que el Problema 9.______________________________

____

____

11 **Diario de matemáticas** Escribe un problema de multiplicación de área. Haz una representación rápida de matrices para resolverlo.

Nombre ______________________

¿Cuál es el error?

Queridos estudiantes de matemáticas:

Hoy la maestra me pidió que calculara la respuesta a 8×6. Esto es lo que escribí:

$8 \times 6 = 14$

¿Es correcta mi respuesta? Si no, por favor corrijan mi trabajo y díganme qué hice mal.

Su amigo,
El Pingüino Confundido

12 Escribe una respuesta para el Pingüino Confundido.

____

____

Escribir y resolver ecuaciones

Escribe una ecuación y resuelve el problema.

13 En una caja de crayones grande caben 60 crayones. Hay 10 crayones en cada fila. ¿Cuántas filas hay?

____

____

14 Un letrero cubre 12 pies cuadrados. El letrero mide 4 pies de largo. ¿Cuál es el ancho del letrero?

____

____

15 Hay 28 estudiantes trabajando en un proyecto. Hay 7 grupos con igual número de estudiantes en cada grupo. ¿Cuántos estudiantes hay en cada grupo?

____

____

16 Amanda tenía 15 pulseras. Dio igual número de pulseras a 3 amigas. ¿Cuántas pulseras le dio a cada amiga?

____

____

Escribir y resolver ecuaciones (continuación)

Escribe una ecuación y resuelve el problema.

17 John tiene 24 tarjetas de béisbol. Las reparte por igual entre 6 amigos. ¿Cuántas tarjetas le tocan a cada amigo?

____

18 Un salón de clases del tercer grado tiene 3 mesas para 24 estudiantes en la clase. En cada mesa se sienta igual número de estudiantes. ¿Cuántos estudiantes se sientan en una mesa?

____

19 Marco compró 18 pelotas de golf. Las pelotas venían empacadas en cajas de 6. ¿Cuántas cajas de pelotas de golf compró Marco?

____

20 Lara guarda su colección de piedras en un mueble que tiene 10 cajones. En cada cajón caben 6 piedras. ¿Cuántas piedras caben en el mueble?

____

21 Escribe un problema que se pueda resolver con la ecuación $54 \div 6 = n$, donde n es el número en cada grupo. Luego resuelve el problema.

____

____

____

Comprobar la comprensión

¿Es el Problema 19 un problema de grupos iguales, de matriz o de área? _______________

Nombre ______________________________

Camino al conocimiento

Explorar patrones con 7

¿Qué patrones ves a continuación?

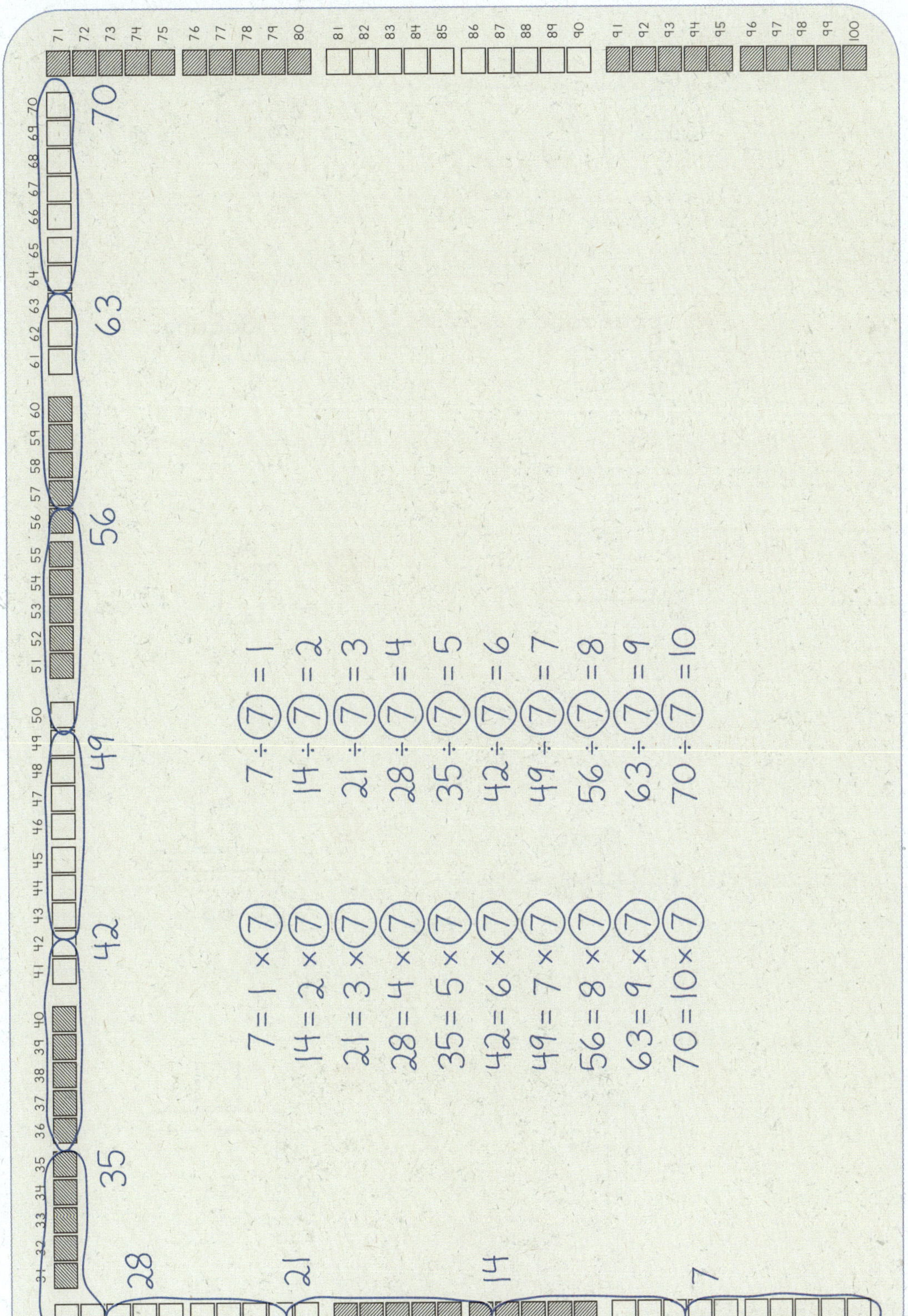

Camino al conocimiento **Más representaciones rápidas de matrices**

Busca el número desconocido para las representaciones rápidas de matrices.

1 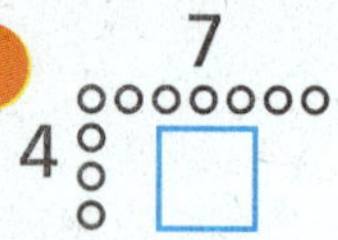

2 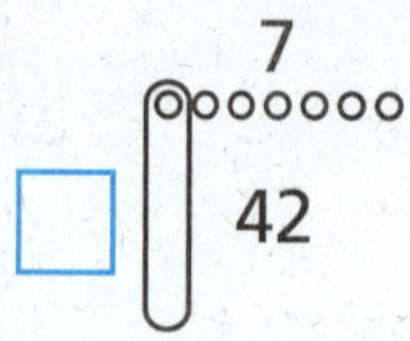

3 

4 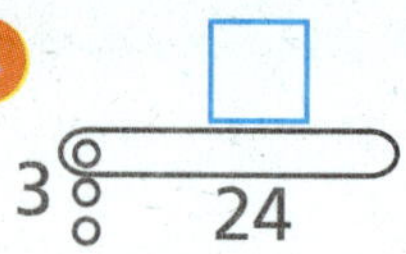

5 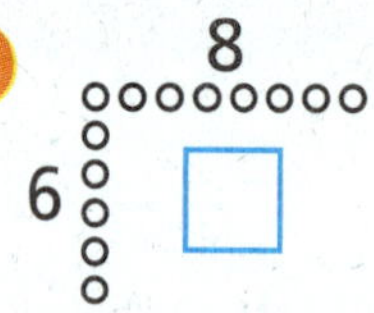

6 

7 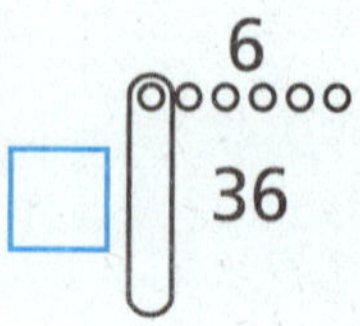

8 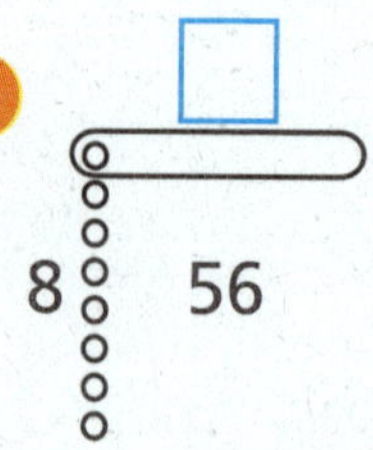

9 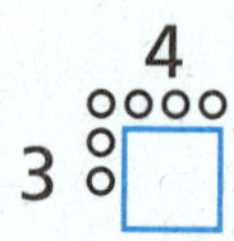

10 

11 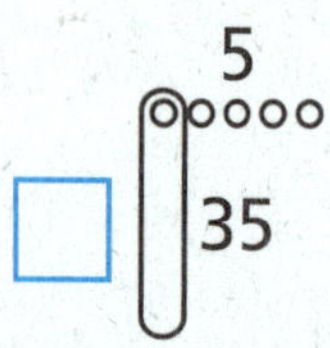

12 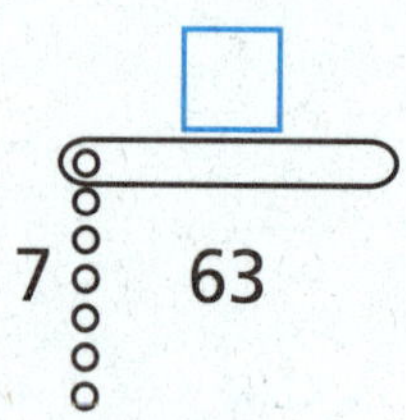

13 

14 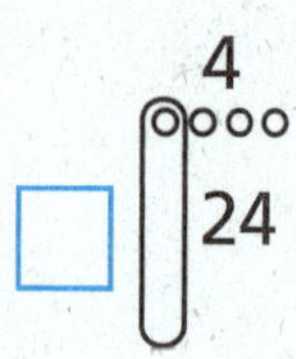

15 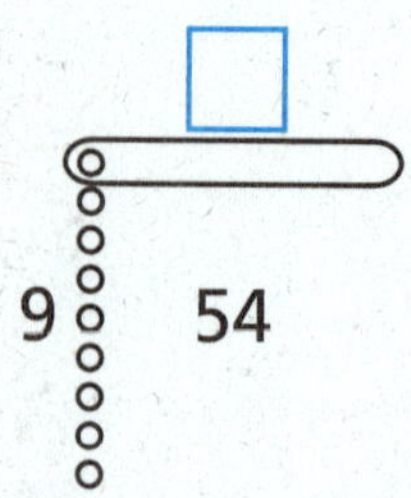

Comprobar la comprensión

Haz una representación rápida de matrices para calcular $49 \div 7$.

Nombre ____

Camino al conocimiento

Hoja de verificación 8: Multiplicaciones y divisiones con 7 y con cuadrados

Multiplicaciones con 7	Divisiones con 7	Multiplicaciones con cuadrados	Divisiones con cuadrados
4 × 7 = 28	14 / 7 = 2	8 × 8 = 64	81 / 9 = 9
7 • 2 = 14	28 ÷ 7 = 4	10 • 10 = 100	4 ÷ 2 = 2
7 * 8 = 56	70 / 7 = 10	3 * 3 = 9	25 / 5 = 5
7 × 7 = 49	56 ÷ 7 = 8	9 × 9 = 81	1 ÷ 1 = 1
7 • 1 = 7	42 / 7 = 6	4 • 4 = 16	100 / 10 = 10
7 * 10 = 70	63 ÷ 7 = 9	7 * 7 = 49	36 ÷ 6 = 6
3 × 7 = 21	7 / 7 = 1	5 × 5 = 25	49 / 7 = 7
7 • 6 = 42	49 ÷ 7 = 7	6 • 6 = 36	9 ÷ 3 = 3
5 * 7 = 35	21 / 7 = 3	1 * 1 = 1	64 / 8 = 8
7 × 9 = 63	35 / 7 = 5	5 * 5 = 25	16 / 4 = 4
7 • 4 = 28	7 ÷ 7 = 1	1 • 1 = 1	100 ÷ 10 = 10
9 * 7 = 63	63 / 7 = 9	3 • 3 = 9	49 / 7 = 7
2 × 7 = 14	14 ÷ 7 = 2	10 × 10 = 100	1 ÷ 1 = 1
7 • 5 = 35	70 / 7 = 10	4 × 4 = 16	9 / 3 = 3
8 * 7 = 56	21 ÷ 7 = 3	9 * 9 = 81	64 ÷ 8 = 8
7 × 3 = 21	49 / 7 = 7	2 × 2 = 4	4 / 2 = 2
6 • 7 = 42	28 ÷ 7 = 4	6 * 6 = 36	81 ÷ 9 = 9
10 * 7 = 70	56 ÷ 7 = 8	7 × 7 = 49	16 ÷ 4 = 4
1 × 7 = 7	35 / 7 = 5	5 • 5 = 25	25 / 5 = 5
7 • 7 = 49	42 ÷ 7 = 6	8 • 8 = 64	36 ÷ 6 = 6

Nombre ______________________________

Camino al conocimiento

Explorar números cuadrados

Escribe una ecuación para mostrar el área de cada cuadrado grande.

1. $1 \times 1 = 1$

2. ______________

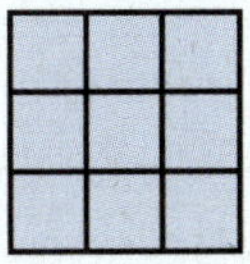

3. ______________

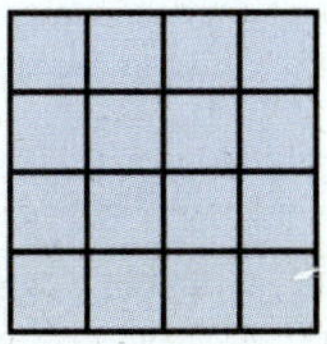

4. ______________

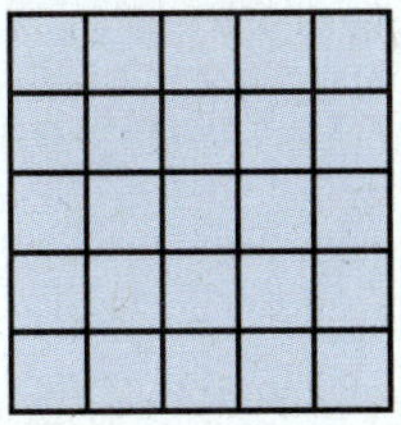

5. ______________

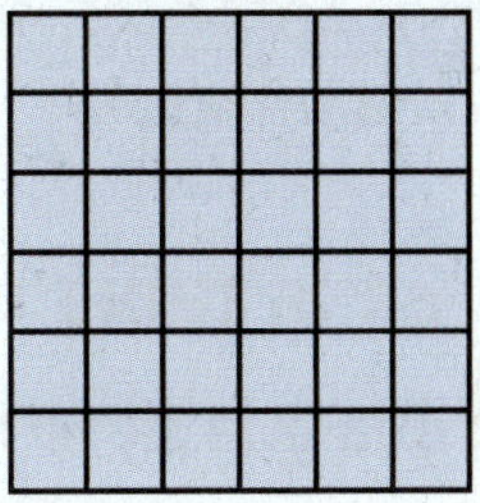

6. ______________

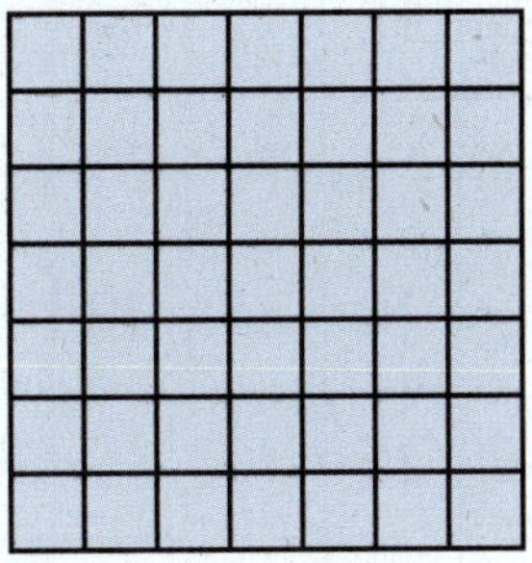

7. ______________

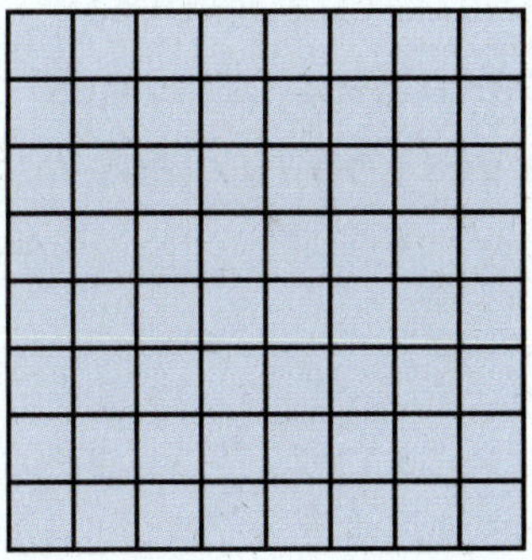

8. ______________

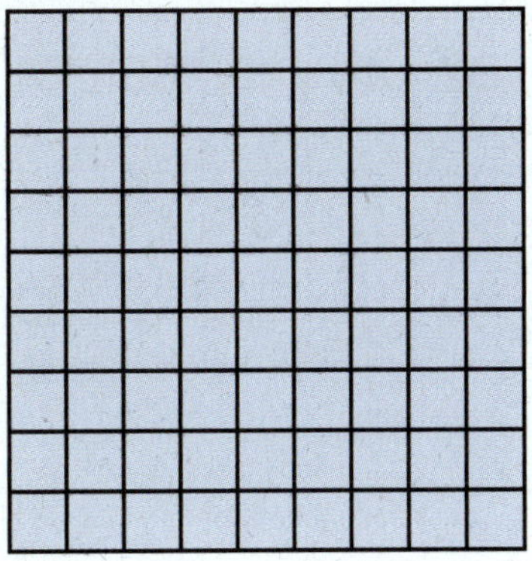

9. ______________

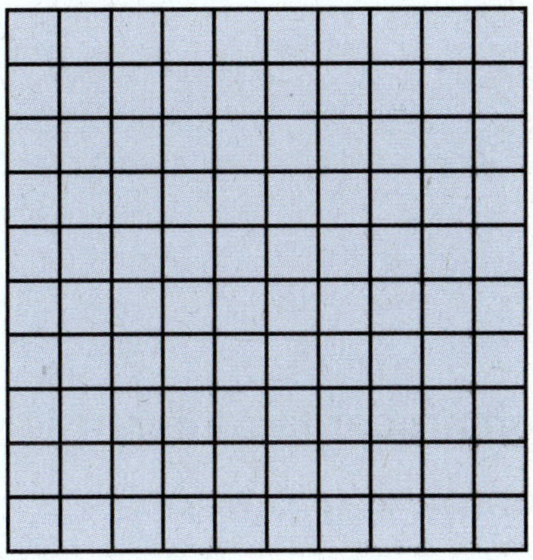

10. ______________

Buscar patrones

VOCABULARIO
números cuadrados

11 Ordena los productos de los Ejercicios 1 a 10. Comenta los patrones que ves con tu clase.

____

Los números que ordenaste en el Ejercicio 11 se llaman **números cuadrados** porque son las áreas de cuadrados con lados cuyas longitudes son números enteros. Un número cuadrado es el producto de un número entero multiplicado por sí mismo. Entonces, si n es un número entero, $n \times n$ es un número cuadrado.

Patrones en la tabla de multiplicación

12 En la tabla a la derecha, encierra en un círculo los productos que son números cuadrados. Comenta los patrones que ves con tu clase.

X	1	2	3	4	5	6	7	8	9	10
1	1	2	3	4	5	6	7	8	9	10
2	2	4	6	8	10	12	14	16	18	20
3	3	6	9	12	15	18	21	24	27	30
4	4	8	12	16	20	24	28	32	36	40
5	5	10	15	20	25	30	35	40	45	50
6	6	12	18	24	30	36	42	48	54	60
7	7	14	21	28	35	42	49	56	63	70
8	8	16	24	32	40	48	56	64	72	80
9	9	18	27	36	45	54	63	72	81	90
10	10	20	30	40	50	60	70	80	90	100

Comprobar la comprensión

Completa la oración.

El número ______ es un número cuadrado porque ______________________________

____

Nombre ____________________

Camino al conocimiento

Hoja de verificación 9: Operaciones con 6, 7 y 8

Multiplicaciones con 6, 7 y 8	Multiplicaciones con 6, 7 y 8	Divisiones con 6, 7 y 8	Divisiones con 6, 7 y 8
1 × 6 = 6	0 × 8 = 0	24 / 6 = 4	54 / 6 = 9
6 • 7 = 42	6 • 2 = 12	21 ÷ 7 = 3	24 ÷ 8 = 3
3 * 8 = 24	4 * 7 = 28	16 / 8 = 2	14 / 7 = 2
6 × 2 = 12	8 × 3 = 24	24 ÷ 8 = 3	32 ÷ 8 = 4
7 • 5 = 35	5 • 6 = 30	14 / 7 = 2	18 / 6 = 3
8 * 4 = 32	7 * 2 = 14	30 ÷ 6 = 5	56 ÷ 7 = 8
6 × 6 = 36	3 × 8 = 24	35 / 7 = 5	40 / 8 = 5
8 • 7 = 56	6 • 4 = 24	24 ÷ 8 = 3	35 ÷ 7 = 5
9 * 8 = 72	0 * 7 = 0	18 / 6 = 3	12 / 6 = 2
6 × 10 = 60	8 × 1 = 8	12 / 6 = 2	21 / 7 = 3
7 • 1 = 7	8 • 6 = 48	42 ÷ 7 = 6	16 ÷ 8 = 2
8 * 3 = 24	7 * 9 = 63	56 / 8 = 7	42 / 6 = 7
5 × 6 = 30	10 × 8 = 80	49 ÷ 7 = 7	80 ÷ 8 = 10
4 • 7 = 28	6 • 10 = 60	16 / 8 = 2	36 / 6 = 6
2 * 8 = 16	3 * 7 = 21	60 ÷ 6 = 10	7 ÷ 7 = 1
7 × 7 = 49	8 × 4 = 32	54 / 6 = 9	64 / 8 = 8
7 • 6 = 42	6 • 5 = 30	8 ÷ 8 = 1	24 ÷ 6 = 4
8 * 8 = 64	7 * 4 = 28	28 ÷ 7 = 4	21 ÷ 7 = 3
9 × 6 = 54	8 × 8 = 64	72 / 8 = 9	49 / 7 = 7
10 • 7 = 70	6 • 9 = 54	56 ÷ 7 = 8	24 ÷ 8 = 3

Camino al conocimiento Hoja de verificación 10: Operaciones con números del 0 al 10

Multiplicaciones con números del 0 al 10	Multiplicaciones con números del 0 al 10	Divisiones con números del 0 al 10	Divisiones con números del 0 al 10
9 × 0 = 0	9 × 4 = 36	9 / 1 = 9	90 / 10 = 9
1 • 1 = 1	5 • 9 = 45	12 ÷ 3 = 4	64 ÷ 8 = 8
2 * 3 = 6	6 * 10 = 60	14 / 2 = 7	15 / 5 = 3
1 × 3 = 3	7 × 3 = 21	20 ÷ 4 = 5	12 ÷ 6 = 2
5 • 4 = 20	5 • 3 = 15	10 / 5 = 2	14 / 7 = 2
7 * 5 = 35	4 * 1 = 4	48 ÷ 8 = 6	45 ÷ 9 = 5
6 × 9 = 54	7 × 5 = 35	35 / 7 = 5	8 / 1 = 8
4 • 7 = 28	6 • 3 = 18	60 ÷ 6 = 10	30 ÷ 3 = 10
1 * 8 = 8	8 * 7 = 56	81 / 9 = 9	16 / 4 = 4
9 × 8 = 72	5 × 8 = 40	20 / 10 = 2	8 / 2 = 4
2 • 10 = 20	9 • 9 = 81	16 ÷ 2 = 8	80 ÷ 10 = 8
0 * 7 = 0	9 * 10 = 90	30 / 5 = 6	36 / 4 = 9
4 × 1 = 4	0 × 0 = 0	49 ÷ 7 = 7	25 ÷ 5 = 5
2 • 4 = 8	1 • 0 = 0	60 / 6 = 10	42 / 7 = 6
10 * 3 = 30	1 * 6 = 6	30 ÷ 3 = 10	36 ÷ 6 = 6
8 × 4 = 32	7 × 2 = 14	8 / 1 = 8	90 / 9 = 10
5 • 8 = 40	6 • 3 = 18	16 ÷ 4 = 4	24 ÷ 8 = 3
4 * 6 = 24	4 * 5 = 20	16 ÷ 8 = 2	6 ÷ 2 = 3
7 × 6 = 42	6 × 6 = 36	40 / 10 = 4	9 / 3 = 3
1 • 8 = 8	10 • 7 = 70	36 ÷ 9 = 4	1 ÷ 1 = 1

Nombre ____________________

Camino al conocimiento

Jugar a *Emparejar cocientes* y a *¡Basta para mí, basta para todos!* con divisiones.

Lee las reglas de los juegos.
Luego, juega.

Reglas para Emparejar cocientes

Número de jugadores: 2 o 3

Lo que cada jugador necesita: Tarjetas de estrategias de división con 6, 7 y 8

1. Las tarjetas se mezclan y se ubican en la mesa con el lado de las respuestas hacia abajo en 6 filas de 4.
2. Los jugadores se turnan. En cada turno, un jugador elige tres tarjetas que cree tienen el mismo cociente y les da la vuelta.
3. Si las tres tarjetas tienen el mismo cociente, el jugador se las lleva. Si las tarjetas no tienen el mismo cociente, el jugador les da vuelta de nuevo de manera que no se vean las respuestas.
4. El juego continúa hasta que se acaben las tarjetas.

***Reglas para ¡Basta para mí, basta para todos!* con divisiones**

Número de jugadores: 3

Lo que cada jugador necesita: Tablero de juego de *¡Basta para mí, basta para todos!* (TRB M70), Tarjetas de estrategias de división con 6, 7 y 8

1. Los jugadores no escriben nada en el tablero de juego. La primera fila es para los 6, la segunda para los 7 y la tercera para los 8, como se indica en la columna gris de la izquierda.
2. Cada jugador mezcla sus Tarjetas de estrategias de división con 6, 7 y 8, asegurándose de que los lados sin respuesta queden hacia arriba.
3. Se repiten los Pasos 2, 3 y 4. Esta vez los jugadores colocan las Tarjetas de estrategia en la fila apropiada para indicar si el factor desconocido es 6, 7 u 8.

Camino al conocimiento Jugar a *¡Basta para mí, basta para todos!* con multiplicaciones

Lee las reglas para jugar a *¡Basta para mí, basta para todos!* con multiplicaciones. Luego, juega.

Reglas para *¡Basta para mí, basta para todos!* con multiplicaciones

Número de jugadores: 3

Lo que cada jugador necesita: Tablero de juego de *¡Basta para mí, basta para todos!* con multiplicaciones (TRB M70), Tarjetas de estrategias de multiplicación con 6, 7 y 8

1. Los jugadores eligen 5 factores cualesquiera entre 2 y 9 y los escriben en cualquier orden en los espacios grises en la parte superior del tablero de juego. Luego, los jugadores escriben los productos en los espacios blancos grandes. El resultado será una tabla de multiplicación desordenada.

2. Cuando la tabla esté completa, los jugadores tapan la fila gris y la columna gris que muestran los factores para que solo se vean los productos. Este será el tablero de juego.

3. Cada jugador mezcla sus Tarjetas de estrategias de multiplicación con 6, 7 y 8, asegurándose de que los lados de la multiplicación sin respuesta queden hacia arriba.

4. Un jugador dice, "¡Ya!" y todos colocan sus Tarjetas de estrategias rápidamente en los espacios del tablero que muestren los productos correspondientes. Cuando el tablero de un jugador está lleno, dice *"¡Basta para mí, basta para todos!"*

5. Todos se detienen y revisan el trabajo del jugador. Si sus tarjetas están colocadas correctamente, gana ese jugador. Si el jugador ha cometido un error, sale del juego y debe esperar a que el siguiente jugador diga *"¡Basta para mí, basta para todos!"*

Nombre ______________________________

Camino al conocimiento Resolver problemas con 6, 7 y 8

Escribe una ecuación y resuelve el problema.

1. La clase de Terri tiene 32 estudiantes. Los estudiantes hicieron un proyecto de arte en grupos de 4 estudiantes. ¿Cuántos grupos había?

   ____

2. Kyle vio 9 mariquitas cuando estuvo acampando. Cada una tenía 6 patas. ¿Cuántas patas tenían las 9 mariquitas en total?

   ____

3. Adam camina 3 millas al día. ¿Cuántas millas camina en una semana?

   ____

4. Rover, el perro de Nancy, come 6 tazas de alimento al día. En 8 días ¿cuántas tazas de comida come Rover?

   ____

5. La biblioteca de la escuela tiene 72 libros sobre el tema del clima. Si Tanya ordenó los libros en 8 pilas de igual tamaño, ¿cuántos libros había en cada pila?

   ____

6. Los 42 trompetistas de la banda marcial se alinearon en 6 filas iguales. ¿Cuántos trompetistas había en cada fila?

   ____

Resolver problemas con 6, 7 y 8 (continuación)

Escribe una ecuación y resuelve el problema.

7. Susan hace una fiesta. Tiene 18 vasos de cartón. Los pone en 6 pilas iguales. ¿Cuántos vasos de cartón hay en cada pila?

8. Regina formó una matriz con 7 filas de 9 bloques. ¿Cuántos bloques hay en la matriz?

9. El Sr. Rodriguez piensa invitar a 40 estudiantes a un pícnic. Las invitaciones vienen en paquetes de 8. ¿Cuántos paquetes de invitaciones debe comprar el Sr. Rodríguez?

10. Un salón de clases tiene 7 filas de 4 pupitres. ¿Cuántos pupitres hay en el salón?

11. Escribe un problema para $48 \div 6$ donde 6 es el tamaño del grupo.

12. Escribe un problema para 7×9 donde 6 es el número de objetos en un grupo.

Comprobar la comprensión

Explica cómo sabes cuándo un problema se puede resolver con división.

Nombre ______________________________

Camino al conocimiento Completar una tabla de multiplicar

1 Observa los factores para completar la tabla de multiplicar. Deja espacios en blanco para los productos que no sabes.

×	1	2	3	4	5	6	7	8	9	10
1										
2										
3										
4										
5										
6										
7										
8										
9										
10										

2 Escribe las multiplicaciones que necesitas practicar.

____

____

____

____

____

____

Camino al conocimiento Tabla de multiplicar desordenada

Completa cada tabla.

A

×										
	6	30	54	60	42	24	18	12	48	36
	2	10	18	20	14	8	6	4	16	12
	10	50	90	100	70	40	30	20	80	60
	8	40	72	80	56	32	24	16	64	48
	5	25	45	50	35	20	15	10	40	30
	1	5	9	10	7	4	3	2	8	6
	9	45	81	90	63	36	27	18	72	54
	4	20	36	40	28	16	12	8	32	24
	7	35	63	70	49	28	21	14	56	42
	3	15	27	30	21	12	9	6	24	18

B

×										
	27	6	24	21	18	15	12	9	3	
	36	8	32	28	24		16	12	4	40
	9	2	8	7	6	5	4	3	1	10
	18	4	16	14		10	8	6	2	20
		14	56	49	42		28	21	7	
	72		64	56	48	40	32	24	8	80
	45	10	40		30	25	20	15	5	
	54	12	48	42	36	30	24	18	6	60
	90		80	70	60		40	30	10	100
	81	18	72		54	45	36	27	9	

C

×										
	100		20		70	50		90		10
	50	15		20	35		30		40	5
	10	3		4	7		6	9		1
		9		12	21	15		27	24	
		6	4	8			12	18	16	2
		12	8	16	28	20		36	32	
	90	27	18	36	63	45	54		72	
		18	12	24		30	36	54	48	6
		21		28	49		42		56	7
		24		32	56	40		72	64	8

D

×										
	48		42	12	36		18	6		30
	56	28		14		70	21		63	35
			70		60			10		50
		20	35		30		15	5	45	
	32			8		40			36	
	8	4		2			3	1		5
		8	14		12		6		18	10
	64		56		48	80	24	8		40
	72	36		18			27		81	
	24		21		18	30		3	27	

Comprobar la comprensión

Completa los enunciados.

Los números en las casillas azules son ______________________.

Los números en las casillas blancas son ______________________.

Nombre ______________________________

Camino al conocimiento

Carreras 13 a 16

Completa cada carrera. Comprueba tus respuestas en la página 141.

Carrera 13 multiplicaciones con 6 y 8	Carrera 14 divisiones con 6 y 8	Carrera 15 multiplicaciones con 7 y 8	Carrera 16 divisiones con 7 y 8
a. 6 × 9 = ___	a. 72 / 8 = ___	a. 7 × 3 = ___	a. 63 / 7 = ___
b. 8 * 2 = ___	b. 12 ÷ 6 = ___	b. 8 * 5 = ___	b. 80 ÷ 8 = ___
c. 4 • 6 = ___	c. 16 / 8 = ___	c. 2 • 7 = ___	c. 14 / 7 = ___
d. 7 × 8 = ___	d. 24 ÷ 6 = ___	d. 1 × 8 = ___	d. 16 ÷ 8 = ___
e. 6 * 1 = ___	e. 8 / 8 = ___	e. 7 * 9 = ___	e. 7 / 7 = ___
f. 8 • 9 = ___	f. 6 ÷ 6 = ___	f. 8 • 4 = ___	f. 48 ÷ 8 = ___
g. 3 × 6 = ___	g. 40 / 8 = ___	g. 4 × 7 = ___	g. 35 / 7 = ___
h. 4 * 8 = ___	h. 42 ÷ 6 = ___	h. 7 * 8 = ___	h. 32 ÷ 8 = ___
i. 6 • 8 = ___	i. 24 / 8 = ___	i. 7 • 1 = ___	i. 21 / 7 = ___
j. 8 × 1 = ___	j. 18 ÷ 6 = ___	j. 8 × 2 = ___	j. 8 ÷ 8 = ___
k. 2 * 6 = ___	k. 48 / 8 = ___	k. 5 * 7 = ___	k. 28 / 7 = ___
l. 3 • 8 = ___	l. 48 ÷ 6 = ___	l. 9 • 8 = ___	l. 40 ÷ 8 = ___
m. 6 × 5 = ___	m. 64 / 8 = ___	m. 7 × 6 = ___	m. 49 / 7 = ___
n. 8 * 8 = ___	n. 42 ÷ 6 = ___	n. 8 * 3 = ___	n. 72 ÷ 8 = ___
o. 6 • 6 = ___	o. 56 / 8 = ___	o. 7 • 7 = ___	o. 42 / 7 = ___
p. 5 × 8 = ___	p. 30 ÷ 6 = ___	p. 8 × 8 = ___	p. 24 ÷ 8 = ___
q. 6 * 7 = ___	q. 32 / 8 = ___	q. 7 * 0 = ___	q. 56 / 7 = ___
r. 8 × 0 = ___	r. 54 ÷ 6 = ___	r. 6 • 8 = ___	r. 64 ÷ 8 = ___
s. 0 * 6 = ___	s. 80 / 8 = ___	s. 8 × 0 = ___	s. 70 / 7 = ___
t. 6 • 10 = ___	t. 60 ÷ 6 = ___	t. 7 * 10 = ___	t. 56 ÷ 8 = ___

Camino al conocimiento Carreras 17 a 20

Completa cada carrera. Comprueba tus respuestas en la página 141.

Carrera 17 multiplicaciones con 6 y 7	**Carrera 18 divisiones con 6 y 7**	**Carrera 19 multiplicaciones con 6, 7, 8**	**Carrera 20 divisiones con 6, 7, 8**
a. 6 × 6 = ___	a. 70 / 7 = ___	a. 7 × 7 = ___	a. 21 / 7 = ___
b. 7 * 7 = ___	b. 60 ÷ 6 = ___	b. 6 • 3 = ___	b. 16 ÷ 8 = ___
c. 3 • 6 = ___	c. 28 / 7 = ___	c. 8 * 6 = ___	c. 54 / 6 = ___
d. 8 × 7 = ___	d. 30 ÷ 6 = ___	d. 6 × 6 = ___	d. 48 ÷ 8 = ___
e. 6 * 1 = ___	e. 42 / 7 = ___	e. 7 • 6 = ___	e. 64 / 8 = ___
f. 7 • 2 = ___	f. 24 ÷ 6 = ___	f. 4 * 7 = ___	f. 42 ÷ 6 = ___
g. 9 × 6 = ___	g. 35 / 7 = ___	g. 9 × 7 = ___	g. 56 / 7 = ___
h. 9 * 7 = ___	h. 12 ÷ 6 = ___	h. 6 • 9 = ___	h. 72 ÷ 8 = ___
i. 6 • 8 = ___	i. 7 / 7 = ___	i. 6 * 4 = ___	i. 18 / 6 = ___
j. 7 × 3 = ___	j. 36 ÷ 6 = ___	j. 8 × 8 = ___	j. 28 / 7 = ___
k. 7 * 6 = ___	k. 21 / 7 = ___	k. 7 • 3 = ___	k. 56 ÷ 8 = ___
l. 1 • 7 = ___	l. 48 ÷ 6 = ___	l. 8 * 7 = ___	l. 30 / 6 = ___
m. 6 × 2 = ___	m. 63 / 7 = ___	m. 6 × 7 = ___	m. 63 ÷ 7 = ___
n. 7 * 5 = ___	n. 6 ÷ 6 = ___	n. 3 • 6 = ___	n. 32 / 8 = ___
o. 4 • 6 = ___	o. 56 / 7 = ___	o. 2 * 7 = ___	o. 48 ÷ 6 = ___
p. 6 × 7 = ___	p. 18 ÷ 6 = ___	p. 9 × 8 = ___	p. 49 / 7 = ___
q. 6 * 5 = ___	q. 49 / 7 = ___	q. 5 • 6 = ___	q. 36 ÷ 6 = ___
r. 7 • 4 = ___	r. 42 ÷ 6 = ___	r. 7 * 8 = ___	r. 24 ÷ 8 = ___
s. 6 × 10 = ___	s. 14 / 7 = ___	s. 3 × 7 = ___	s. 42 / 7 = ___
t. 7 × 10 = ___	t. 54 ÷ 6 = ___	t. 9 • 6 = ___	t. 24 ÷ 6 = ___

Nombre ______________________________

Camino al conocimiento

Carreras 9B al 12B

Completa cada carrera de multiplicación y división.
Comprueba tus respuestas en la página 142.

Carrera 9B multiplicaciones con 2, 5, 9, 10	Carrera 10B divisiones con 2, 5, 9, 10	Carrera 11B multiplicaciones con 0, 1, 3, 4	Carrera 12B divisiones con 1, 3, 4
a. 6 × 2 = ____	a. 18 / 2 = ____	a. 7 × 1 = ____	a. 2 / 1 = ____
b. 9 • 4 = ____	b. 25 ÷ 5 = ____	b. 0 • 6 = ____	b. 28 ÷ 4 = ____
c. 8 * 5 = ____	c. 70 / 10 = ____	c. 4 * 4 = ____	c. 3 / 3 = ____
d. 1 × 10 = ____	d. 54 ÷ 9 = ____	d. 7 × 3 = ____	d. 1 ÷ 1 = ____
e. 2 • 7 = ____	e. 50 / 5 = ____	e. 3 • 1 = ____	e. 40 / 4 = ____
f. 9 * 9 = ____	f. 81 ÷ 9 = ____	f. 4 * 7 = ____	f. 21 ÷ 3 = ____
g. 5 × 6 = ____	g. 8 / 2 = ____	g. 9 × 0 = ____	g. 5 / 1 = ____
h. 10 • 4 = ____	h. 90 ÷ 10 = ____	h. 1 • 1 = ____	h. 16 ÷ 4 = ____
i. 7 * 5 = ____	i. 35 / 5 = ____	i. 3 * 4 = ____	i. 15 / 3 = ____
j. 8 × 2 = ____	j. 27 / 9 = ____	j. 4 × 9 = ____	j. 6 / 1 = ____
k. 10 • 10 = ____	k. 2 ÷ 2 = ____	k. 8 • 1 = ____	k. 12 ÷ 4 = ____
l. 5 * 3 = ____	l. 36 / 9 = ____	l. 3 * 3 = ____	l. 27 / 3 = ____
m. 9 × 7 = ____	m. 45 ÷ 5 = ____	m. 0 × 4 = ____	m. 9 ÷ 1 = ____
n. 9 • 2 = ____	n. 14 / 2 = ____	n. 10 • 3 = ____	n. 8 / 4 = ____
o. 5 * 5 = ____	o. 20 ÷ 10 = ____	o. 6 * 4 = ____	o. 12 ÷ 3 = ____
p. 6 × 9 = ____	p. 9 / 9 = ____	p. 1 × 4 = ____	p. 3 / 1 = ____
q. 5 • 2 = ____	q. 20 ÷ 5 = ____	q. 3 • 6 = ____	q. 36 ÷ 4 = ____
r. 9 * 5 = ____	r. 45 ÷ 9 = ____	r. 4 * 8 = ____	r. 6 ÷ 3 = ____
s. 8 × 10 = ____	s. 5 / 5 = ____	s. 7 × 0 = ____	s. 4 / 1 = ____
t. 5 • 10 = ____	t. 4 ÷ 2 = ____	t. 5 • 3 = ____	t. 4 ÷ 4 = ____

Camino al conocimiento

Carreras 9C al 12C

Completa cada carrera. Comprueba tus respuestas en la página 142.

Carrera 9C multiplicaciones con 2, 5, 9, 10	Carrera 10C divisiones con 2, 5, 9, 10	Carrera 11C multiplicaciones con 0, 1, 3, 4	Carrera 12C divisiones con 1, 3, 4
a. 5 × 8 = ____	a. 36 ÷ 9 = ____	a. 0 × 7 = ____	a. 4 / 1 = ____
b. 9 * 9 = ____	b. 30 / 5 = ____	b. 1 * 4 = ____	b. 15 ÷ 3 = ____
c. 10 • 7 = ____	c. 18 ÷ 2 = ____	c. 3 • 6 = ____	c. 24 / 4 = ____
d. 4 × 5 = ____	d. 80 / 10 = ____	d. 4 × 9 = ____	d. 9 ÷ 1 = ____
e. 5 * 5 = ____	e. 40 ÷ 5 = ____	e. 8 * 0 = ____	e. 21 / 3 = ____
f. 10 • 3 = ____	f. 72 / 9 = ____	f. 7 * 1 = ____	f. 12 ÷ 4 = ____
g. 1 × 5 = ____	g. 6 ÷ 2 = ____	g. 4 • 3 = ____	g. 5 / 1 = ____
h. 3 * 9 = ____	h. 54 / 9 = ____	h. 4 × 4 = ____	h. 3 ÷ 3 = ____
i. 9 • 6 = ____	i. 25 ÷ 5 = ____	i. 0 * 5 = ____	i. 32 / 4 = ____
j. 10 × 8 = ____	j. 10 / 10 = ____	j. 1 • 6 = ____	j. 2 ÷ 1 = ____
k. 2 * 9 = ____	k. 45 ÷ 5 = ____	k. 3 × 2 = ____	k. 18 / 3 = ____
l. 6 • 2 = ____	l. 27 / 9 = ____	l. 4 * 7 = ____	l. 36 ÷ 4 = ____
m. 6 × 10 = ____	m. 14 ÷ 2 = ____	m. 1 • 0 = ____	m. 7 / 1 = ____
n. 8 * 9 = ____	n. 35 / 5 = ____	n. 2 × 1 = ____	n. 24 ÷ 3 = ____
o. 8 • 2 = ____	o. 90 ÷ 9 = ____	o. 9 * 3 = ____	o. 4 / 4 = ____
p. 4 × 2 = ____	p. 90 / 10 = ____	p. 2 • 4 = ____	p. 6 ÷ 1 = ____
q. 10 * 5 = ____	q. 63 ÷ 9 = ____	q. 0 × 3 = ____	q. 12 / 3 = ____
r. 10 • 10 = ____	r. 15 / 5 = ____	r. 1 * 1 = ____	r. 20 ÷ 4 = ____
s. 9 × 6 = ____	s. 50 ÷ 10 = ____	s. 3 • 9 = ____	s. 8 / 1 = ____
t. 5 * 7 = ____	t. 8 / 2 = ____	t. 4 × 5 = ____	t. 27 ÷ 3 = ____

Nombre ______________________

Camino al conocimiento Respuestas a las carreras 13 a 20

Usa esta hoja para comprobar tus respuestas a las carreras de las páginas 137 y 138.

	Carrera 13 ×	Carrera 14 ÷	Carrera 15 ×	Carrera 16 ÷	Carrera 17 ×	Carrera 18 ÷	Carrera 19 ×	Carrera 20 ÷
a.	54	9	21	9	36	10	49	3
b.	16	2	40	10	49	10	18	2
c.	24	2	14	2	18	4	48	9
d.	56	4	8	2	56	5	36	6
e.	6	1	63	1	6	6	42	8
f.	72	1	32	6	14	4	28	7
g.	18	5	28	5	54	5	63	8
h.	32	7	56	4	63	2	54	9
i.	48	3	7	3	48	1	24	3
j.	8	3	16	1	21	6	64	4
k.	12	6	35	4	42	3	21	7
l.	24	8	72	5	7	8	56	5
m.	30	8	42	7	12	9	42	9
n.	64	7	24	9	35	1	18	4
o.	36	7	49	6	24	8	14	8
p.	40	5	64	3	42	3	72	7
q.	42	4	0	8	30	7	30	6
r.	0	9	48	8	28	7	56	3
s.	0	10	0	10	60	2	21	6
t.	60	10	70	7	70	9	54	4

Camino al conocimiento

Respuestas a las carreras 9B al 12B, 9C al 12C

Usa esta hoja para comprobar tus respuestas a las carreras de las páginas 139 y 140.

Carrera 9B ×	Carrera 10B ÷	Carrera 11B ×	Carrera 12B ÷	Carrera 9C ×	Carrera 10C ÷	Carrera 11C ×	Carrera 12C ÷
a. 12	a. 9	a. 7	a. 2	a. 40	a. 4	a. 0	a. 4
b. 36	b. 5	b. 0	b. 7	b. 81	b. 6	b. 4	b. 5
c. 40	c. 7	c. 16	c. 1	c. 70	c. 9	c. 18	c. 6
d. 10	d. 6	d. 21	d. 1	d. 20	d. 8	d. 36	d. 9
e. 14	e. 10	e. 3	e. 10	e. 25	e. 8	e. 0	e. 7
f. 81	f. 9	f. 28	f. 7	f. 30	f. 8	f. 7	f. 3
g. 30	g. 4	g. 0	g. 5	g. 5	g. 3	g. 12	g. 5
h. 40	h. 9	h. 1	h. 4	h. 27	h. 6	h. 16	h. 1
i. 35	i. 7	i. 12	i. 5	i. 54	i. 5	i. 0	i. 8
j. 16	j. 3	j. 36	j. 6	j. 80	j. 1	j. 6	j. 2
k. 100	k. 1	k. 8	k. 3	k. 18	k. 9	k. 6	k. 6
l. 15	l. 4	l. 9	l. 9	l. 12	l. 3	l. 28	l. 9
m. 63	m. 9	m. 0	m. 9	m. 60	m. 7	m. 0	m. 7
n. 18	n. 7	n. 30	n. 2	n. 72	n. 7	n. 2	n. 8
o. 25	o. 2	o. 24	o. 4	o. 16	o. 10	o. 27	o. 1
p. 54	p. 1	p. 4	p. 3	p. 8	p. 9	p. 8	p. 6
q. 10	q. 4	q. 18	q. 9	q. 50	q. 7	q. 0	q. 4
r. 45	r. 5	r. 32	r. 2	r. 100	r. 3	r. 1	r. 5
s. 80	s. 1	s. 0	s. 4	s. 54	s. 5	s. 27	s. 8
t. 50	t. 2	t. 15	t. 1	t. 35	t. 4	t. 20	t. 9

Prueba rápida 1 de la Unidad 2

Nombre ______________________ **Fecha** ____________

Escribe una ecuación y resuelve el problema.

Muestra tu trabajo.

1. El área del rectángulo que se muestra es 42 pulgadas cuadradas. ¿Cuál es el valor de *n*?

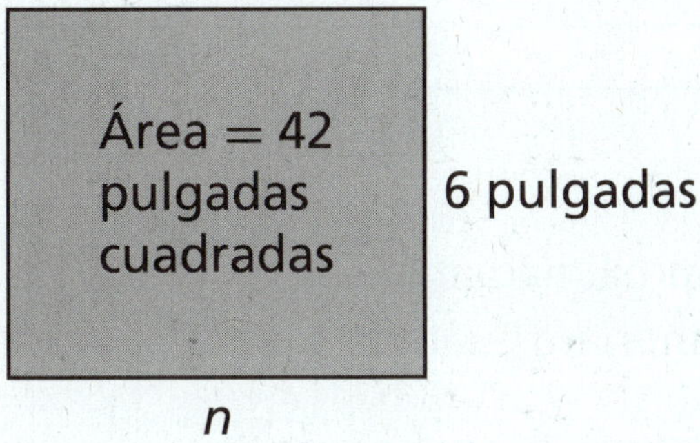

____

2. Hay 81 botellas de jugo de manzana para repartir por igual entre 9 personas. ¿Cuántas botellas le tocarán a cada una de las 9 personas?

____

Resuelve.

3. $7 \times \blacksquare = 56$

   $\blacksquare =$ ______

4. $9 \times 9 = \blacksquare$

   $\blacksquare =$ ______

5. Jaewon ordena sus estampillas en 6 filas iguales. Si tiene 48 estampillas, ¿cuántas habrá en cada fila?

____

Nombre ______________________ Fecha ______________

Escribe una ecuación y resuelve el problema.

Muestra tu trabajo.

1. Hay 7 filas de 9 árboles de mango en un sembrado. ¿Cuántos árboles de mango hay en total?

 ____

2. Una semilla de zanahoria tarda aproximadamente 8 semanas en convertirse en zanahoria. ¿Cuántos días son?

 ____

3. Las semillas de arveja tardan un poquito más de 63 días para convertirse en arvejas que se pueden comer. ¿Cuántas semanas hay en 63 días?

 ____

4. En la temporada de cosecha, cada día de 24 horas se divide en 3 turnos de trabajo iguales. ¿Cuánto tiempo dura cada turno?

 ____

5. Hal empaca 6 cajas de naranjas. Cada caja pesa 6 libras. ¿Cuánto pesan las cajas en total?

 ____

Nombre ______________________________

Camino al conocimiento Elegir la operación

Escribe una ecuación y resuelve el problema.

1. Ernie ayudó a su madre a trabajar en el jardín durante 3 días. Ganó $6 cada día. ¿Cuánto ganó en total?

   ____

2. Ernie ayudó a su madre a trabajar en el jardín durante 3 días. Ganó $6 el primer día, $5 el segundo día y $7 el tercer día. ¿Cuánto ganó en total?

   ____

3. Troy tenía $18. Dio $6 a cada uno de sus hermanos y se quedó sin dinero. ¿Cuántos hermanos tiene Troy?

   ____

4. Troy dio $18 a sus hermanos. Le dio $4 a Raj, $7 a Darnell y el resto a Jai. ¿Cuánto dinero le tocó a Jai?

   ____

5. Jinja tiene 4 primos. Grant tiene 7 primos más que Jinja. ¿Cuántos primos tiene Grant?

   ____

6. Jinja tiene 4 primos. Grant tiene 7 veces más primos que Jinja. ¿Cuántos primos tiene Grant?

   ____

7. Camille tiene15 libros menos que Jane. Camille tiene 12 libros. ¿Cuántos libros tiene Jane?

   ____

8. Camille tiene 4 libros más que Jane. Camille tiene 15 libros. ¿Cuántos libros tiene Jane?

   ____

Escribir una ecuación

Escribe una ecuación y resuelve el problema.

Muestra tu trabajo.

9 Luke tenía un billete de $5. Gastó $3 en un sándwich. ¿Cuánto cambio recibió?

____

10 Ramona coloca losas en el piso de la cocina. Va a tender 8 filas de losas, con 7 losas en cada fila. ¿Cuántas losas usaría Ramona?

____

11 Josh obtuvo una calificación perfecta en 6 pruebas el año pasado. Jenna obtuvo una calificación perfecta en 6 veces más pruebas. ¿Cuántas calificaciones perfectas recibió Jenna?

____

12 Sophie compró un animal de peluche por $3 y un juego de mesa por $7. ¿Cuánto dinero gastó Sophie?

____

13 El Sr. Duarte compra 15 golosinas para perro. A cada uno de sus 3 perros le da el mismo número de golosinas. ¿Cuántas golosinas le tocan a cada perro?

____

14 Ahmed gastó $9 en un libro. Zal pagó $6 más por el mismo libro en otra librería. ¿Cuanto gastó Zal en el libro?

____

Nombre ______________________________

Escribir la pregunta

Escribe una pregunta para la información dada y resuelve.

15 Anna leyó 383 páginas este mes. Chris leyó 416 páginas.

Pregunta: ______________________________

Solución: ______________________________

16 Marisol tenía 128 cuentas en su joyero. Regaló 56 de ellas.

Pregunta: ______________________________

Solución: ______________________________

17 Louis puso 72 canicas en 8 bolsas. Puso el mismo número de canicas en cada bolsa.

Pregunta: ______________________________

Solución: ______________________________

18 Geoff sembró semillas en 4 macetas. Sembró 6 semillas en cada maceta.

Pregunta: ______________________________

Solución: ______________________________

19 Marly puso 10 libros en cada uno de 5 estantes de la biblioteca.

Pregunta: ______________________________

Solución: ______________________________

Escribir el problema

Escribe un problema que pueda resolverse con la ecuación dada. Luego resuelve.

20. $9 \times 6 = \blacksquare$ **Solución:** ______

______

______

______

21. $324 - 112 = \blacksquare$ **Solución:** ______

______

______

______

22. $56 \div 7 = \blacksquare$ **Solución:** ______

______

______

______

23. $459 + 535 = \blacksquare$ **Solución:** ______

______

______

______

Comprobar la comprensión

Describe cómo empezarías a escribir un problema para $42 \div 6 = n$.

Nombre ____________________

VOCABULARIO
expresión
orden de las operaciones

Usar el orden de las operaciones

Esta **expresión** incluye resta y multiplicación:

$$10 - 3 \times 2$$

1. ¿Qué obtienes si restas primero y luego multiplicas? ________
2. ¿Qué obtienes si multiplicas primero y luego restas? ________

Para estar seguros de que todos tengan la misma respuesta, las personas siguen las reglas sobre el **orden de las operaciones.** Siguiendo las reglas del orden de las operaciones, la multiplicación y la división se hacen *antes* de la suma y la resta. La respuesta que hallaste en la Pregunta 2 es correcta.

En las reglas sobre el orden de las operaciones los paréntesis significan "Haz esto primero". Por ejemplo, si quieres que la persona reste primero en el ejercicio anterior, escríbelo así:

$$(10 - 3) \times 2$$

Halla la respuesta.

3. $5 + 4 \times 2 =$ ________
4. $(9 - 3) \times 6 =$ ________
5. $8 \div 2 + 2 =$ ________
6. $6 \times (8 - 1) =$ ________

Escribe cada enunciado de nuevo, usando signos y números en lugar de palabras.

7. Suma 4 más 3 y multiplica el total por 8. ____________________
8. Multiplica 3 por 8 y suma 4 al total. ____________________

¿Cuál es el error?

Queridos estudiantes de matemáticas:

Hoy calculé la respuesta a 6 + 3 x 2.
Así fue como hallé la respuesta.

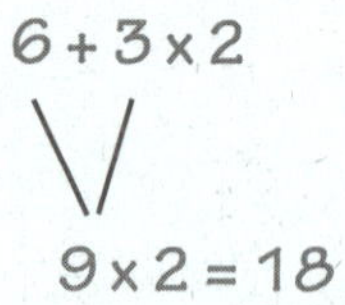

¿Es correcta mi respuesta? Si no, por favor corrijan mi trabajo y díganme qué hice mal.

Su amigo,
El Pingüino Confundido

9 Escribe una respuesta para el Pingüino Confundido.

____

____

____

Halla la respuesta.

10 $4 + 3 \times 5 =$ ________

11 $10 \div 2 + 3 =$ ________

12 $12 - 9 \div 3 =$ ________

13 $3 \times 5 - 2 =$ ________

14 $(4 + 3) \times 5 =$ ________

15 $10 \div (2 + 3) =$ ________

16 $(12 - 9) \div 3 =$ ________

17 $3 \times (5 - 2) =$ ________

Nombre ____________________

Escribir preguntas del primer paso

Escribe la pregunta y respuesta del primer paso. Luego resuelve el problema.

Muestra tu trabajo.

18. Una montaña rusa tiene 7 carritos. Cada carrito tiene 4 asientos. Si había 3 asientos desocupados, ¿cuántas personas estaban en la montaña rusa?

____

____

19. Cada semana, Marta gana $10 cuidando niños. Siempre gasta $3 y ahorra el resto. ¿Cuánto ahorra en 8 semanas?

____

____

20. Abu compró 6 paquetes de adhesivos. Cada paquete tenía 8 adhesivos. Luego el amigo de Aby le dio 10 adhesivos más. ¿Cuántos adhesivos tiene Abu ahora?

____

____

21. Zoe preparó una merienda. Puso 4 tajadas de manzana y 2 tajadas de melón en cada plato. Preparó 5 platos. ¿Cuántas tajadas de fruta usó Zoe en total?

____

____

22. Kyle pidió 8 pizzas para su fiesta. Cortó cada pizza en 8 tajadas. 48 de las tajadas eran de solo queso y el resto tenían setas. ¿Cuántas tajadas de pizza tenían setas?

____

____

Escribir preguntas del primer paso (continuación)

Escribe la pregunta y respuesta del primer paso.
Luego resuelve el problema.

Muestra tu trabajo.

23. Karla horneó 86 pastelitos de arándano. Sus hermanas se comieron 5. Karla repartió los pastelitos que quedaban por igual entre 9 platos. ¿Cuántos pastelitos puso en cada plato?

____

____

24. Lucia tenía 42 ciruelas. Jorge tenía 12 ciruelas más que Lucia. Jorge repartió sus ciruelas por igual entre 6 personas. ¿Cuántas ciruelas le tocaron a cada persona?

____

____

25. En el camino a la escuela, Kevin contó 5 bicicletas de montaña y 3 bicicletas de carretera. ¿Cuántas ruedas había en las bicicletas en total?

____

____

26. Juana tiene 21 camisas. Leslie tenía 7 camisas menos que Juana, pero luego compró otras 4. ¿Cuántas camisas tiene Leslie ahora?

____

____

Comprobar la comprensión

Describe la diferente entre resolver la ecuación $6 + 4 \times 2 = n$ y la ecuación $(6 + 4) \times 2 = n$.

Nombre ____________________

Ver el sentido en los problemas verbales de dos pasos

Escribe una ecuación y resuelve el problema. *Muestra tu trabajo.*

1. Nueve gallinas pusieron 6 huevos cada una. Cinco de los huevos se rompieron. ¿Cuántos huevos quedan?

   ____

2. Hay 8 casas en la calle de Jeremiah. Cada casa tiene un sauce, 6 manzanos y 2 olivos. ¿Cuántos árboles hay en la calle de Jeremiah en total?

   ____

3. Tim tiene 9 canicas. Ryan tiene 3 canicas menos que Tim. Leslie tiene 5 canicas más que Ryan. ¿Cuántas canicas tiene Leslie?

   ____

4. El Sr. Helms tiene 2 establos con 4 caballos en cada establo. La Sra. Martinez tiene 4 caballos más que el Sr. Helms. ¿Cuántos caballos tiene la Sra. Martinez?

   ____

5. Angela tenía $4. Compró 2 calabazas pequeñas por $1 cada una. ¿Cuánto dinero tiene Angela ahora?

   ____

6. Ahmad tenía $40. Compró un muñeco de acción por $5 y una mochila por $14. ¿Cuánto dinero le queda a Ahmad?

   ____

Ver el sentido en los problemas verbales de dos pasos (continuación)

Muestra tu trabajo.

Escribe una ecuación y resuelve el problema.

7. En el vestuario hay 8 filas de 9 casilleros. Todos los casilleros estaban ocupados por la mañana, pero por la tarde 6 casilleros se habían desocupado. ¿Cuántos casilleros seguían estando ocupados por la tarde?

____

8. Anita envió 3 tarjetas a sus amigos y 2 a sus primas cada mes durante 3 meses. ¿Cuántas tarjetas son?

____

9. La biblioteca tiene 6 libros sobre el desierto y 8 libros sobre el bosque húmedo. Los libros se dividieron en grupos de 2. ¿Cuántos grupos de libros hay?

____

10. Cada paquete de lápices contiene 8 lápices. Sahil compró 3 paquetes y los repartió por igual entre 6 personas. ¿Cuántos lápices recibió cada persona?

____

11. Kaya tiene 20 fotos de perros y 30 fotos de gatos. Exhibió números iguales de fotos en 10 carteles para reunir fondos para un refugio de animales. ¿Cuántas fotos había en cada cartel?

____

Comprobar la comprensión

Haz un dibujo que represente el Problema 10 y la solución.

Nombre ____________________

Multiplicar con múltiplos de 10

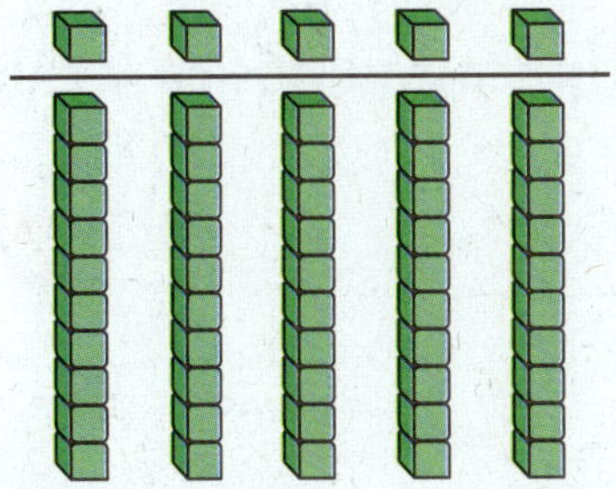

Cuando un número de unidades se multiplica por 10, las unidades se convierten en decenas.

1 decena × 5 unidades = 5 decenas

$10 \times 5 =$ ______

Para multiplicar con múltiplos de 10, usa el valor posicional y las propiedades.

$2 \times 3 = (2 \times 1) \times (3 \times 1) = (2 \times 3) \times (1 \times 1) = 6 \times 1 = 6$

$2 \times 30 = (2 \times 1) \times (3 \times 10) = (2 \times 3) \times (1 \times 10) = 6 \times 10 = 60$

Usa un atajo.

Calcula el producto de la multiplicación básica.
Luego multiplica por 10.

2 × 30

6 × 10 = 60

Multiplica.

1. 6 × 40

   ☐ × 10 = ______

2. 4 × 50

   ☐ × 10 = ______

3. 70 × 8

   ☐ × 10 = ______

4. 90 × 3

   ☐ × 10 = ______

Multiplicar usando cálculo mental

Usa multiplicación básica y cálculo mental para completar.

5. $3 \times 4 =$ ______
   $3 \times 40 =$ ______

6. $1 \times 2 =$ ______
   $10 \times 2 =$ ______

7. $9 \times 8 =$ ______
   $9 \times 80 =$ ______

8. $2 \times 9 =$ ______
   $2 \times 90 =$ ______

9. $5 \times 5 =$ ______
   $5 \times 50 =$ ______

10. $3 \times 5 =$ ______
    $3 \times 50 =$ ______

11. $1 \times 1 =$ ______
    $10 \times 1 =$ ______

12. $2 \times 3 =$ ______
    $20 \times 3 =$ ______

13. $5 \times 6 =$ ______
    $5 \times 60 =$ ______

14. $2 \times 4 =$ ______
    $2 \times 40 =$ ______

15. $6 \times 3 =$ ______
    $6 \times 30 =$ ______

16. $9 \times 2 =$ ______
    $9 \times 20 =$ ______

17. $2 \times 30 =$ ______

18. $5 \times 40 =$ ______

19. $9 \times 60 =$ ______

20. $3 \times 80 =$ ______

21. $2 \times 70 =$ ______

22. $5 \times 90 =$ ______

23. $9 \times 50 =$ ______

24. $5 \times 20 =$ ______

25. $3 \times 30 =$ ______

26. $5 \times 80 =$ ______

27. $9 \times 90 =$ ______

28. $5 \times 60 =$ ______

29. $70 \times 5 =$ ______

30. $8 \times 50 =$ ______

31. $60 \times 4 =$ ______

Comprobar la comprensión

Describe cómo puedes usar una estrategia de multiplicación para calcular 7×40.

Nombre ____________________

Camino al conocimiento

Carreras 21 a 22, 19A al 20A

Completa cada carrera. Comprueba tus respuestas en la página 161.

Carrera 21 multiplicaciones con 2, 3, 4, 5, 9	**Carrera 22 divisiones con 2, 3, 4, 5, 9**	**Carrera 19A multiplicaciones con 6, 7, 8**	**Carrera 20A divisiones con 6, 7, 8**
a. 6 × 3 = ____	a. 16 / 4 = ____	a. 9 × 6 = ____	a. 24 ÷ 6 = ____
b. 4 • 7 = ____	b. 54 ÷ 9 = ____	b. 7 * 7 = ____	b. 21 / 7 = ____
c. 8 * 2 = ____	c. 4 / 2 = ____	c. 3 • 7 = ____	c. 42 ÷ 7 = ____
d. 5 × 3 = ____	d. 28 ÷ 4 = ____	d. 6 × 3 = ____	d. 16 / 8 = ____
e. 4 • 4 = ____	e. 25 / 5 = ____	e. 7 * 8 = ____	e. 24 ÷ 8 = ____
f. 3 • 9 = ____	f. 21 ÷ 3 = ____	f. 8 • 6 = ____	f. 54 / 6 = ____
g. 9 × 9 = ____	g. 40 / 4 = ____	g. 5 × 6 = ____	g. 36 ÷ 6 = ____
h. 8 • 9 = ____	h. 81 ÷ 9 = ____	h. 6 * 6 = ____	h. 48 / 8 = ____
i. 6 * 4 = ____	i. 35 / 5 = ____	i. 9 • 8 = ____	i. 49 ÷ 7 = ____
j. 3 × 3 = ____	j. 12 / 3 = ____	j. 7 × 6 = ____	j. 64 / 8 = ____
k. 2 • 7 = ____	k. 2 ÷ 2 = ____	k. 2 * 7 = ____	k. 48 ÷ 6 = ____
l. 8 • 5 = ____	l. 63 / 9 = ____	l. 4 • 7 = ____	l. 42 / 6 = ____
m. 4 × 9 = ____	m. 36 ÷ 4 = ____	m. 3 × 6 = ____	m. 32 ÷ 8 = ____
n. 9 • 5 = ____	n. 18 / 2 = ____	n. 9 * 7 = ____	n. 56 / 7 = ____
o. 7 * 3 = ____	o. 9 ÷ 3 = ____	o. 6 • 7 = ____	o. 63 ÷ 7 = ____
p. 2 × 2 = ____	p. 36 / 9 = ____	p. 6 × 9 = ____	p. 72 / 8 = ____
q. 8 • 4 = ____	q. 40 ÷ 5 = ____	q. 8 * 7 = ____	q. 30 ÷ 6 = ____
r. 5 * 1 = ____	r. 12 ÷ 4 = ____	r. 6 • 4 = ____	r. 18 / 6 = ____
s. 5 × 5 = ____	s. 9 / 9 = ____	s. 7 × 3 = ____	s. 56 ÷ 8 = ____
t. 6 • 9 = ____	t. 14 ÷ 2 = ____	t. 8 * 8 = ____	t. 28 / 7 = ____

Camino al conocimiento Carreras 21A al 22A, 19B al 20B

Completa cada carrera. Comprueba tus respuestas en la página 161.

Carrera 21A multiplicaciones con 2, 3, 4, 5, 9	Carrera 22A divisiones con 2, 3, 4, 5, 9	Carrera 19B multiplicaciones con 6, 7, 8	Carrera 20B divisiones con 6, 7, 8
a. 6 × 9 = ____	a. 14 ÷ 2 = ____	a. 6 × 2 = ____	a. 36 ÷ 6 = ____
b. 6 * 3 = ____	b. 16 / 4 = ____	b. 7 * 7 = ____	b. 63 / 7 = ____
c. 4 • 7 = ____	c. 9 ÷ 9 = ____	c. 8 • 5 = ____	c. 24 ÷ 8 = ____
d. 5 × 5 = ____	d. 54 / 9 = ____	d. 4 × 6 = ____	d. 18 / 6 = ____
e. 8 * 2 = ____	e. 12 ÷ 4 = ____	e. 3 * 7 = ____	e. 28 ÷ 7 = ____
f. 5 • 1 = ____	f. 4 / 2 = ____	f. 1 • 8 = ____	f. 48 / 8 = ____
g. 5 × 3 = ____	g. 40 ÷ 5 = ____	g. 6 × 9 = ____	g. 54 ÷ 6 = ____
h. 8 * 4 = ____	h. 28 / 4 = ____	h. 7 * 5 = ____	h. 42 / 7 = ____
i. 4 • 4 = ____	i. 36 ÷ 9 = ____	i. 8 • 3 = ____	i. 72 ÷ 8 = ____
j. 2 × 2 = ____	j. 25 / 5 = ____	j. 4 × 6 = ____	j. 6 / 6 = ____
k. 3 * 9 = ____	k. 9 ÷ 3 = ____	k. 9 * 7 = ____	k. 14 ÷ 7 = ____
l. 7 • 3 = ____	l. 21 / 3 = ____	l. 8 • 8 = ____	l. 56 / 8 = ____
m. 9 × 9 = ____	m. 18 ÷ 2 = ____	m. 6 × 1 = ____	m. 12 ÷ 6 = ____
n. 9 * 5 = ____	n. 40 / 4 = ____	n. 7 * 4 = ____	n. 7 / 7 = ____
o. 8 • 9 = ____	o. 36 ÷ 4 = ____	o. 8 • 6 = ____	o. 16 ÷ 8 = ____
p. 4 × 9 = ____	p. 81 / 9 = ____	p. 7 × 6 = ____	p. 30 / 6 = ____
q. 6 * 4 = ____	q. 63 ÷ 9 = ____	q. 2 * 7 = ____	q. 56 ÷ 7 = ____
r. 8 • 5 = ____	r. 35 / 5 = ____	r. 9 • 8 = ____	r. 8 / 8 = ____
s. 2 × 7 = ____	s. 12 ÷ 3 = ____	s. 6 × 5 = ____	s. 48 ÷ 6 = ____
t. 3 * 3 = ____	t. 2 / 2 = ____	t. 7 * 6 = ____	t. 21 / 7 = ____

Nombre ______________________________

Camino al conocimiento

Carreras 21B al 22B, 19C al 20C

Completa cada carrera. Comprueba tus respuestas en la página 162.

Carrera 21B multiplicaciones con 2, 3, 4, 5, 9	Carrera 22B divisiones con 2, 3, 4, 5, 9	Carrera 19C multiplicaciones con 6, 7, 8	Carrera 20C divisiones con 6, 7, 8
a. 2 × 3 = ____	a. 8 ÷ 2 = ____	a. 6 × 8 = ____	a. 54 ÷ 6 = ____
b. 3 * 8 = ____	b. 18 / 3 = ____	b. 7 * 3 = ____	b. 49 / 7 = ____
c. 4 • 4 = ____	c. 12 ÷ 4 = ____	c. 8 • 6 = ____	c. 24 ÷ 8 = ____
d. 5 × 6 = ____	d. 25 / 5 = ____	d. 2 × 6 = ____	d. 6 / 6 = ____
e. 9 * 8 = ____	e. 63 ÷ 9 = ____	e. 8 * 7 = ____	e. 35 ÷ 7 = ____
f. 9 • 2 = ____	f. 16 / 2 = ____	f. 9 • 8 = ____	f. 72 / 8 = ____
g. 3 × 3 = ____	g. 3 ÷ 3 = ____	g. 6 × 4 = ____	g. 18 ÷ 6 = ____
h. 4 * 2 = ____	h. 28 / 4 = ____	h. 7 * 1 = ____	h. 28 / 7 = ____
i. 9 • 5 = ____	i. 45 ÷ 5 = ____	i. 8 • 3 = ____	i. 8 ÷ 8 = ____
j. 9 × 4 = ____	j. 27 / 9 = ____	j. 5 × 6 = ____	j. 30 / 6 = ____
k. 2 * 7 = ____	k. 12 ÷ 2 = ____	k. 9 * 7 = ____	k. 21 ÷ 7 = ____
l. 3 • 5 = ____	l. 12 / 3 = ____	l. 4 • 8 = ____	l. 40 / 8 = ____
m. 4 × 8 = ____	m. 20 ÷ 4 = ____	m. 6 × 6 = ____	m. 42 ÷ 6 = ____
n. 5 * 3 = ____	n. 40 / 5 = ____	n. 7 * 5 = ____	n. 63 / 7 = ____
o. 9 • 6 = ____	o. 54 ÷ 9 = ____	o. 8 • 8 = ____	o. 32 ÷ 8 = ____
p. 2 × 8 = ____	p. 2 / 2 = ____	p. 1 × 6 = ____	p. 36 / 6 = ____
q. 3 * 7 = ____	q. 9 ÷ 3 = ____	q. 2 * 7 = ____	q. 14 ÷ 7 = ____
r. 4 • 1 = ____	r. 36 / 4 = ____	r. 5 • 8 = ____	r. 56 / 8 = ____
s. 5 × 8 = ____	s. 15 ÷ 5 = ____	s. 6 × 9 = ____	s. 24 ÷ 6 = ____
t. 9 * 9 = ____	t. 9 / 9 = ____	t. 7 * 7 = ____	t. 42 / 7 = ____

Camino al conocimiento

Carreras 21C al 22C, 19D al 20D

Completa cada carrera. Comprueba tus respuestas en la página 162.

Carrera 21C multiplicaciones con 2, 3, 4, 5, 9	Carrera 22C divisiones con 2, 3, 4, 5, 9	Carrera 19D multiplicaciones con 6, 7, 8	Carrera 20D divisiones con 6, 7, 8
a. 2 × 9 = ___	a. 8 ÷ 2 = ___	a. 6 × 9 = ___	a. 18 / 6 = ___
b. 3 * 7 = ___	b. 6 / 3 = ___	b. 7 * 6 = ___	b. 42 ÷ 7 = ___
c. 4 • 5 = ___	c. 4 ÷ 4 = ___	c. 8 • 2 = ___	c. 32 / 8 = ___
d. 5 × 3 = ___	d. 20 / 5 = ___	d. 3 × 6 = ___	d. 54 ÷ 6 = ___
e. 9 * 1 = ___	e. 63 ÷ 9 = ___	e. 4 * 7 = ___	e. 49 / 7 = ___
f. 1 • 2 = ___	f. 16 / 2 = ___	f. 9 • 8 = ___	f. 8 / 8 = ___
g. 4 × 3 = ___	g. 15 ÷ 3 = ___	g. 6 × 6 = ___	g. 30 ÷ 6 = ___
h. 4 * 1 = ___	h. 32 / 4 = ___	h. 7 * 2 = ___	h. 35 / 7 = ___
i. 7 • 5 = ___	i. 30 ÷ 5 = ___	i. 8 • 1 = ___	i. 48 ÷ 8 = ___
j. 9 × 9 = ___	j. 45 / 9 = ___	j. 2 × 6 = ___	j. 24 / 6 = ___
k. 2 * 3 = ___	k. 2 ÷ 2 = ___	k. 8 * 7 = ___	k. 14 ÷ 7 = ___
l. 3 • 8 = ___	l. 21 / 3 = ___	l. 3 • 8 = ___	l. 56 / 8 = ___
m. 4 × 4 = ___	m. 12 ÷ 4 = ___	m. 6 × 4 = ___	m. 6 ÷ 6 = ___
n. 5 * 2 = ___	n. 10 / 5 = ___	n. 7 * 5 = ___	n. 21 / 7 = ___
o. 9 • 6 = ___	o. 9 ÷ 9 = ___	o. 8 • 8 = ___	o. 40 ÷ 8 = ___
p. 6 × 2 = ___	p. 12 / 2 = ___	p. 1 × 6 = ___	p. 48 / 6 = ___
q. 9 * 3 = ___	q. 27 ÷ 3 = ___	q. 3 * 7 = ___	q. 56 ÷ 7 = ___
r. 6 • 4 = ___	r. 20 / 4 = ___	r. 4 • 8 = ___	r. 64 / 8 = ___
s. 5 × 5 = ___	s. 40 ÷ 8 = ___	s. 6 × 7 = ___	s. 36 ÷ 6 = ___
t. 3 * 9 = ___	t. 81 / 9 = ___	t. 7 * 7 = ___	t. 7 / 7 = ___

Nombre ______________________________

Camino al conocimiento Respuestas a las Carreras 21 a 22, 19A al 22A, 19B al 20B

Usa esta hoja para comprobar tus respuestas a las Carreras en las páginas 157 y 158.

Carrera 21 ×	Carrera 22 ÷	Carrera 19A ×	Carrera 20A ÷	Carrera 21A ×	Carrera 22A ÷	Carrera 19B ×	Carrera 20B ÷
a. 18	a. 4	a. 54	a. 4	a. 54	a. 7	a. 12	a. 6
b. 28	b. 6	b. 49	b. 3	b. 18	b. 4	b. 49	b. 9
c. 16	c. 2	c. 21	c. 6	c. 28	c. 1	c. 40	c. 3
d. 15	d. 7	d. 18	d. 2	d. 25	d. 6	d. 24	d. 3
e. 16	e. 5	e. 56	e. 3	e. 16	e. 3	e. 21	e. 4
f. 27	f. 7	f. 48	f. 9	f. 5	f. 2	f. 8	f. 6
g. 81	g. 10	g. 30	g. 6	g. 15	g. 8	g. 54	g. 9
h. 72	h. 9	h. 36	h. 6	h. 32	h. 7	h. 35	h. 6
i. 24	i. 7	i. 72	i. 7	i. 16	i. 4	i. 24	i. 9
j. 9	j. 4	j. 42	j. 8	j. 4	j. 5	j. 24	j. 1
k. 14	k. 1	k. 14	k. 8	k. 27	k. 3	k. 63	k. 2
l. 40	l. 7	l. 28	l. 7	l. 21	l. 7	l. 64	l. 7
m. 36	m. 9	m. 18	m. 4	m. 81	m. 9	m. 6	m. 2
n. 45	n. 9	n. 63	n. 8	n. 45	n. 10	n. 28	n. 1
o. 21	o. 3	o. 42	o. 9	o. 72	o. 9	o. 48	o. 2
p. 4	p. 4	p. 54	p. 9	p. 36	p. 9	p. 42	p. 5
q. 32	q. 8	q. 56	q. 5	q. 24	q. 7	q. 14	q. 8
r. 5	r. 3	r. 24	r. 3	r. 40	r. 7	r. 72	r. 1
s. 25	s. 1	s. 21	s. 7	s. 14	s. 4	s. 30	s. 8
t. 54	t. 7	t. 64	t. 4	t. 9	t. 1	t. 42	t. 3

Respuestas a las Carreras 21B al 22B, 19C al 22C, 19D al 20D

Usa esta hoja para comprobar tus respuestas a las Carreras en las páginas 159 y 160.

	Carrera 21B ×	Carrera 22B ÷	Carrera 19C ×	Carrera 20C ÷	Carrera 21C ×	Carrera 22C ÷	Carrera 19D ×	Carrera 20D ÷
a.	6	4	48	9	18	4	54	3
b.	24	6	21	7	21	2	42	6
c.	16	3	48	3	20	1	16	4
d.	30	5	12	1	15	4	18	9
e.	72	7	56	5	9	7	28	7
f.	18	8	72	9	2	8	72	1
g.	9	1	24	3	12	5	36	5
h.	8	7	7	4	4	8	14	5
i.	45	9	24	1	35	6	8	6
j.	36	3	30	5	81	5	12	4
k.	14	6	63	3	6	1	56	2
l.	15	4	32	5	24	7	24	7
m.	32	5	36	7	16	3	24	1
n.	15	8	35	9	10	2	35	3
o.	54	6	64	4	54	1	64	5
p.	16	1	6	6	12	6	6	8
q.	21	3	14	2	27	9	21	8
r.	4	9	40	7	24	5	32	8
s.	40	3	54	4	25	5	42	6
t.	81	1	49	6	27	9	49	1

Nombre ______________________________

Resolver problemas de dos pasos

Escribe una ecuación y resuelve el problema.

Muestra tu trabajo.

1. Raul pasó 10 minutos haciendo tareas en cada una de 5 materias, y 15 minutos en otra materia. ¿Cuántos minutos pasó Raul haciendo tareas?

   ____

2. En el recital de violoncello de Sonya, había 8 filas de asientos con 6 asientos en cada fila. Había una persona en cada asiento, y había otras 17 personas de pie. ¿Cuántas personas había en la audiencia en total?

   ____

3. Jana jugó un juego con una baraja. Puso las cartas en el piso en 3 filas de 10. Si la baraja tiene 52 cartas, ¿cuántas cartas dejó Jana por fuera?

   ____

4. Mukesh estaba haciendo 7 ensaladas. Abrió una lata de aceitunas y puso 6 aceitunas en cada ensalada. Luego se comió el resto de las aceitunas en la lata. Si había 51 aceitunas para comenzar, ¿cuántas aceitunas se comió Mukesh?

   ____

5. Peter empapeló una pared que tenía una anchura de 8 pies y una altura de 9 pies. Le sobraron 28 pies cuadrados de papel. ¿Cuántos pies cuadrados de papel tenía al comenzar?

   ____

Camino al conocimiento

¿Cuál es mi regla?

Una tabla de funciones es una table de pares ordenados. Para cada número de entrada hay un solo número de salida. La regla describe lo que debes hacer al número de entrada para obtener el número de salida.

Escribe la regla y luego completa la tabla de funciones.

6 **Regla:** ______

Entrada	Salida
7	42
8	___
___	54
6	36
4	24
5	___

7 **Regla:** ______

Entrada	Salida
81	9
45	5
72	___
___	7
27	___
54	6

8 **Regla:** ______

Entrada	Salida
21	7
27	9
___	6
15	___
___	8
9	3

9 **Regla:** ______

Entrada	Salida
5	25
___	40
9	___
3	15
7	35
___	20

Comprobar la comprensión

Explica cómo elegiste la regla para la tabla en el Ejercicio 9.

Nombre ______________________

Camino al conocimiento

Jugar a *División tres en fila*

Reglas para *División tres en fila*

Número de jugadores: 2

Lo que vas a necesitar: Tarjetas de productos, una cuadrícula de juego para *Tres en fila* para cada jugador.

1. Los jugadores escriben un número en cada cuadro de su cuadrícula. Solamente pueden usar números de 1 a 9, pero pueden usar el mismo número más de una vez.

2. Baraja las tarjetas. Ponlas en una fila en el centro de la mesa, con el lado de la división hacia arriba.

3. Los jugadores se turnan. En cada turno, un jugador completa la división en la tarjeta de encima y luego las parejas comprueban la respuesta.

4. Para una respuesta correcta, si el cociente está en la cuadrícula de juego, el jugador pone una X en ese cuadro de la cuadrícula. Si la respuesta está equivocada, o si el cociente no está en la cuadrícula, el jugador no marca nada. El jugador pone la carta en el fondo de la pila, con el lado de la división hacia arriba.

5. El primer jugador que marque tres cuadros en fila (horizontal, vertical o diagonal) gana.

2×2

$2 \bullet 3$

Pista:
¿Cuánto es $3 \cdot 2$?

$2 * 4$

Pista:
¿Cuánto es $4 * 2$?

2×5

Pista:
¿Cuánto es 5×2?

2×6

Pista:
¿Cuánto es 6×2?

$2 \bullet 7$

Pista:
¿Cuánto es $7 \cdot 2$?

$2 * 8$

Pista:
¿Cuánto es $8 * 2$?

2×9

Pista:
¿Cuánto es 9×2?

5×2

Pista:
¿Cuánto es 2×5?

$5 \bullet 3$

Pista:
¿Cuánto es $3 \cdot 5$?

$5 * 4$

Pista:
¿Cuánto es $4 * 5$?

5×5

5×6

Pista:
¿Cuánto es 6×5?

$5 \bullet 7$

Pista:
¿Cuánto es $7 \cdot 5$?

$5 * 8$

Pista:
¿Cuánto es $8 * 5$?

5×9

Pista:
¿Cuánto es 9×5?

$2\overline{)10}$

Pista: ¿Cuánto es

$\square \times 2 = 10$?

$2\overline{)8}$

Pista: ¿Cuánto es

$\square \times 2 = 8$?

$2\overline{)6}$

Pista: ¿Cuánto es

$\square \times 2 = 6$?

$2\overline{)4}$

Pista: ¿Cuánto es

$\square \times 2 = 4$?

$2\overline{)18}$

Pista: ¿Cuánto es

$\square \times 2 = 18$?

$2\overline{)16}$

Pista: ¿Cuánto es

$\square \times 2 = 16$?

$2\overline{)14}$

Pista: ¿Cuánto es

$\square \times 2 = 14$?

$2\overline{)12}$

Pista: ¿Cuánto es

$\square \times 2 = 12$?

$5\overline{)25}$

Pista: ¿Cuánto es

$\square \times 5 = 25$?

$5\overline{)20}$

Pista: ¿Cuánto es

$\square \times 5 = 20$?

$5\overline{)15}$

Pista: ¿Cuánto es

$\square \times 5 = 15$?

$5\overline{)10}$

Pista: ¿Cuánto es

$\square \times 5 = 10$?

$5\overline{)45}$

Pista: ¿Cuánto es

$\square \times 5 = 45$?

$5\overline{)40}$

Pista: ¿Cuánto es

$\square \times 5 = 40$?

$5\overline{)35}$

Pista: ¿Cuánto es

$\square \times 5 = 35$?

$5\overline{)30}$

Pista: ¿Cuánto es

$\square \times 5 = 30$?

9 × 2 Pista: ¿Cuánto es 2 × 9? © Houghton Mifflin Harcourt Publishing Company	9 • 3 Pista: ¿Cuánto es 3 • 9? © Houghton Mifflin Harcourt Publishing Company	9 * 4 Pista: ¿Cuánto es 4 * 9? © Houghton Mifflin Harcourt Publishing Company	9 × 5 Pista: ¿Cuánto es 5 × 9? © Houghton Mifflin Harcourt Publishing Company
9 × 6 Pista: ¿Cuánto es 6 × 9? © Houghton Mifflin Harcourt Publishing Company	9 • 7 Pista: ¿Cuánto es 7 • 9? © Houghton Mifflin Harcourt Publishing Company	9 * 8 Pista: ¿Cuánto es 8 * 9? © Houghton Mifflin Harcourt Publishing Company	9 × 9 © Houghton Mifflin Harcourt Publishing Company
×	•	*	×
×	•	*	×

Puedes escribir los números que quieras en las 8 últimas tarjetas. Úsalas para practicar problemas difíciles o si pierdes alguna tarjeta.

$9\overline{)45}$ Pista: ¿Cuánto es $\square \times 9 = 45$? © Houghton Mifflin Harcourt Publishing Company	$9\overline{)36}$ Pista: ¿Cuánto es $\square \times 9 = 36$? © Houghton Mifflin Harcourt Publishing Company	$9\overline{)27}$ Pista: ¿Cuánto es $\square \times 9 = 27$? © Houghton Mifflin Harcourt Publishing Company	$9\overline{)18}$ Pista: ¿Cuánto es $\square \times 9 = 18$? © Houghton Mifflin Harcourt Publishing Company
$9\overline{)81}$ Pista: ¿Cuánto es $\square \times 9 = 81$? © Houghton Mifflin Harcourt Publishing Company	$9\overline{)72}$ Pista: ¿Cuánto es $\square \times 9 = 72$? © Houghton Mifflin Harcourt Publishing Company	$9\overline{)63}$ Pista: ¿Cuánto es $\square \times 9 = 63$? © Houghton Mifflin Harcourt Publishing Company	$9\overline{)54}$ Pista: ¿Cuánto es $\square \times 9 = 54$? © Houghton Mifflin Harcourt Publishing Company
$\overline{)}$	$\overline{)}$	$\overline{)}$	$\overline{)}$
$\overline{)}$	$\overline{)}$	$\overline{)}$	$\overline{)}$

Puedes escribir los números que quieras en las 8 últimas tarjetas. Úsalas para practicar problemas difíciles o si pierdes alguna tarjeta.

3×2

Pista:
¿Cuánto es 2×3?

$3 \bullet 3$

$3 * 4$

Pista:
¿Cuánto es $4 * 3$?

3×5

Pista:
¿Cuánto es 5×3?

3×6

Pista:
¿Cuánto es 6×3?

$3 \bullet 7$

Pista:
¿Cuánto es $7 \cdot 3$?

$3 * 8$

Pista:
¿Cuánto es $8 * 3$?

3×9

Pista:
¿Cuánto es 9×3?

4×2

Pista:
¿Cuánto es 2×4?

$4 \bullet 3$

Pista:
¿Cuánto es $3 \cdot 4$?

$4 * 4$

4×5

Pista:
¿Cuánto es 5×4?

4×6

Pista:
¿Cuánto es 6×4?

$4 \bullet 7$

Pista:
¿Cuánto es $7 \cdot 4$?

$4 * 8$

Pista:
¿Cuánto es $8 * 4$?

4×9

Pista:
¿Cuánto es 9×4?

$3\overline{)15}$ Pista: ¿Cuánto es $\square \times 3 = 15$? © Houghton Mifflin Harcourt Publishing Company	$3\overline{)12}$ Pista: ¿Cuánto es $\square \times 3 = 12$? © Houghton Mifflin Harcourt Publishing Company	$3\overline{)9}$ Pista: ¿Cuánto es $\square \times 3 = 9$? © Houghton Mifflin Harcourt Publishing Company	$3\overline{)6}$ Pista: ¿Cuánto es $\square \times 3 = 6$? © Houghton Mifflin Harcourt Publishing Company
$3\overline{)27}$ Pista: ¿Cuánto es $\square \times 3 = 27$? © Houghton Mifflin Harcourt Publishing Company	$3\overline{)24}$ Pista: ¿Cuánto es $\square \times 3 = 24$? © Houghton Mifflin Harcourt Publishing Company	$3\overline{)21}$ Pista: ¿Cuánto es $\square \times 3 = 21$? © Houghton Mifflin Harcourt Publishing Company	$3\overline{)18}$ Pista: ¿Cuánto es $\square \times 3 = 18$? © Houghton Mifflin Harcourt Publishing Company
$4\overline{)20}$ Pista: ¿Cuánto es $\square \times 4 = 20$? © Houghton Mifflin Harcourt Publishing Company	$4\overline{)16}$ Pista: ¿Cuánto es $\square \times 4 = 16$? © Houghton Mifflin Harcourt Publishing Company	$4\overline{)12}$ Pista: ¿Cuánto es $\square \times 4 = 12$? © Houghton Mifflin Harcourt Publishing Company	$4\overline{)8}$ Pista: ¿Cuánto es $\square \times 4 = 8$? © Houghton Mifflin Harcourt Publishing Company
$4\overline{)36}$ Pista: ¿Cuánto es $\square \times 4 = 36$? © Houghton Mifflin Harcourt Publishing Company	$4\overline{)32}$ Pista: ¿Cuánto es $\square \times 4 = 32$? © Houghton Mifflin Harcourt Publishing Company	$4\overline{)28}$ Pista: ¿Cuánto es $\square \times 4 = 28$? © Houghton Mifflin Harcourt Publishing Company	$4\overline{)24}$ Pista: ¿Cuánto es $\square \times 4 = 24$? © Houghton Mifflin Harcourt Publishing Company

6 × 2 Pista: ¿Cuánto es 2 × 6? 	6 • 3 Pista: ¿Cuánto es 3 · 6? 	6 * 4 Pista: ¿Cuánto es 4 * 6? 	6 × 5 Pista: ¿Cuánto es 5 × 6?
6 × 6 	6 • 7 Pista: ¿Cuánto es 7 · 6? 	6 * 8 Pista: ¿Cuánto es 8 * 6? 	6 × 9 Pista: ¿Cuánto es 9 × 6?
7 × 2 Pista: ¿Cuánto es 2 × 7? 	7 • 3 Pista: ¿Cuánto es 3 · 7? 	7 * 4 Pista: ¿Cuánto es 4 * 7? 	7 × 5 Pista: ¿Cuánto es 5 × 7?
7 × 6 Pista: ¿Cuánto es 6 × 7? 	7 • 7 	7 * 8 Pista: ¿Cuánto es 8 * 7? 	7 × 9 Pista: ¿Cuánto es 9 × 7?

$6\overline{)30}$

Pista: ¿Cuánto es

☐ × 6 = 30?

$6\overline{)24}$

Pista: ¿Cuánto es

☐ × 6 = 24?

$6\overline{)18}$

Pista: ¿Cuánto es

☐ × 6 = 18?

$6\overline{)12}$

Pista: ¿Cuánto es

☐ × 6 = 12?

$6\overline{)54}$

Pista: ¿Cuánto es

☐ × 6 = 54?

$6\overline{)48}$

Pista: ¿Cuánto es

☐ × 6 = 48?

$6\overline{)42}$

Pista: ¿Cuánto es

☐ × 6 = 42?

$6\overline{)36}$

Pista: ¿Cuánto es

☐ × 6 = 36?

$7\overline{)35}$

Pista: ¿Cuánto es

☐ × 7 = 35?

$7\overline{)28}$

Pista: ¿Cuánto es

☐ × 7 = 28?

$7\overline{)21}$

Pista: ¿Cuánto es

☐ × 7 = 21?

$7\overline{)14}$

Pista: ¿Cuánto es

☐ × 7 = 14?

$7\overline{)63}$

Pista: ¿Cuánto es

☐ × 7 = 63?

$7\overline{)56}$

Pista: ¿Cuánto es

☐ × 7 = 56?

$7\overline{)49}$

Pista: ¿Cuánto es

☐ × 7 = 49?

$7\overline{)42}$

Pista: ¿Cuánto es

☐ × 7 = 42?

8 × 2

Pista:
¿Cuánto es 2 × 8?

8 • 3

Pista:
¿Cuánto es 3 • 8?

8 * 4

Pista:
¿Cuánto es 4 * 8?

8 × 5

Pista:
¿Cuánto es 5 × 8?

8 × 6

Pista:
¿Cuánto es 6 × 8?

8 • 7

Pista:
¿Cuánto es 7 • 8?

8 * 8

8 × 9

Pista:
¿Cuánto es 9 × 8?

×

•

*

×

×

•

*

×

Puedes escribir los números que quieras en las 8 últimas tarjetas. Úsalas para practicar problemas difíciles o si pierdes alguna tarjeta.

$8\overline{)40}$	$8\overline{)32}$	$8\overline{)24}$	$8\overline{)16}$
Pista: ¿Cuánto es $\square \times 8 = 40$?	Pista: ¿Cuánto es $\square \times 8 = 32$?	Pista: ¿Cuánto es $\square \times 8 = 24$?	Pista: ¿Cuánto es $\square \times 8 = 16$?
© Houghton Mifflin Harcourt Publishing Company	© Houghton Mifflin Harcourt Publishing Company	© Houghton Mifflin Harcourt Publishing Company	© Houghton Mifflin Harcourt Publishing Company
$8\overline{)72}$	$8\overline{)64}$	$8\overline{)56}$	$8\overline{)48}$
Pista: ¿Cuánto es $\square \times 8 = 72$?	Pista: ¿Cuánto es $\square \times 8 = 64$?	Pista: ¿Cuánto es $\square \times 8 = 56$?	Pista: ¿Cuánto es $\square \times 8 = 48$?
© Houghton Mifflin Harcourt Publishing Company	© Houghton Mifflin Harcourt Publishing Company	© Houghton Mifflin Harcourt Publishing Company	© Houghton Mifflin Harcourt Publishing Company

Puedes escribir los números que quieras en las 8 últimas tarjetas. Úsalas para practicar problemas difíciles o si pierdes alguna tarjeta.

Nombre ____________________

Camino al conocimiento

Control de diagnóstico para la multiplicación básica

1. 7 × 5 = ____
2. 2 × 3 = ____
3. 9 × 9 = ____
4. 9 × 6 = ____
5. 6 × 2 = ____
6. 3 × 0 = ____
7. 3 × 4 = ____
8. 6 × 8 = ____
9. 5 × 9 = ____
10. 3 × 3 = ____
11. 2 × 9 = ____
12. 5 × 7 = ____
13. 6 × 10 = ____
14. 4 × 1 = ____
15. 6 × 4 = ____
16. 4 × 8 = ____
17. 5 × 2 = ____
18. 1 × 3 = ____
19. 3 × 9 = ____
20. 7 × 6 = ____
21. 7 × 2 = ____
22. 9 × 0 = ____
23. 8 × 9 = ____
24. 8 × 7 = ____
25. 8 × 10 = ____
26. 6 × 3 = ____
27. 4 × 4 = ____
28. 3 × 8 = ____
29. 5 × 5 = ____
30. 6 × 0 = ____
31. 7 × 9 = ____
32. 6 × 6 = ____
33. 9 × 2 = ____
34. 8 × 3 = ____
35. 5 × 4 = ____
36. 7 × 7 = ____
37. 5 × 10 = ____
38. 5 × 1 = ____
39. 10 × 9 = ____
40. 5 × 6 = ____
41. 6 × 5 = ____
42. 9 × 3 = ____
43. 4 × 2 = ____
44. 7 × 8 = ____
45. 8 × 2 = ____
46. 5 × 0 = ____
47. 4 × 9 = ____
48. 6 × 7 = ____
49. 9 × 5 = ____
50. 6 × 1 = ____
51. 7 × 4 = ____
52. 9 × 8 = ____
53. 4 × 10 = ____
54. 5 × 3 = ____
55. 6 × 9 = ____
56. 8 × 6 = ____
57. 8 × 5 = ____
58. 8 × 0 = ____
59. 8 × 4 = ____
60. 4 × 7 = ____
61. 3 × 5 = ____
62. 7 × 3 = ____
63. 5 × 9 = ____
64. 3 × 6 = ____
65. 7 × 10 = ____
66. 8 × 1 = ____
67. 0 × 4 = ____
68. 9 × 7 = ____
69. 4 × 5 = ____
70. 4 × 3 = ____
71. 1 × 9 = ____
72. 8 × 8 = ____

Nombre ______________________________

Camino al conocimiento

Control de diagnóstico para la división básica

1 $12 \div 2 =$ ___	2 $8 \div 1 =$ ___	3 $36 \div 9 =$ ___	4 $35 \div 7 =$ ___
5 $20 \div 5 =$ ___	6 $24 \div 3 =$ ___	7 $12 \div 4 =$ ___	8 $6 \div 6 =$ ___
9 $6 \div 2 =$ ___	10 $3 \div 3 =$ ___	11 $18 \div 9 =$ ___	12 $63 \div 7 =$ ___
13 $20 \div 10 =$ ___	14 $0 \div 1 =$ ___	15 $40 \div 4 =$ ___	16 $48 \div 8 =$ ___
17 $18 \div 2 =$ ___	18 $6 \div 3 =$ ___	19 $8 \div 4 =$ ___	20 $36 \div 6 =$ ___
21 $8 \div 2 =$ ___	22 $9 \div 1 =$ ___	23 $9 \div 9 =$ ___	24 $56 \div 7 =$ ___
25 $40 \div 5 =$ ___	26 $9 \div 3 =$ ___	27 $36 \div 4 =$ ___	28 $56 \div 8 =$ ___
29 $80 \div 10 =$ ___	30 $7 \div 1 =$ ___	31 $45 \div 9 =$ ___	32 $48 \div 6 =$ ___
33 $5 \div 5 =$ ___	34 $30 \div 3 =$ ___	35 $16 \div 4 =$ ___	36 $72 \div 8 =$ ___
37 $10 \div 2 =$ ___	38 $1 \div 1 =$ ___	39 $54 \div 9 =$ ___	40 $21 \div 7 =$ ___
41 $25 \div 5 =$ ___	42 $15 \div 3 =$ ___	43 $32 \div 4 =$ ___	44 $24 \div 8 =$ ___
45 $90 \div 10 =$ ___	46 $18 \div 3 =$ ___	47 $63 \div 9 =$ ___	48 $54 \div 6 =$ ___
49 $45 \div 5 =$ ___	50 $6 \div 1 =$ ___	51 $20 \div 4 =$ ___	52 $49 \div 7 =$ ___
53 $15 \div 5 =$ ___	54 $0 \div 3 =$ ___	55 $28 \div 4 =$ ___	56 $30 \div 6 =$ ___
57 $16 \div 2 =$ ___	58 $21 \div 3 =$ ___	59 $81 \div 9 =$ ___	60 $64 \div 8 =$ ___
61 $30 \div 5 =$ ___	62 $12 \div 3 =$ ___	63 $27 \div 9 =$ ___	64 $42 \div 7 =$ ___
65 $40 \div 10 =$ ___	66 $10 \div 1 =$ ___	67 $24 \div 4 =$ ___	68 $18 \div 6 =$ ___
69 $35 \div 5 =$ ___	70 $27 \div 3 =$ ___	71 $72 \div 9 =$ ___	72 $42 \div 6 =$ ___

Nombre ______________________________

Camino al conocimiento

Patrones con 10, 5 y 9

Estas tablas de multiplicar nos ayudan a ver algunos patrones que hacen más fácil recordar las multiplicaciones básicas.

5 y 10

×	1	2	3	4	5	6	7	8	9	10
1	1	2	3	4	5	6	7	8	9	10
2	2	4	6	8	10	12	14	16	18	20
3	3	6	9	12	15	18	21	24	27	30
4	4	8	12	16	20	24	28	32	36	40
5	5	10	15	20	25	30	35	40	45	50
6	6	12	18	24	30	36	42	48	54	60
7	7	14	21	28	35	42	49	56	63	70
8	8	16	24	32	40	48	56	64	72	80
9	9	18	27	36	45	54	63	72	81	90
10	10	20	30	40	50	60	70	80	90	100

9

×	1	2	3	4	5	6	7	8	9	10
1	1	2	3	4	5	6	7	8	9	10
2	2	4	6	8	10	12	14	16	18	20
3	3	6	9	12	15	18	21	24	27	30
4	4	8	12	16	20	24	28	32	36	40
5	5	10	15	20	25	30	35	40	45	50
6	6	12	18	24	30	36	42	48	54	60
7	7	14	21	28	35	42	49	56	63	70
8	8	16	24	32	40	48	56	64	72	80
9	9	18	27	36	45	54	63	72	81	90
10	10	20	30	40	50	60	70	80	90	100

1. ¿Qué patrón ves en el conteo en secuencia de a 10?

   ____

2. Mira el conteo en secuencia de a 5 y de a 10 juntos. ¿Qué patrones ves?

   ____

3. Mira el conteo en secuencia de a 9. ¿Cómo se relaciona cada conteo en secuencia de a 9 y de a 10 de la fila siguiente?

   ____

   ¿Cómo podría este patrón ayudarte a recordar el conteo en secuencia de a 9?

   ____

   ____

4. Mira los dígitos en cada producto de 9. ¿Cuál es la suma de los dígitos en cada producto de 9?

   ____

   ¿Cómo podrías usar este conocimiento para comprobar tus respuestas cuando multiplicas por 9?

   ____

Camino al conocimiento

Patrones con otros números

En estas tablas, busca patrones con 2, 4, 6 y 8.

5 Mira los dígitos de las unidades en todos los conteos por 2s, 4s, 6s y 8. ¿Qué patrón ves?

____

6 ¿Los productos de 2s, 4s, 6s y 8 son números pares, o impares?

____

2, 4, 6, 8

×	1	2	3	4	5	6	7	8	9
1	1	2	3	4	5	6	7	8	9
2	2	4	6	8	10	12	14	16	18
3	3	6	9	12	15	18	21	24	27
4	4	8	12	16	20	24	28	32	36
5	5	10	15	20	25	30	35	40	45
6	6	12	18	24	30	36	42	48	54
7	7	14	21	28	35	42	49	56	63
8	8	16	24	32	40	48	56	64	72
9	9	18	27	36	45	54	63	72	81
10	10	20	30	40	50	60	70	80	90

En la tabla de multiplicar titulada Dobles, busca filas que tengan productos que son el doble de los productos en otras filas.

7 Nombra los factores que tienen productos que son el doble de los productos de otro factor.

____

____

____

____

Dobles

×	1	2	3	4	5	6	7	8	9
1	1	2	3	4	5	6	7	8	9
2	2	4	6	8	10	12	14	16	18
3	3	6	9	12	15	18	21	24	27
4	4	8	12	16	20	24	28	32	36
5	5	10	15	20	25	30	35	40	45
6	6	12	18	24	30	36	42	48	54
7	7	14	21	28	35	42	49	56	63
8	8	16	24	32	40	48	56	64	72
9	9	18	27	36	45	54	63	72	81
10	10	20	30	40	50	60	70	80	90

8 ¿Cómo puedes hallar 6×8 si sabes 3×8?

____

Reescribe cada lista para que la lista de conteo sea correcta.

9 4, 8, 12, 18, 20, 24, 28 ____________________________

10 18, 28, 36, 45, 54, 63, 70 ____________________________

Comprobar la comprensión

Tacha el número que no va en esta lista de conteo:
16, 24, 28, 32, 40, 48, 56, 64, 72.

Nombre ______________________________

Matemáticas y recetas

Los guardianes de los animales en los zoológicos alimentan y cuidan a los animales. Los guardianes consultan a un nutricionista del zoológico para decidir qué alimentos dar a los animales y en qué cantidad. En las cocinas del zoológico hay recetas para cada tipo de animal, como la que se muestra abajo.

Cocido para gorilas

32 zanahorias	8 batatas
32 naranjas	8 huevos
24 manzanas	16 plátanos
64 onzas de alimento para monos	72 uvas
48 onzas de comida para dieta de primates	56 tallos de apio
8 lechugas de cualquier variedad	Fardos de pasto hidropónico, al gusto

Mezclar todos los ingredientes ligeramente. Dividir entre 8 bandejas.

La receta hace 8 porciones para gorila.

Escribe una ecuación y resuelve el problema.

1. ¿Qué cantidad de cada ingrediente hay en una porción?

____

____

____

____

2. ¿Qué cantidad de cada ingrediente en la receta del cocido para gorilas se necesita para alimentar a 6 gorilas?

____

____

____

____

Los animales de zoológico preferidos

Los estudiantes del tercer grado visitaron un zoológico. Les pidieron que nombraran su animal de zoológico preferido. La siguiente pictografía muestra los animales que los estudiantes eligieron.

Animal de zoológico preferido

Oso	☺ ☺ ☺ ☺ ☺ ☺ ☺
Elefante	☺ ☺ ☺ ☺ ☺ ☺ ☺ ☺
Jirafa	☺ ☺ ☺ ☺
Gorila	☺ ☺ ☺ ☺ ☺ ☺
León	☺ ☺

Cada ☺ representa 7 estudiantes.

3 Usa la información de la pictografía para completar la tabla de modo que muestre el número de estudiantes que eligieron cada animal.

Animal de zoológico preferido	
Animal de zoológico	Número de estudiantes
Oso	
Elefante	
Jirafa	
Gorila	
León	

Resuelve.

4 Si 63 estudiantes eligieran la cebra como su animal preferido, ¿cuántos símbolos usarías para mostrar esto en la pictografía?

____

Prueba rápida 2 de la Unidad 2

Nombre ________________________ Fecha ____________

Resuelve.

1. $6 + 8 \div 4 = \blacksquare$

   $\blacksquare =$ ______

2. $3 \times 40 = \blacksquare$

   $\blacksquare =$ ______

Escribe una ecuación y resuelve el problema.

Muestra tu trabajo.

3. La tienda de mascotas tenía 8 jaulas de ratones, con 4 ratones en cada jaula. 5 ratones se escaparon. ¿Cuántos ratones quedaron en las jaulas?

   ____

4. Ingrid horneó 47 galletas, pero 5 se quemaron y las tiró. El resto se repartieron por igual entre 6 personas. ¿Cuántas galletas le tocaron a cada persona?

   ____

5. Maria tenía $4. Luego ganó $7 cada día durante 8 días. ¿Cuánto dinero tiene ahora?

   ____

Comprobar el conocimiento 2

Nombre ____________________ Fecha ____________________

Camino al conocimiento

Resta.

1. $8 - 6 = \square$
2. $6 - 4 = \square$
3. $5 - 5 = \square$
4. $11 - 6 = \square$
5. $12 - 8 = \square$
6. $10 - 1 = \square$
7. $13 - 8 = \square$
8. $14 - 7 = \square$
9. $15 - 9 = \square$
10. $\begin{array}{r} 17 \\ -\ 8 \\ \hline \end{array}$
11. $\begin{array}{r} 12 \\ -\ 6 \\ \hline \end{array}$
12. $\begin{array}{r} 15 \\ -\ 7 \\ \hline \end{array}$
13. $\begin{array}{r} 19 \\ -\ 9 \\ \hline \end{array}$
14. $\begin{array}{r} 14 \\ -\ 9 \\ \hline \end{array}$
15. $\begin{array}{r} 16 \\ -\ 8 \\ \hline \end{array}$

Repaso/Prueba de la Unidad 2

Nombre ____________________ Fecha ____________

Resuelve.

1. Escribe los número que completan el acertijo de números desconocidos.

3 | 5 | 8 | 10 | 12 | 24 | 54

×	9		2
6		18	
	45	15	◯
	72	24	16

Explica cómo determinaste el número en el círculo.

2. Hay 56 libros en una carreta en la biblioteca. Cada estudiante voluntario pone 7 libros en un estante. ¿Cuántos estudiantes voluntarios hay?

Para los números 2a al 2d, elige Sí o No para decir si se podría usar la ecuación para resolver el problema.

2a. $56 \times 7 = \square$ ○ Sí ○ No

2b. $56 \div 7 = \square$ ○ Sí ○ No

2c. $7 \times \square = 56$ ○ Sí ○ No

2d. $7 \div \square = 56$ ○ Sí ○ No

 Nombre ______ Fecha ______

3 Raul hace un letrero para la feria escolar. Su longitud es 9 pulgadas y su anchura es 8 pulgadas. ¿Cuál es el área del letrero?

Dibuja un rectángulo como ayuda para resolver el problema. Rotula tu dibujo.

Escribe una ecuación para resolver el problema.

Área del letrero: ______ pulgadas cuadradas

4 Para los números del 4a al 4c, elige Verdadero o Falso para cada enunciado.

4a. El primer paso para resolver $3 + 2 \times 4$ es $3 + 2$. ○ Verdadero ○ Falso

4b. El primer paso para resolver $5 \times 4 \div 2$ es 5×4. ○ Verdadero ○ Falso

4c. El primer paso para resolver $(9 - 6) \div 3$ es $9 - 6$. ○ Verdadero ○ Falso

5 Escribe un problema que pueda resolverse con la ecuación dada. Luego resuelve.

$7 \times 6 = $ ■

Solución: ______ boletos

Nombre ______________________ Fecha ____________

6 Elige la ecuación a continuación donde el número desconocido sea 8. Selecciona todas las opciones que apliquen.

Ⓐ $7 \times \blacksquare = 63$

Ⓑ $4 \times \blacksquare = 32$

Ⓒ $36 \div 4 = \blacksquare$

Ⓓ $\blacksquare \times 9 = 72$

Ⓔ $24 \div \blacksquare = 3$

Ⓕ $18 \div 2 = \blacksquare$

7 Para los números 7a al 7d, elige Sí o No para decir si el producto es correcto.

7a. $3 \times 30 = 900$ ○ Sí ○ No

7b. $5 \times 40 = 200$ ○ Sí ○ No

7c. $2 \times 40 = 800$ ○ Sí ○ No

7d. $9 \times 60 = 540$ ○ Sí ○ No

8 Carrie encuentra 7 caracoles en la playa. Su hermano encuentra 8 caracoles. Se reparten los caracoles por igual entre 3 personas. ¿Cuántos caracoles recibe cada persona?

Ecuación: ______________________

__________ caracoles

 Nombre ______ Fecha ______

9 En una juguetería venden 7 modelos de carritos. Cada modelo viene en 5 colores diferentes. ¿Cuántos carritos diferentes hay?

Parte A

Resuelve el problema.

______ carritos diferentes

Parte B

Elige el tipo de problema y la operación que se usa para resolverlo.

El tipo de es de [matriz / grupos iguales / área]. La operación es [multiplicación / división].

Escribe otro problema que sea del mismo tipo.

10 Escribe una pregunta para la información dada. Luego escribe una ecuación y resuelve.

Un museo recibió 297 visitantes el viernes. Recibió 468 visitantes el sábado.

Solución: ______ visitantes

Nombre ______________________ Fecha ______________

11 ¿Cómo puedes usar un patrón para determinar 6×9 si sabes 3×9? Completa la parte dada de la tabla de multiplicar como ayuda para dar tu explicación.

×	1	2	3	4	5	6	7	8	9
3									
6									

12 Elige las ecuaciones que muestren números cuadrados. Selecciona todas las que apliquen.

Ⓐ $2 \times 5 = 10$

Ⓑ $4 \times 4 = 16$

Ⓒ $8 \times 8 = 64$

Ⓓ $6 \times 6 = 36$

Ⓔ $8 \times 4 = 32$

Ⓕ $5 \times 5 = 25$

Haz un dibujo para una de las ecuaciones que elegiste. Explica por qué es un número cuadrado.

Nombre ______________________ Fecha ______________

13 Lee el problema. Escribe la pregunta y respuesta del primer paso. Luego escribe una ecuación para resolver el problema.

Una escuela compra juegos para 6 salones. Compra 3 juegos de tablero, 4 juegos de acertijo y 1 videojuego para cada salón. ¿Cuántos juegos compra la escuela?

_______ juegos

14 Dibuja una línea para conectar cada expresión a la izquierda con una expresión a la derecha que tenga el mismo valor.

$2 \times 4 \times 4$ •	• 5×6
7×7 •	• $7 \times 5 + 7 \times 2$
$2 + 2 \times 4$ •	• $2 + 2$
$5 \times 3 \times 2$ •	• 8×4
$8 \div 4 + 2$ •	• $2 + 8$

15 Elige las ecuaciones que hacen cierta la afirmación.

Sabes que

- $3 \times 9 = 27$
- $3 \times 5 = 15$
- $8 \times 6 = 48$
- $4 \times 7 = 28$

. Entonces, sabes que

- $24 \div 3 = 8$
- $18 \div 9 = 2$
- $36 \div 6 = 6$
- $48 \div 8 = 6$

.

 Nombre Fecha

Jugar un juego de Tiro al blanco

El objeto de este juego de tiro al blanco es anotar 100 puntos, o llegar tan cerca de 100 puntos como puedas sin pasarte.

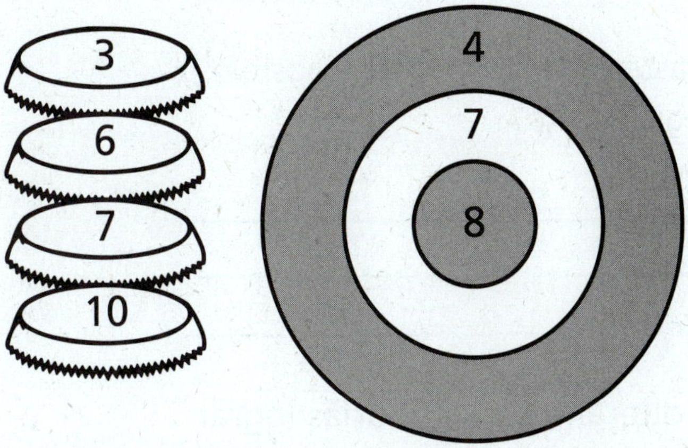

- Puedes dejar caer dos, tres o cuatro tapas de botella en el blanco. Para calcular los puntos en un turno, multiplica los puntos en la tapa por los puntos en el aro. Por ejemplo, si la tapa 3 cae en el aro 4, el puntaje sería $3 \times 4 = 12$.
- Para determinar tu puntaje final, suma los puntos de todos tus turnos.

  Ejemplo: Si la tapa 3 cae en el aro 4, y la tapa 7 cae en el aro 8, puedes calcular tu puntaje con esta ecuación.

  $(3 \times 4) + (7 \times 8) =$

  $12 \quad + \quad 56 \quad = 68$
- Repite el proceso dejando caer otras tapas. Lleva la cuenta de tus puntajes y tus ecuaciones para determinar los puntajes.

 Nombre Fecha

1 ¿Cuál es el mejor puntaje que sería posible anotar con 2 tapas de botella? Muestra tu trabajo.

2 ¿Cómo sabes que encontraste el mejor puntaje posible con 2 tapas? ¿Qué estrategia usaste?

3 ¿Cuáles son dos puntajes diferentes que podrías lograr con las mismas 3 tapas? Muestra tu trabajo.

4 ¿Puedes anotar exactamente 100 puntos con 3 tapas? Muestra tu trabajo.

5 Michael dice que él puede anotar exactamente 100 puntos con 4 tapas de botella. ¿Es cierto? Muestra tu trabajo.

Dear Family:

Your child is currently participating in math activities that help him or her to understand place value, rounding, and addition, subtraction, and multiplication of greater numbers.

- **Place Value Drawings:** Students learn to represent numbers with drawings that show how many hundreds, tens, and ones are in the numbers. Hundreds are represented by boxes. Tens are represented by vertical line segments, called ten sticks. Ones are represented by small circles. The drawings are also used to help students understand regrouping in addition and subtraction. Here is a place value drawing for the number 178.

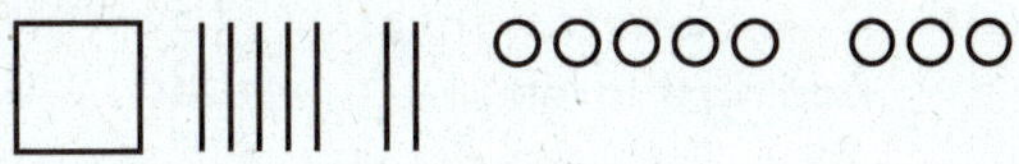

1 hundred   7 tens   8 ones

The 7 ten sticks and 8 circles are grouped in 5s so students can see the quantities easily and avoid errors.

- **Secret Code Cards:** Secret Code Cards are a set of cards for hundreds, tens, and ones. Students learn about place value by assembling the cards to show two- and three-digit numbers. Here is how the number 148 would be assembled.

Hundreds card   Tens card   Ones card   Assembled cards

Estimate Sums and Differences Students learn to estimate sums and differences by rounding numbers. They also use estimates to check that their actual answers are reasonable.

	Rounded to the nearest hundred	Rounded to the nearest ten
493	500	490
129	100	130
+ 369	+ 400	+ 370
991	Estimate: 1,000	Estimate: 990

Addition Methods: Students may use the common U.S. method, referred to as the New Groups Above Method, as well as two alternative methods. In the New Groups Below Method, students add from right to left and write the new ten and new hundred on the line. In the Show All Totals Method, students add in either direction, write partial sums and then add the partial sums to get the total. Students also use proof drawings to demonstrate grouping 10 ones to make a new ten and grouping 10 tens to make a new hundred.

The New Groups Below Method shows the teen number 13 better than the New Groups Above Method, where the 1 and 3 are separated. Also, addition is easier in New Groups Below, where you add the two numbers you see and just add 1.

New Groups Above:

```
  1 ← the new ten
  46
+ 37
  83
```

New Groups Below:

```
  46
+ 37  ← the new ten
  1
  83
  ←
```

Add right to left.

Show All Totals:

```
  46
+ 37
  70
  13
  83
  →
```

Add left to right.

Proof Drawing:

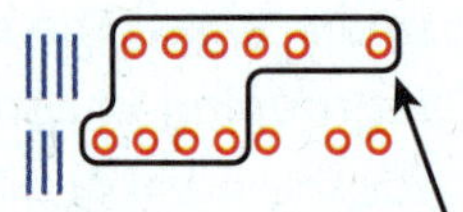

Subtraction Methods: Students may use the common U.S. method in which the subtraction is done right to left, with the ungrouping done before each column is subtracted. They also learn an alternative method in which all the ungrouping is done *before* the subtracting. If they do all the ungrouping first, students can subtract either from left to right or from right to left.

The Ungroup First Method helps students avoid the common error of subtracting a smaller top number from a larger bottom number.

1. Ungroup first.
2. Subtract (from left to right or from right to left).

```
   15
  3 5̸ 13
  4̸ 6̸ 3̸
– 2  7  5
  1  8  8
  ← →
```

Ungroup 1 hundred to make 10 tens.

Ungroup 1 ten to make 10 ones.

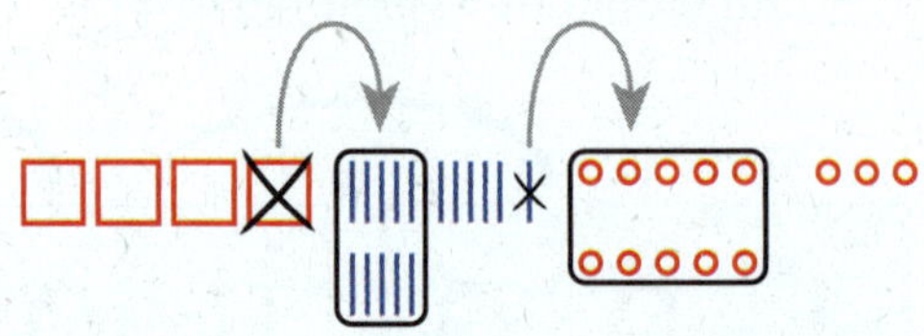

Please contact me if you have any questions or comments.

Thank you.

Sincerely,
Your child's teacher

Estimada familia:

Su niño está participando en actividades matemáticas que le servirán para comprender el valor posicional, el redondeo y la suma, resta y multiplicación de números mayores.

- **Dibujos de valor posicional:** Los estudiantes aprenden a representar números por medio de dibujos que muestran cuántas centenas, decenas y unidades contienen. Las centenas están representadas con casillas, las decenas con segmentos verticales, llamados palitos de decenas, y las unidades con círculos pequeños. Los dibujos también se usan para ayudar a los estudiantes a comprender cómo se reagrupa en la suma y en la resta. Este es un dibujo de valor posicional para el número 178.

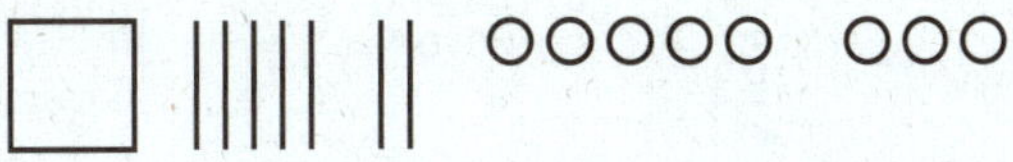

1 centena 7 decenas 8 unidades

Los palitos de decenas y los círculos se agrupan en grupos de 5 para que las cantidades se puedan ver más fácilmente y se eviten errores.

- **Tarjetas de código secreto:** Las tarjetas de código secreto son un conjunto de tarjetas con centenas, decenas y unidades. Los estudiantes aprenden acerca del valor posicional organizando las tarjetas de manera que muestren números de dos y de tres dígitos. Así se puede formar el número 148:

Tarjeta de centenas — Tarjeta de decenas — Tarjeta de unidades — Tarjetas organizadas

Estimar sumas y diferencias: Los estudiantes aprenden a estimar sumas y diferencias redondeando números. También usan las estimaciones para comprobar que sus respuestas son razonables.

	Redondear a la centena más próxima	Redondear a la decena más próxima
493	500	490
129	100	130
+ 369	+ 400	+ 370
991	Estimación: 1,000	Estimación: 990

Métodos de suma: Los estudiantes pueden usar el método común de EE. UU., conocido como Grupos nuevos arriba, y otros dos métodos alternativos. En el método de Grupos nuevos abajo, los estudiantes suman de derecha a izquierda y escriben la nueva decena y la nueva centena en el renglón. En el método de Mostrar todos los totales, los estudiantes suman en cualquier dirección, escriben sumas parciales y luego las suman para obtener el total. Los estudiantes también usan dibujos de comprobación para demostrar cómo se agrupan 10 unidades para formar una nueva decena, y 10 decenas para formar una nueva centena.

El método de Grupos nuevos abajo muestra el número 13 mejor que el método de Grupos nuevos arriba, en el que se separan los números 1 y 3. Además, es más fácil sumar con Grupos nuevos abajo, donde se suman los dos números que se ven y simplemente se añade 1.

Grupos nuevos arriba:

```
  1 ← la decena nueva
  46
+ 37
  83
```

Grupos nuevos abajo:

```
  46
+ 37
  1  ← la decena nueva
  83
  ←
```

Sumar de derecha a izquierda.

Mostrar todos los totales:

```
  46
+ 37
  70
  13
  83
  →
```

Sumar de izquierda a derecha.

Dibujo de comprobación:

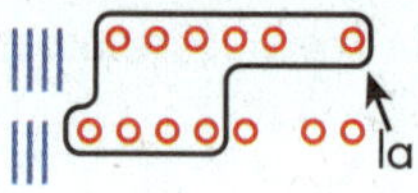

Métodos de resta: Los estudiantes pueden usar el método común de EE. UU., en el cual la resta se hace de derecha a izquierda, desagrupando antes de restar cada columna. También aprenden un método alternativo en el que desagrupan todo *antes* de restar. Si los estudiantes desagrupan todo primero, pueden restar de izquierda a derecha o de derecha a izquierda.

El método de Desagrupar primero ayuda a los estudiantes a evitar el error común de restar un número pequeño de arriba, de un número más grande de abajo.

1. Desagrupar primero.
2. Restar (de izquierda a derecha o de derecha a izquierda).

```
   15
  3 5 13
  4̶ 6̶ 3̶
- 2 7 5
  1 8 8
  ⇄
```

Desagrupar 1 centena para formar 10 decenas.

Desagrupar 1 decena para formar 10 unidades.

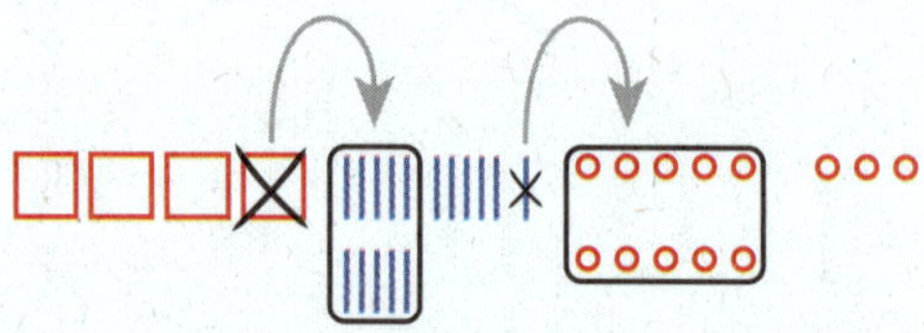

Si tiene alguna pregunta o algún comentario, por favor comuníquese conmigo. Gracias.

Atentamente,
El maestro de su niño

números compatibles	**forma desarrollada**
igual (=)	**el mayor**
estimación	**centenas**

Número escrito para mostrar el valor de cada uno de sus dígitos.

Ejemplos:

347 = 300 + 40 + 7

347 = 3 centenas + 4 decenas + 7 unidades

Números con los cuales se pueden hacer cálculos mentales fácilmente. Los números compatibles se pueden usar para comprobar si las respuestas son razonables.

Ejemplo:

692 + 234

Algunos números compatibles para los sumandos son 700 y 200 o 700 y 234.

56 29 64

64 es el número mayor.

Símbolo que se usa para comparar dos cantidades o valores. Muestra que lo que está a la izquierda del signo es igual o con el mismo valor que lo que está a la derecha del signo.

Ejemplo:

3,756 = 3,756

3,756 *es igual a* 3,756.

3 centenas

347 tiene 3 centenas.

↑

centenas

Conjetura razonable sobre aproximadamente cuántos o cuánto.

centena de millar	**unidades**
tabla de entrada y salida	**valor posicional**
el menor	**redondear**

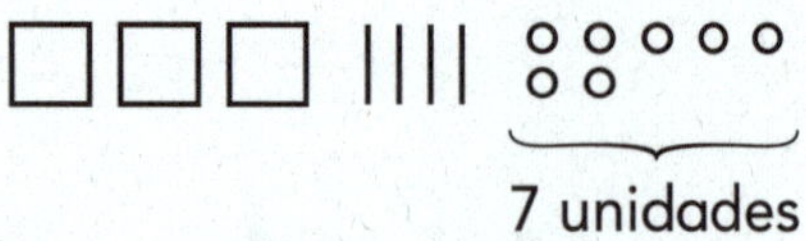

347 tiene 7 unidades.

↑

unidades

Centenas de millar	Decenas de millar	Millares	Centenas	Decenas	Unidades
5	4	6	7	8	2

Hay 5 centenas de millar en 546,782.

Valor asignado al lugar que ocupa un dígito en un número.

9	6	2
↑	↑	↑
centenas	decenas	unidades

Tabla que representa pares ordenados de números que siguen una regla específica.

Ejemplo:

Regla: Sumar 4	
Entrada	**Salida**
3	7
5	9
9	13
11	15
15	19

Hallar cuántos o cuánto expresando un número a la decena, centena o millar más próximo, y así sucesivamente.

72 41 89
41 es el menor de los números.

forma estándar	**millares**
decenas	**cuadrado unitario**
decenas de millar	

Centenas de millar	Decenas de millar	Millares	Centenas	Decenas	Unidades
5	4	6	7	8	2

Hay 6 millares en 546,782.

Nombre de un número escrito con dígitos.

Ejemplo:
1,829

Cuadrado cuya área es 1 unidad cuadrada.

4 decenas

347 tiene 4 decenas.

decenas

Centenas de millar	Decenas de millar	Millares	Centenas	Decenas	Unidades
5	4	6	7	8	2

Hay 4 decenas de millar en 546,782.

Nombre ______________________________

VOCABULARIO
valor posicional

Practicar dibujos de valor posicional hasta 999

Escribe el número para cada dibujo de puntos.

1 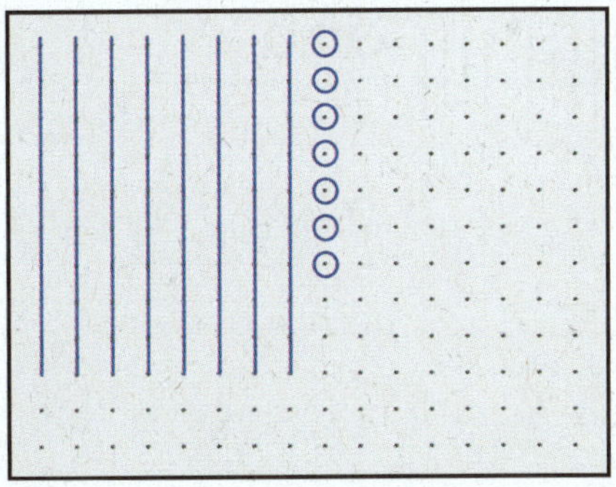

____

2 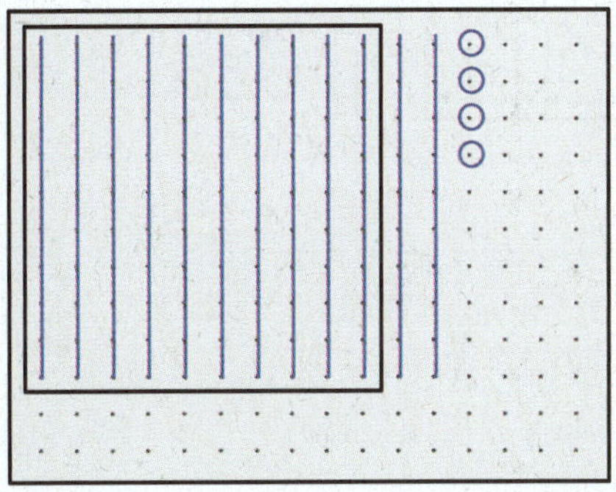

____

Escribe el número para cada dibujo de valor posicional.

3 

____

4 

____

5 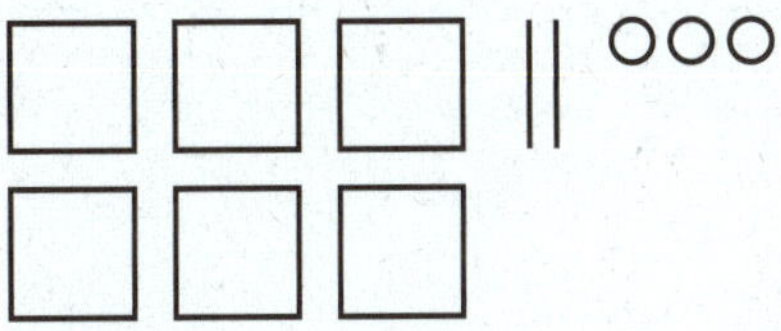

____

6 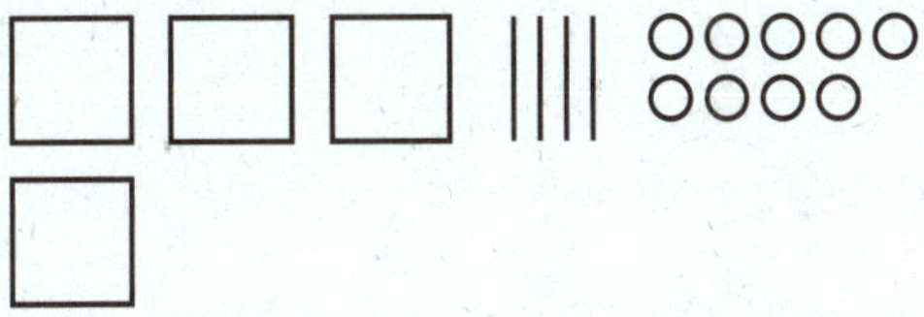

____

Haz un dibujo de valor posicional para cada número.

7 86

8 587

Práctica con el modelo de millares

Escribe el número para cada dibujo de valor posicional.

9 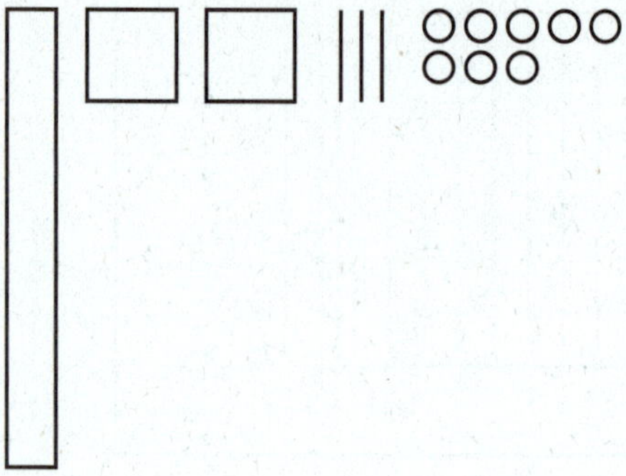

____

10 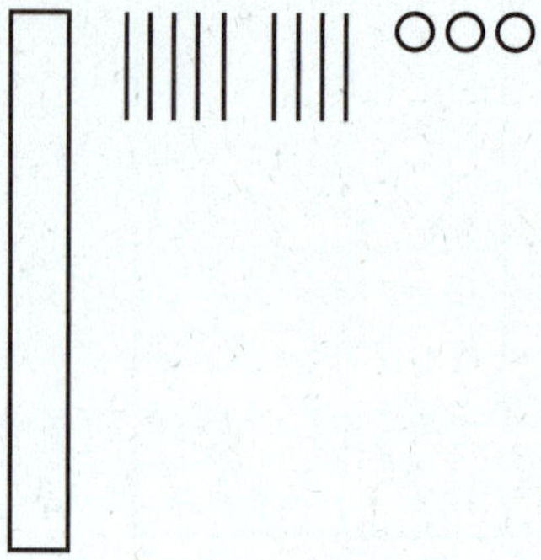

____

Haz un dibujo de valor posicional para cada número.

11 2,368

12 5,017

Escribir números para los nombres

Escribe el número para las palabras.

13 ochenta y dos ____________

14 noventa y nueve ____________

15 cuatrocientos sesenta y siete ________

16 novecientos seis ____________

17 mil quince __________

18 ocho mil ciento veinte

____

Comprobar la comprensión

Usa dibujos de valor posicional para mostrar por qué los números 251 y 521 son diferentes.

1	2	10	20
1	2	10	20
3	4	30	40
3	4	30	40
5	6	50	60
5	6	50	60
7	8	70	80
7	8	70	80
9	90	100	
9	90	100	

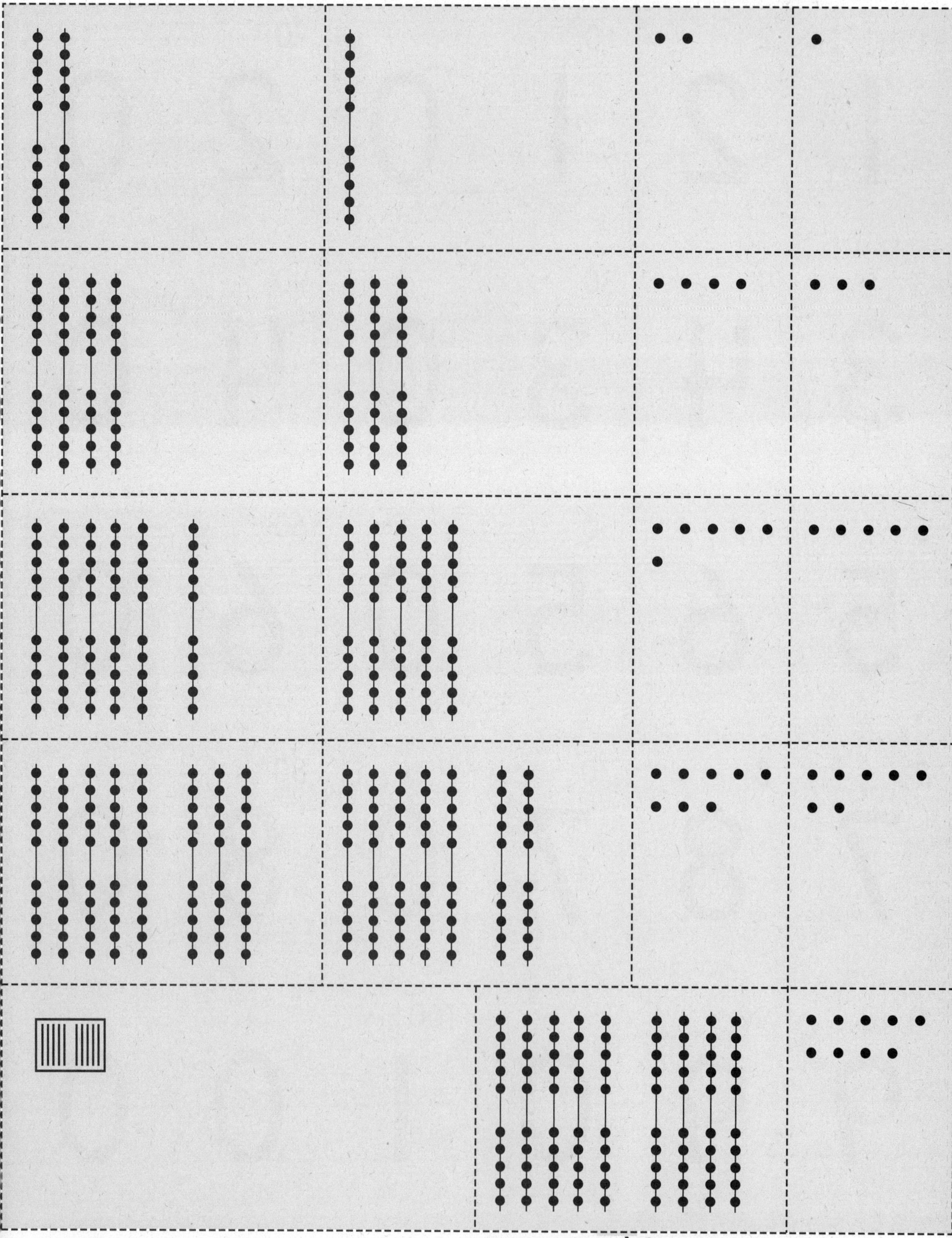

Tarjetas de código secreto 1–100

200	300
2 0 0	3 0 0
400	500
4 0 0	5 0 0
600	700
6 0 0	7 0 0
800	900
8 0 0	9 0 0
1000	
1 0 0 0	

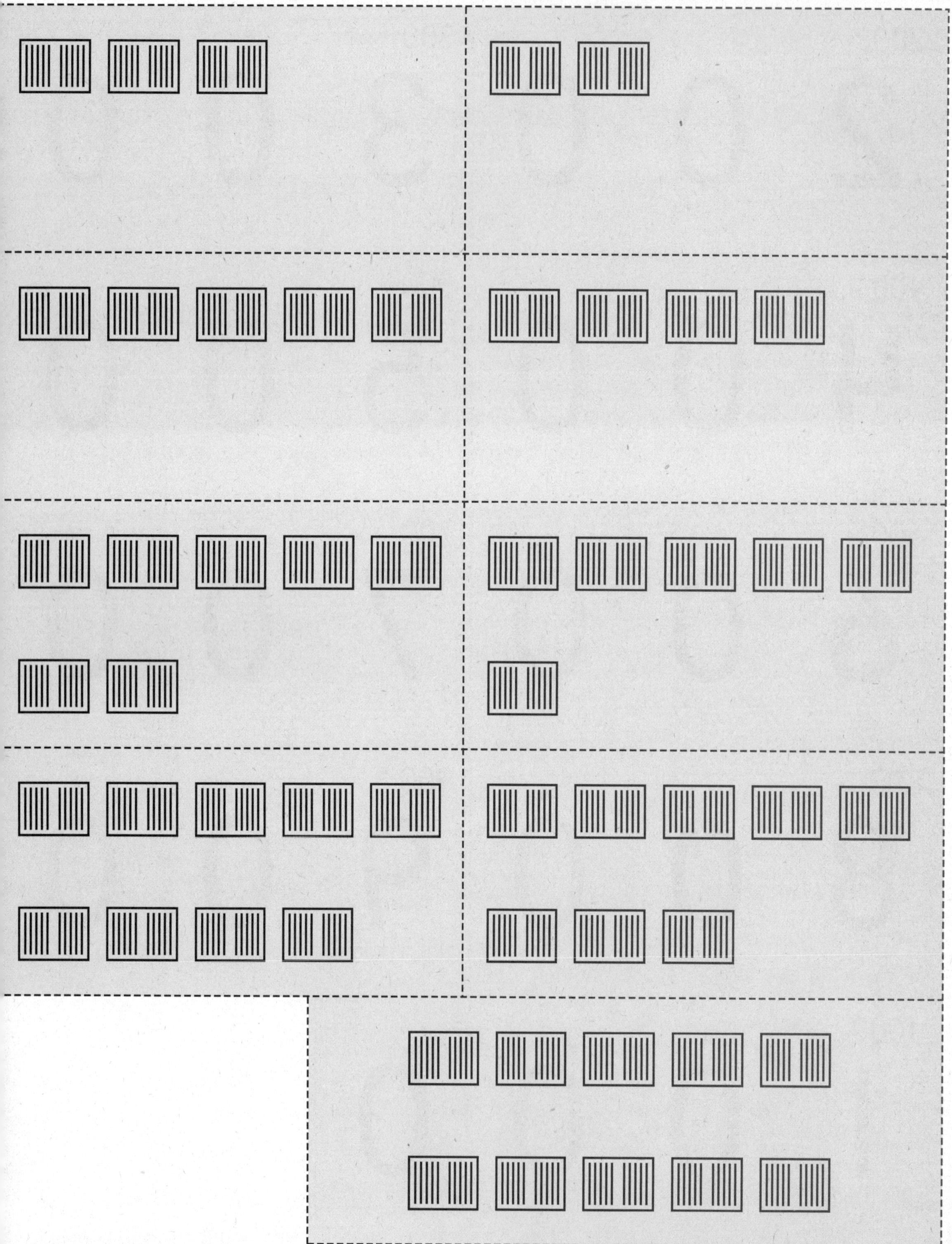

Nombre ______________________

VOCABULARIO
- centenas
- decenas
- unidades
- millares
- forma desarrollada

Formar y comentar otros números

Escribe el número.

1. 700 + 20 + 9 = ________

2. 1,000 + 600 + 80 + 4 = ________

3. 400 + 5 = ________

4. 3 **centenas** + 4 **decenas** + 7 **unidades** = ________

5. 8 centenas + 1 unidad = ________

6. 1 **millar** + 9 centenas + 1 decena + 8 unidades = ________

Escribe el número en forma desarrollada de dos maneras.

7. 585

____

____

8. 1,367

____

____

9. 213

____

____

¿Cuál es el error?

Queridos estudiantes de matemáticas:

Me pidieron formar el número 238 con unas tarjetas de código secreto. Hice el número con estas tarjetas.

Mi maestra dice que esto no es correcto.
¿Pueden ayudarme?

Su amigo,
Pingüino Confundido

10 Escribe una respuesta para Pingüino Confundido.

____

____

____

____

Comprobar la comprensión

Usa el número 456 para completar las oraciones. Arma el número usando las Tarjetas de código secreto para comprobar tu respuesta.

El valor del dígito 4 es __________.

El valor del dígito 5 es __________.

El valor del dígito 6 es __________.

Nombre ______________________

VOCABULARIO
forma estándar

Leer y escribir números

Escribe el número para las palabras.

1. doscientos doce ______
2. dos mil ocho ______
3. novecientos noventa y uno ______
4. seis mil cincuenta y uno ______
5. cuatrocientos dieciséis ______
6. seiscientos nueve ______
7. novecientos ochenta y siete ______
8. cinco mil treinta ______
9. cuatro mil diecisiete ______
10. ocho mil seiscientos ______

Escribe el nombre de cada número en palabras.

11. 783 ______
12. 907 ______
13. 3,001 ______
14. 8,043 ______

Escribe cada número en forma desarrollada.

15. 314 ______
16. 2,148 ______
17. 7,089 ______
18. 8,305 ______

Escribe cada número en forma estándar.

19. 5 millares + 8 decenas + 7 unidades ______
20. 6 millares + 4 centenas + 5 unidades ______

Resolver y comentar

Usa un dibujo de valor posicional como ayuda para resolver cada problema. Rotula tus respuestas.

Muestra tu trabajo.

21 Scott horneó una porción de rosquillas. Regaló una bolsa de 10 rosquillas a cada uno de 7 amigos. Guardó 1 rosquilla para él. ¿Cuántas rosquillas horneó en total?

____

22 Se entregaron sesenta y dos bolsas de panes para salchichas a la cafetería de la escuela. Cada bolsa traía 10 panes. ¿Cuántos panes se entregaron?

____

Mario y Rosa hornearon 89 panecillos de maíz. Pusieron los panecillos en cajas de 10.

23 ¿Cuántas cajas llenaron?

____

24 ¿Cuántos panecillos sobraron?

____

La tropa de exploradores de Zoe recogió 743 latas de alimentos para donar a un albergue. Pusieron las latas en cajas de 10.

25 ¿Cuántas cajas llenaron?

____

26 ¿Cuántas latas sobraron?

____

Comprobar la comprensión

Escribe el número 4,250 en forma desarrollada de dos maneras diferentes.

4,250 = ________ centenas + ________ decenas o

________ millares + ________ centenas + ________ unidades

Nombre ______________________________

Nombres de valor posicional revueltos

Desenreda los valores posicionales y escribe el número.

1. 8 unidades + 6 centenas + 4 decenas

   ____

2. 9 centenas + 7 decenas + 1 unidad

   ____

3. 5 unidades + 0 decenas + 7 centenas

   ____

4. 5 decenas + 4 unidades + 3 centenas

   ____

5. 2 decenas + 2 centenas + 2 unidades

   ____

6. 8 centenas + 3 unidades + 6 decenas

   ____

Desenreda los valores posicionales y escribe el número. Luego, haz un dibujo de valor posicional para el número.

7. 6 centenas + 9 unidades + 3 decenas

   ____

8. 9 unidades + 3 decenas + 8 centenas

   ____

9. 8 unidades + 3 centenas + 4 decenas

   ____

10. 2 centenas + 9 decenas + 1 unidad

   ____

Resolver y comentar

Resuelve cada problema. Rotula tu respuesta.

11 La librería recibió 35 cajas de libros. Cada caja contenía 10 libros. ¿Cuántos libros recibió la librería?

____

La familia de Maya recogió 376 manzanas y las puso en cestos. En cada cesto cupieron 10 manzanas.

12 ¿Cuántos cestos llenó?

____

13 ¿Cuántas manzanas sobraron?

____

Aidee tenía 672 fotos digitales. Las puso en carpetas de 100 cada una.

14 ¿Cuántas carpetas llenó Aidee?

____

15 ¿Cuántas fotos sobraron?

____

Joe tenía 543 monedas de 1¢ en su banco de monedas. Agrupó las monedas de 1¢ en pilas de 100.

16 ¿Cuántas pilas de 100 formó Joe?

____

17 ¿Cuántas monedas extra de 1¢ tenía?

____

Comprobar la comprensión

Haz un dibujo de valor posicional para representar las 543 monedas de 1¢ que tenía Joe.

Nombre ______________________________

VOCABULARIO
estimación
redondear

Estimar

Resuelve el problema

1. Tasha leyó tres libros durante el verano. Este es el número de páginas en cada libro.

La colina de Watership	494 páginas
Sounder	128 páginas
El jardín secreto	368 páginas

¿Aproximadamente cuántas páginas leyó Tasha? Explica cómo hiciste tu **estimación**.

____

____

____

Practicar el redondeo

Redondea cada número a la centena más cercana. Usa dibujos o las Tarjetas de código secreto, si son de ayuda.

2. 128 ________ 3. 271 ________ 4. 376 ________

5. 649 ________ 6. 415 ________ 7. 550 ________

8. 62 ________ 9. 1,481 ________ 10. 2,615 ________

11. **Explica tu razonamiento** Cuando redondeas un número a la centena más cercana, ¿cómo sabes si tienes que redondear hacia arriba o hacia abajo?

____

____

____

____

____

Resolver problemas mediante estimación

Resuelve redondeando a la centena más cercana.

Muestra tu trabajo.

12 El sábado, el puesto de meriendas en el estadio vendió 286 bebidas pequeñas, 341 bebidas medianas y 277 bebidas grandes. ¿Aproximadamente cuántas bebidas vendió?

____

13 La semana pasada, la Sra. Larson manejó 191 millas el lunes, 225 millas el miércoles y 107 millas el viernes. ¿Aproximadamente cuántas millas manejó en total?

____

14 De las 832 personas que fueron al partido de hockey, 292 tenían puestos del lado del equipo visitante. Los demás estaban sentados del lado del equipo local. ¿Aproximadamente cuántas personas estaban sentadas del lado del equipo local?

____

Respuestas razonables

Usa redondeo para decidir si la respuesta es razonable. Escribe tu estimación. Luego, escribe *sí* o *no* según sea o no razonable la respuesta.

15 $604 - 180 = 586$

____

16 $377 + 191 = 568$

____

17 $268 - 57 = 107$

____

18 $41 + 395 = 300$

____

Comprobar la comprensión

Explica cómo redondear un número a la centena más cercana, si el número tiene un 7 en el lugar de las decenas.

Nombre ______________________

Redondear dígitos de 2 números a la decena más cercana

Redondea cada número a la decena más cercana.

1. 63 ______
2. 34 ______
3. 78 ______
4. 25 ______
5. 57 ______
6. 89 ______
7. 42 ______
8. 92 ______

Redondear dígitos de 3 números a la decena más cercana

Redondea cada número a la decena más cercana.

9. 162 ______
10. 741 ______
11. 309 ______
12. 255 ______
13. 118 ______
14. 197 ______
15. 503 ______
16. 246 ______
17. **Explica tu razonamiento** Cuando redondeas un número a la decena más cercana, ¿cómo sabes si debes redondear hacia arriba o hacia abajo?

____

____

____

____

Estimar la respuesta

Resuelve cada problema.

18 El cuadro de la derecha muestra cuántos jugos se vendieron ayer en el puesto de jugos. Redondeando cada número a la decena más cercana, estima cuántos jugos se vendieron en total.

____

Jugos vendidos en el puesto de bebidas

13 jugos de frambuesa y melocotón

38 jugos de fresa y banana

44 jugos de guayaba y mango

61 jugos de arándano y melocotón

19 Una tienda tiene 52 collares, 75 pulseras, 36 anillos y 23 aretes. Redondea cada número a la decena más cercana para hallar *aproximadamente* cuántas joyas tiene la tienda.

____

20 Roz alquiló una película que dura 123 minutos. Miró 40 minutos de la película. Redondea cada número a la decena más cercana para estimar cuántos minutos más le falta por mirar.

____

Usa la tabla de la derecha para resolver los Problemas 21 a 23.

21 Estima el número total de libros que la escuela recibió redondeando cada número a la centena más cercana.

____

Escuela Elemental Jefferson Libros recibidos	
Matemáticas	436
Lectura	352

22 Estima el número total de libros que la escuela recibió redondeando a la decena más cercana.

____

23 Halla el total de libros de matemáticas y lectura. ¿Cuál de tus estimaciones se acerca más al total real?

____

____

Nombre ______________________

Respuestas razonables

Usa redondeo para decidir si la respuesta es razonable. Escribe tu estimación. Luego, escribe *sí* o *no* según sea o no razonable la respuesta.

24. 93 − 29 = 64 ______________

25. 113 + 57 = 140 ______________

26. 83 + 19 = 102 ______________

27. 336 + 258 = 594 ______________

28. 468 − 158 = 280 ______________

29. 437 + 149 = 536 ______________

30. 725 − 285 = 590 ______________

31. 249 + 573 = 822 ______________

32. 542 − 167 = 475 ______________

¿Cuál es el error?

Queridos estudiantes de matemáticas:

Hoy, mi maestra de matemáticas me pidió estimar la respuesta para este problema:

La clase de la señorita Smith trajo 384 latas para la recolecta de alimentos. La clase del Sr. Álvarez trajo 524 latas. ¿Aproximadamente cuántas latas trajeron las dos clases?

$$\begin{array}{r} 384 \\ +\ 524 \\ \hline \end{array} \quad \longrightarrow \quad \begin{array}{r} 300 \\ +\ 500 \\ \hline 800 \end{array}$$

Trajeron aproximadamente 800 latas.

¿Es correcta mi respuesta? Si no, por favor corrijan mi trabajo y díganme qué hice mal.

Su amigo,
Pingüino Confundido

33 Escribe una respuesta para el Pingüino Confundido.

____

____

Estimar el número de objetos

El Frasco D tiene 100 frijoles. Estima cuántos frijoles hay en los otros frascos.

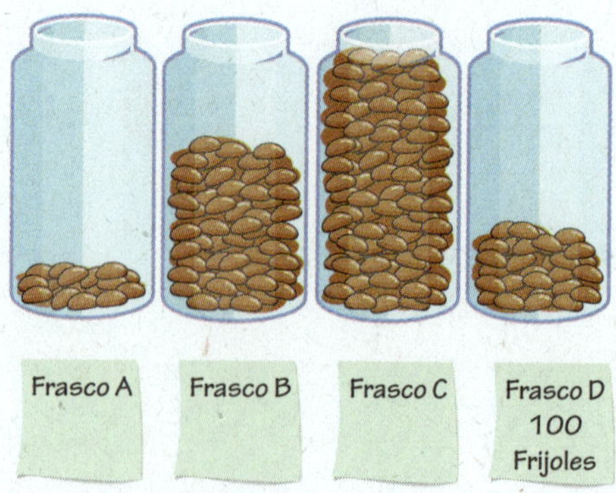

34 Frasco A ______________

35 Frasco B ______________

36 Frasco C ______________

✓ Comprobar la comprensión

Redondea cada número a la decena más cercana.

83 ________ 98 ________ 245 ________ 362 ________

Prueba rápida 1 de la Unidad 3

Nombre ______________________ Fecha ______________

Escribe la respuesta correcta.

1. Redondea a la centena más cercana.

   678

   ____

2. Redondea a la decena más cercana.

   524

   ____

3. Escribe el número indicado por el dibujo de valor posicional.

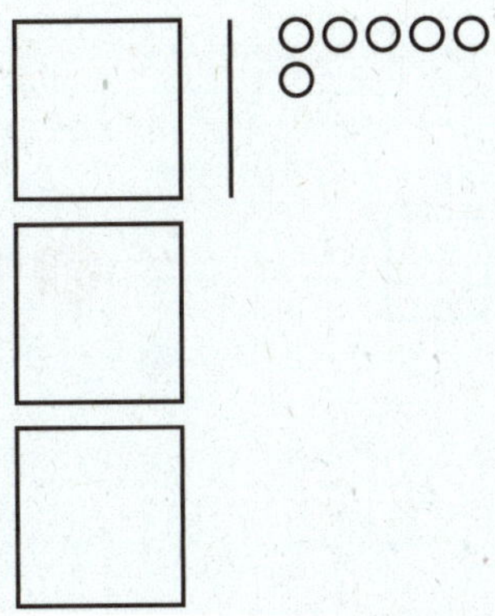

   ____

4. Redondea a la decena más cercana.

   567

   ____

5. Gerard tiene 365 tarjetas de béisbol. Coloca todas las que puede en pilas de 100. ¿Cuántas pilas de 100 forma?

   ____

Comprobar el conocimiento 3

Nombre ______________________ Fecha ______________________

Camino al conocimiento

Multiplica.

1. $1 \times 3 = \square$
2. $3 \times 2 = \square$
3. $4 \times 3 = \square$
4. $4 \times 1 = \square$
5. $2 \times 5 = \square$
6. $6 \times 1 = \square$
7. $6 \times 6 = \square$
8. $8 \times 4 = \square$
9. $5 \times 7 = \square$
10. $9 \times 3 = \square$
11. $8 \times 8 = \square$
12. $6 \times 9 = \square$
13. $7 \times 10 = \square$
14. $10 \times 10 = \square$
15. $8 \times 9 = \square$

Nombre ______________________

Resolver y comentar

Resuelve cada problema. Rotula tu respuesta.
Usa tu MathBoard o una hoja de papel.

1. Elena hizo collares para sus amigas. Usó 586 cuentas verdes y 349 cuentas rojas. ¿Cuántas cuentas usó Elena en total? ______________

2. Fabrice tiene una colección de 485 tarjetas de basquetbol y 217 de béisbol. ¿Cuántas tarjetas de deportes tiene Fabrice en total? ______________

Camino al conocimiento Presentar métodos de suma

Tonya y Mark coleccionan conchas marinas. Tonya tiene 249 conchas y Mark 386. ¿Cuántas conchas tienen los dos en total?

Estas son tres maneras de hallar la respuesta:

Método con todos los totales	Método con grupos nuevos abajo	Método con grupos nuevos arriba
$\begin{array}{r} 249 \\ +\ 386 \\ \hline 500 \\ 120 \\ +\ 15 \\ \hline 635 \end{array}$	$\begin{array}{r} 249 \\ +\ 386 \\ {}^{1\,1} \\ \hline 635 \end{array}$	$\begin{array}{r} {}^{1\,1} \\ 249 \\ +\ 386 \\ \hline 635 \end{array}$

Dibujo de comprobación:

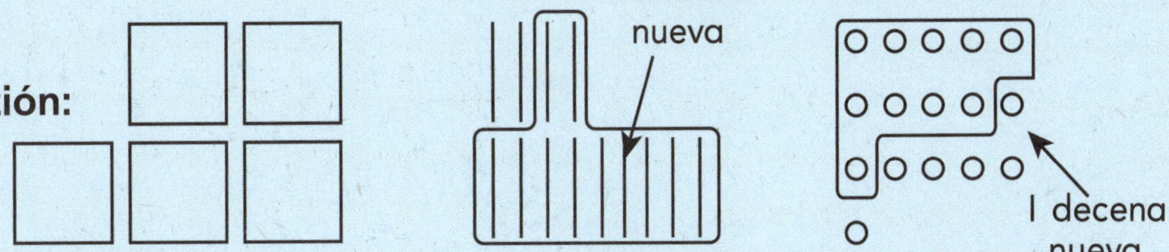

6 centenas (5 centenas + 1 centena nueva)

3 decenas (2 decenas + 1 decena nueva)

5 unidades

Camino al conocimiento

Practicar métodos de suma

Resuelve cada problema. Haz dibujos de comprobación para mostrar que tus respuestas son correctas.

3 Ryan tiene dos álbumes de estampillas. En uno tiene 554 estampillas y en el otro tiene 428 estampillas. ¿Cuántas estampillas tiene Ryan en total?

____

4 Ali tiene 128 fotos de sus mascotas y 255 fotos de su familia. ¿Cuántas fotos tiene Ali en total?

____

5 Ashley leyó 269 páginas en una semana. La semana siguiente leyó 236 páginas. ¿Cuál es el número total de páginas que leyó en dos semanas?

____

6 La tienda en línea tiene 445 películas de comedia y 515 dramas. ¿Cuántas películas en total tiene la tienda?

____

Comprobar la comprensión

Di qué método de suma prefieres y por qué.

Nombre ______________________

Resolver y comentar

Resuelve cada problema usando un método numérico y un dibujo de prueba.

1. Hay 359 carros y 245 camiones en un parqueadero. ¿Cuántos vehículos hay en el parqueadero?

   ____

2. La exposición Bichos Raros en el museo de ciencias muestra 693 arañas y 292 ciempiés. ¿Cuántas arañas y ciempiés hay en total?

   ____

3. El sábado, 590 personas visitaron el museo de arte. El domingo, 355 visitaron el museo. ¿Cuántas personas en total visitaron el museo?

   ____

4. Ayer había 120 personas en el ferry. Hoy había 767 personas en el ferry. ¿Cuántas personas en total hubo en el ferry en los últimos dos días?

   ____

¿Cuál es el error?

Queridos estudiantes de matemáticas:

Hoy hallé la respuesta para 168 + 78, pero no sé si sumé correctamente. Por favor revisen mi trabajo. ¿Mi respuesta es correcta? Si no lo es, por favor corrijan mi trabajo y díganme qué hice mal.

$$\begin{array}{r} 168 \\ +\ 78 \\ \hline 948 \end{array}$$

Su amigo,
Pingüino Confundido

5 Escribe una respuesta para Pingüino Confundido.

____

____

Camino al conocimiento

Alinear los lugares para sumar

Escribe cada suma verticalmente. Alinea correctamente los lugares. Luego suma y haz un dibujo de prueba.

6 179 + 38 = ______

7 650 + 345 = ______

8 407 + 577 = ______

Comprobar la comprensión

Explica por qué es importante alinear los valores posicionales antes de sumar.

Nombre ______________________________

Decidir cuándo agrupar

Decide los grupos nuevos que vas a formar.
Luego suma para ver si lo hiciste correctamente.

1. $\begin{array}{r} 123 \\ +\ 247 \\ \hline \end{array}$

2. $\begin{array}{r} 358 \\ +\ 434 \\ \hline \end{array}$

3. $\begin{array}{r} 732 \\ +\ 189 \\ \hline \end{array}$

4. $\begin{array}{r} 416 \\ +\ 396 \\ \hline \end{array}$

Suma.

5. $\begin{array}{r} 647 \\ +\ 178 \\ \hline \end{array}$

6. $\begin{array}{r} 132 \\ +\ 763 \\ \hline \end{array}$

7. $\begin{array}{r} 554 \\ +\ 257 \\ \hline \end{array}$

8. $\begin{array}{r} 168 \\ +\ 692 \\ \hline \end{array}$

9. $\begin{array}{r} 384 \\ +\ 586 \\ \hline \end{array}$

10. $\begin{array}{r} 631 \\ +\ 189 \\ \hline \end{array}$

11. $\begin{array}{r} 464 \\ +\ 446 \\ \hline \end{array}$

12. $\begin{array}{r} 313 \\ +\ 649 \\ \hline \end{array}$

13. 576 + 265 = ____________

14. 568 + 219 = ____________

15. 389 + 511 = ____________

16. 137 + 284 = ____________

Escribe una ecuación y resuelve el problema.

17. La primera película animada en el cine duró 129 minutos. La segunda película duró 104 minutos. ¿Cuántos minutos en total duraron las dos películas?

____

Resolver y comentar

Escribe una ecuación y resuelve el problema.

Muestra tu trabajo.

18 Jacob tiene 347 tarjetas de basquetbol en su colección. Tiene 256 tarjetas de béisbol. ¿Cuántas tarjetas tiene en total?

____

19 La familia de Jasmine manejó dos días para visitar a sus abuelitos. Manejó 418 millas el primer día y 486 millas el segundo día. ¿Cuántas millas manejó en total?

____

20 La floristería pidió 398 rosas y 562 tulipanes. ¿Cuántas flores pidió la floristería en total?

____

21 La maleta que Emilio empacó pesa 80 libras. Su esposa empacó tres maletas. Cada maleta de su esposa pesa 30 libras. ¿Cuántas libras en total pesaron todas las maletas?

____

22 Escribe y resuelve un problema sobre suma, en el que 287 y 614 son sumandos.

____

____

____

Comprobar la comprensión

Explica cómo sabes cuándo tienes que agrupar al sumar dos números de 3 dígitos.

Nombre ______________________________

Sumar números de 3 dígitos

Diversiones del Carnaval	
Juegos	**Billetes vendidos**
Tornado	298
Maxi Monstruos	229
Montaña rusa	193
Mega Rueda	295
Carros chocones	301

Escribe una ecuación y resuelve el problema.

Muestra tu trabajo.

1. ¿Cuántas personas entraron a los dos juegos más populares?

____

2. ¿Cuáles dos juegos sumaron un total de 494 entradas vendidas?

____

3. Las entradas para Maxi Monstruos y la montaña rusa costaban $2. ¿Cuánto dinero ganó la escuela por la venta de entradas para estos dos juegos?

____

4. ¿Aproximadamente cuántas entradas vendieron en total para Tornado, Maxi Monstruos y Mega Rueda?

____

5. ¿Cuáles fueron los juegos cuyas ventas de entradas sumaron aproximadamente 900?

____

Usar la suma para resolver problemas

Colecciones de los estudiantes	
Tipo de colección	**Número de objetos**
rocas	403
estampillas	371
conchas	198
botones	562
carros miniatura	245

Escribe una ecuación y resuelve el problema. *Muestra tu trabajo.*

6 ¿Cuántos objetos hay en las dos colecciones más pequeñas?

7 El número total de objetos en dos colecciones es 760. ¿Cuáles son esas dos colecciones?

8 La colección de conchas y botones juntas, ¿es más grande o más pequeña que la colección de rocas y estampillas juntas?

9 ¿La suma estimada de estampillas, conchas y carros miniatura está más cerca de 700 o de 800?

10 Yuji tiene un número de tarjetas deportivas que es 154 más que el número de rocas. ¿Cuántas tarjetas tiene Yuji?

Comprobar la comprensión

Imagina que tu pareja obtuvo una suma de 343 en el Problema 6. Describe el error.

Prueba rápida 2 de la Unidad 3

Nombre ____________________ Fecha ____________

Escribe la respuesta correcta

Muestra tu trabajo.

1. La librería vendió 273 libros por la mañana y 385 libros por la tarde antes de cerrar. ¿Cuántos libros vendió ese día?

____

2. ¿Qué grupos nuevos debes formar para sumar 345 y 276?

____

____

3. En la granja de Holly hay 143 cabras y 287 ovejas. ¿Cuántos animales en total hay en la granja? Escribe una ecuación y resuelve el problema.

____

Suma.

4. 227 + 98 = ________

5. 47 + 26 = ________

Comprobar el conocimiento 4

Nombre ______________________ Fecha ______________

Camino al conocimiento

Divide.

1. $3 \div 3 = \square$
2. $8 \div 2 = \square$
3. $9 \div 3 = \square$
4. $16 \div 2 = \square$
5. $25 \div 5 = \square$
6. $28 \div 4 = \square$
7. $32 \div 8 = \square$
8. $40 \div 4 = \square$
9. $48 \div 6 = \square$
10. $56 \div 7 = \square$
11. $63 \div 9 = \square$
12. $54 \div 6 = \square$
13. $64 \div 8 = \square$
14. $72 \div 8 = \square$
15. $90 \div 9 = \square$

Nombre ______________________

Camino al conocimiento

Comentar métodos de resta

Resuelve este problema.

El Sr. Kim tenía 134 cometas en su tienda de pasatiempos. Vendió 58. ¿Cuántas cometas tiene ahora?

1. Escribe una resta para resolver el problema.

   ____

2. Haz un dibujo de valor posicional para 134. Quita 58. ¿Cuántas quedan?

3. Escribe un método de solución numérico para lo que hiciste en el dibujo.

4. Describe cómo desagrupaste para restar.

   ____

   ____

   ____

   ____

   ____

¿Cuál es el error?

Queridos estudiantes de matemáticas:

Hoy hallé la respuesta para 134 − 58, pero no sé si lo hice correctamente. Por favor revisen mi tarea. ¿Es correcta mi respuesta? Si no, por favor corrijan mi trabajo y díganme qué hice mal.

$$\begin{array}{r} 134 \\ -\ 58 \\ \hline 124 \end{array}$$

Su amigo,
Pingüino Confundido

5 Escribe una respuesta para Pingüino Confundido.

____

____

Camino al conocimiento Detective de restas

Para no cometer errores de resta, observa con atención el número de arriba. Haz toda la desagrupación *antes* de restar. La lupa encima del número de arriba te recuerda que eres un "detective de restas".

Resta. Muestra tus desagrupaciones numéricamente y con dibujos de comprobación.

6 $\begin{array}{r} 371 \\ -\ 86 \\ \hline \end{array}$

7 $\begin{array}{r} 163 \\ -\ 47 \\ \hline \end{array}$

8 $\begin{array}{r} 459 \\ -175 \\ \hline \end{array}$

Comprobar la comprensión

Completa. Siempre debes restar el número ______________ del número de ______________.

Nombre ______________________________

Camino al conocimiento

Desagrupar para restar

Resuelve cada problema. Muestra tu trabajo numéricamente y con dibujos de comprobación.

1. Lakesha compró una caja de 500 clips. Hasta el momento ha usado 138 clips. ¿Cuántos quedan?

   ____

2. Un teatro de cine tiene 400 sillas. En la función del mediodía, estaban ocupadas 329. ¿Cuántas sillas estaban desocupadas?

   ____

3. Al comienzo del año escolar, la Srta. Endo tenía una caja de crayones nueva para la clase con 300 crayones. Ahora hay 79 crayones rotos. ¿Cuántos crayones hay sin romper?

   ____

Camino al conocimiento Restar de ceros

Resuelve cada problema. Muestra tu trabajo. numéricamente y con dibujos de comprobación.

4 Los estudiantes de la Escuela Elemental Freedom tienen como meta leer 900 libros. Han leído 342 libros. ¿Cuántos libros les quedan por leer?

____

5 Hay 500 libros de ficción en la biblioteca de la Escuela Lee. En la biblioteca hay 179 libros menos que no son de ficción que los de ficción. ¿Cuántos libros no son de ficción?

____

6 Los estudiantes de la Escuela Elemental Olympia recogieron 1,000 botellas para reciclar. Los estudiantes de la Escuela Elemental Sterling recogieron 768 botellas. ¿Cuántas botellas más recogieron los estudiantes de Olympia?

____

Nombre ______________________________

Camino al conocimiento

Práctica con resta de ceros

Resta. Haz dibujos de comprobación en los Ejercicios 7 a 10.

7. $\begin{array}{r} 800 \\ -\,391 \\ \hline \end{array}$

8. $\begin{array}{r} 500 \\ -\,333 \\ \hline \end{array}$

9. $\begin{array}{r} 400 \\ -\,217 \\ \hline \end{array}$

10. $\begin{array}{r} 900 \\ -\,818 \\ \hline \end{array}$

11. $\begin{array}{r} 600 \\ -\,575 \\ \hline \end{array}$

12. $\begin{array}{r} 700 \\ -\,248 \\ \hline \end{array}$

13. $\begin{array}{r} 200 \\ -\,109 \\ \hline \end{array}$

14. $\begin{array}{r} 800 \\ -\,519 \\ \hline \end{array}$

15. **Diario de matemáticas** Escribe un problema que se resuelva restando un número de 2 dígitos de un número de 3 dígitos que tiene cero en el lugar de las unidades y las decenas. Luego, resuelve el problema.

Camino al conocimiento

Práctica con la decisión de cuándo desagrupar

Resta. Haz dibujos de comprobación en MathBoards si lo necesitas o en una hoja de papel aparte.

16. 912 − 265

17. 323 − 147

18. 280 − 136

19. 489 − 263

20. $\begin{array}{r} 754 \\ -\ 389 \\ \hline \end{array}$

21. $\begin{array}{r} 912 \\ -\ 437 \\ \hline \end{array}$

22. $\begin{array}{r} 341 \\ -\ 178 \\ \hline \end{array}$

23. $\begin{array}{r} 603 \\ -\ 464 \\ \hline \end{array}$

Comprobar la comprensión

Resta. 300 – 156. Haz un dibujo de prueba para demostrar que tu respuesta es correcta.

Nombre ______________________________

Camino al conocimiento

Desagrupar de izquierda a derecha

Tony y María resolvieron este problema:

El martes por la mañana, una librería tenía 463 copias de su nuevo éxito de ventas. Al final del día, la librería vendió 275 copias. ¿Cuántas copias quedaron?

Tony

Tony empezó a desagrupar por la izquierda.

1. Tiene suficientes centenas.
2. No tiene suficientes decenas. Desagrupa 1 centena para formar 10 decenas más.

3. No tiene suficientes unidades. Desagrupa 1 decena para formar 10 unidades más.

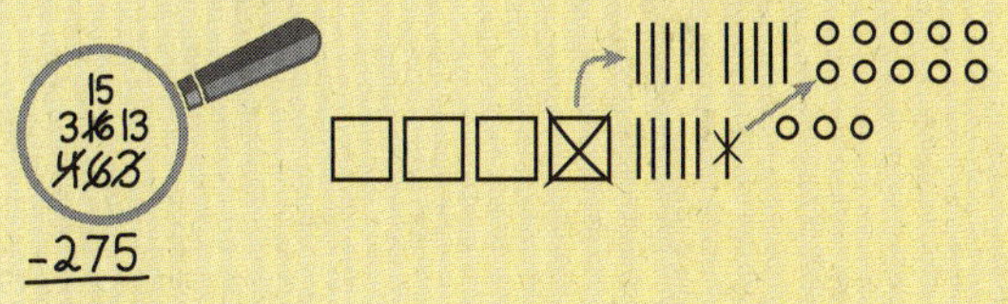

4. Completa la resta.

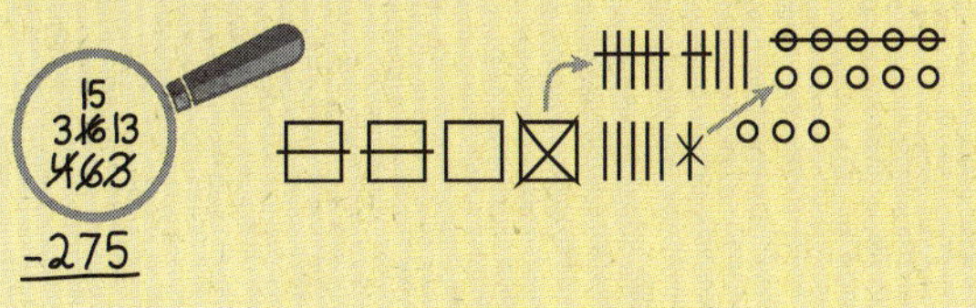

María

María empezó a desagrupar por la derecha.

1. No tiene suficientes unidades. Desagrupa 1 decena para formar 10 unidades más.

2. No tiene suficientes decenas. Desagrupa 1 centena para formar 10 decenas más.

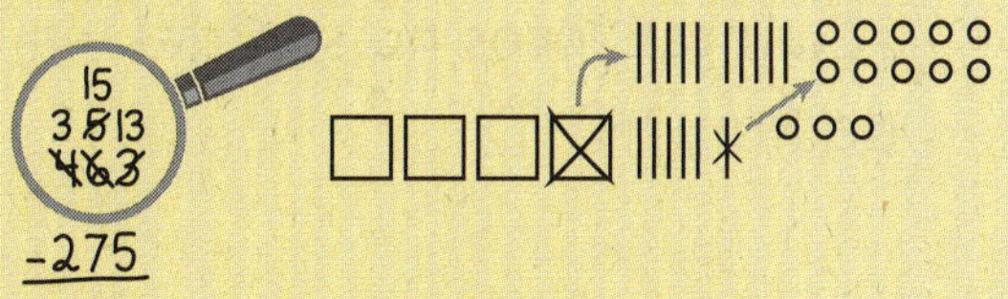

3. Tiene suficientes centenas.
4. Completa la resta.

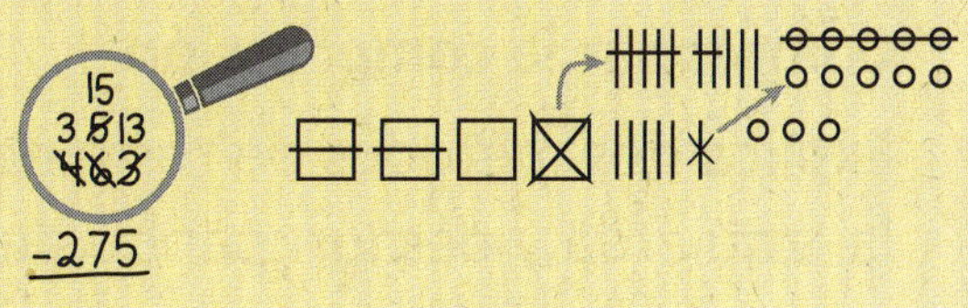

Camino al conocimiento

Elegir un método para restar

Resta.

1. $\begin{array}{r} 686 \\ -\ 387 \\ \hline \end{array}$

2. $\begin{array}{r} 340 \\ -\ 167 \\ \hline \end{array}$

3. $\begin{array}{r} 765 \\ -\ 498 \\ \hline \end{array}$

4. $\begin{array}{r} 841 \\ -\ 253 \\ \hline \end{array}$

5. $\begin{array}{r} 912 \\ -\ 575 \\ \hline \end{array}$

6. $\begin{array}{r} 853 \\ -\ 194 \\ \hline \end{array}$

7. $\begin{array}{r} 705 \\ -\ 429 \\ \hline \end{array}$

8. $\begin{array}{r} 998 \\ -\ 299 \\ \hline \end{array}$

9. $\begin{array}{r} 513 \\ -\ 156 \\ \hline \end{array}$

10. 627 − 348

11. 544 − 169

12. 810 − 261

Resuelve.

13. Rory está poniendo 302 fotos digitales en un álbum. De estas, 194 son de su viaje a Florida. ¿Cuántas fotos no son del viaje de Rory?

____

14. En una carrera había 645 ciclistas. Toby llegó en el puesto ochenta y siete. ¿Cuántos ciclistas llegaron después que Toby?

____

Comprobar la comprensión

Explica dos métodos de resta desagrupando desde la izquierda y desagrupando desde la derecha.

Nombre ______________________________

Camino al conocimiento

Relacionar la suma y la resta

Resuelve cada problema. Haz un dibujo de prueba, si lo necesitas.

1. Había 138 estudiantes en el gimnasio para la reunión. Luego llegaron 86 estudiantes más. ¿Cuántos estudiantes había en total en el gimnasio?

   ____

2. Había 224 estudiantes en el gimnasio para la reunión. Luego se fueron 86 estudiantes. ¿Cuántos estudiantes quedaron en total en el gimnasio?

   ____

3. Mira tu suma, tu resta y tus dibujos de comprobación en los Problemas 1 y 2. ¿Cómo se relacionan la suma y la resta?

   ____

   ____

   ____

Resolver y comentar

Resuelve. Rotula tus respuestas.

4. Marly tenía 275 tarjetas de béisbol. Su hermano le regaló una colección de 448 tarjetas de béisbol. ¿Cuántas tarjetas de béisbol tiene Marly ahora?

5. Escribe un problema de resta que se relacione con el problema de suma del Problema 4. Luego, halla la respuesta sin hacer cálculos.

6. Bill manejó 375 millas en el primer día de viaje por el campo. El día siguiente manejó 528 millas adicionales. ¿Cuántas millas manejó Bill en los dos primeros días de viaje?

7. Escribe un problema de resta que se relacione con el problema de suma del Problema 6. Luego, halla la respuesta sin hacer cálculos.

Comprobar la comprensión

Dibuja una Montaña matemática para mostrar la relación entre los números de los Problemas 6 y 7.

Nombre ______________________________

Restar y comprobar

Resuelve cada problema

Muestra tu trabajo.

1. El pasatiempo de Ken es coleccionar fotos. Tiene 375 fotos en su colección en casa. Si Ken trajo 225 de sus fotos para compartir con sus compañeros de clase, ¿cuántas fotos dejó en su casa?

   ____

2. De 212 estudiantes de tercero y cuarto grados, 165 fueron al festival de la escuela. ¿Cuántos estudiantes no fueron a la escuela?

   ____

3. Becky tiene 653 canicas en su colección. Riley tiene 438 canicas en la suya. ¿Cuántas canicas más tiene Beckey que Riley?

   ____

4. Andrea y John necesitan 750 billetes para obtener un juego de mesa. Tienen 559 billetes. ¿Cuántos billetes más necesitan?

   ____

Camino al conocimiento

Practicar la desagrupación

Responde cada pregunta.

Adair restó 595 de 834.

5. ¿Tuvo que desagrupar para formar más decenas?

6. ¿Tuvo que desagrupar para formar más unidades? Explica.

Beatriz restó 441 de 950.

7. ¿Tuvo que desagrupar para formar más decenas? Explica.

8. ¿Tuvo que desagrupar para formar más unidades? Explica.

Wan restó 236 de 546.

9. ¿Tuvo que desagrupar para formar más decenas? Explica.

10. ¿Tuvo que desagrupar para formar más unidades?

Comprobar la comprensión

Explica cómo decides cuándo desagrupar en un problema de resta.

Nombre ____________________

Camino al conocimiento

Practicar la suma y la resta

Suma o resta.

1. $\begin{array}{r} 112 \\ +\ 459 \\ \hline \end{array}$

2. $\begin{array}{r} 572 \\ -\ 357 \\ \hline \end{array}$

3. $\begin{array}{r} 253 \\ +\ 328 \\ \hline \end{array}$

4. $\begin{array}{r} 710 \\ -\ 464 \\ \hline \end{array}$

5. $\begin{array}{r} 461 \\ -\ 182 \\ \hline \end{array}$

6. $\begin{array}{r} 540 \\ +\ 175 \\ \hline \end{array}$

7. $\begin{array}{r} 921 \\ -\ 653 \\ \hline \end{array}$

8. $\begin{array}{r} 398 \\ -\ 99 \\ \hline \end{array}$

9. $\begin{array}{r} 712 \\ +\ 189 \\ \hline \end{array}$

10. $\begin{array}{r} 600 \\ -\ 223 \\ \hline \end{array}$

11. $\begin{array}{r} 809 \\ -\ 576 \\ \hline \end{array}$

12. $\begin{array}{r} 634 \\ +\ 287 \\ \hline \end{array}$

Resuelve.

13. La altura de Angeline Falls en Washington es 450 pies. Snoqualmie Falls en Washington es 182 pies más baja que Angeline Falls. ¿Cuál es la altura de Snoqualmie Falls?

____

14. Jill anotó 534 puntos en la sala de juegos el viernes por la noche. Anotó 396 puntos el sábado por la noche. ¿Cuántos puntos anotó en total?

____

Resolver problemas del mundo real

Los estudiantes de la Escuela Elemental Liberty recolectaron monedas de 1¢ para una campaña de recaudación de fondos.

Monedas de 1¢ recolectadas					
Grado	1	2	3	4	5
Número de monedas de 1¢	225	436	517	609	342

Escribe una ecuación y resuelve el problema.

Muestra tu trabajo.

15 ¿Cuántas monedas de 1¢ recolectaron los Grados 2 y 5 juntos?

____

16 ¿Cuántas monedas más recolectaron los Grados 1 y 3 que el Grado 4?

____

17 El número total de monedas de 1¢ recolectadas por los Grados 1 y 4, ¿es mayor o menor que el número total recolectado por los Grados 3 y 5?

____

18 ¿El número total de monedas recolectadas por cuáles grados es igual a 900 aproximadamente?

____

19 Los estudiantes de kínder recolectaron 198 monedas menos que el Grado 3. ¿Cuántas monedas de 1¢ recolectaron los estudiantes de kínder?

____

Comprobar la comprensión

Describe una situación del mundo real en la que debes sumar o restar.

Nombre ______________________________

Resolver problemas de varios pasos

Resuelve cada problema. Rotula tus respuestas. *Muestra tu trabajo.*

1. Isabel compró 36 frutas para su equipo de fútbol. Había 16 manzanas y 12 bananas y las demás eran peras. ¿Cuántas frutas eran peras?

   ____

2. Toby tiene una colección de tarjetas deportivas. Tenía 13 tarjetas de béisbol, 16 tarjetas de basquetbol y 14 de fútbol. Toby vendió 15 tarjetas y compró 17 tarjetas de hockey. ¿Cuál es el número total de tarjetas que tiene Toby ahora?

   ____

3. Hay 15 niños más que niñas en la banda de la escuela. Hay 27 niñas. ¿Cuántos estudiantes hay en la banda de la escuela?

   ____

4. Finn entregó 13 pizzas. Luego entregó 8 pizzas más. En total, entregó 6 pizzas menos que Liz. ¿Cuántas pizzas entregó Liz?

   ____

5. Majeed armó 7 carros y 14 aviones de armar. Jasmine armó 9 carros más que Majeed y 6 modelos menos de aviones. ¿Cuántos modelos armó Jasmine en total?

   ____

Respuestas razonables

VOCABULARIO
números compatibles

Usa números compatibles para decidir si la solución es razonable. Escribe *sí* o *no*. Luego, suma o resta para ver si respondiste correctamente.

6 Nathan contó 28 perros grandes y 37 perros pequeños en el parque canino. Dice que vio 55 perros en total.

____

7 Hay 122 peces en un acuario. Hay 67 peces moteados y los demás tienen rayas, entonces hay 55 peces rayados en el acuario.

____

Haz una estimación en cada problema. Luego, escribe si la respuesta de Jana es o no razonable y resuelve el problema.

8 En un partido de basquetbol había 432 personas. 257 personas se sentaron del lado del equipo local. ¿Cuántas personas se sentaron en el lado del equipo visitante?

Respuesta de Jana: 689 personas

Estimación: 432 − 257 → ______ − ______ = ______

La respuesta de Jana ______________________.

Mi respuesta: ______________________

9 El río Pecos es 234 millas más largo que el río Yellowstone. El río Yellowstone tiene 692 millas de longitud. ¿Cuál es la longitud del río Pecos?

Respuesta de Jana: 462 millas

Estimación: 692 + 234 → ______ + ______ = ______

La respuesta de Jana ______________________.

Mi respuesta: ______________________

Nombre ____________________

Resolver problemas con números más grandes

Resuelve cada problema. Luego, usa números compatibles para comprobar tu respuesta.

Muestra tu trabajo.

10 Jenna tiene $250 en una cuenta bancaria. Después de su cumpleaños le suma $135 a la cuenta. Luego, a la semana siguiente, saca $40 para comprar un juego de computadora. ¿Cuánto dinero tiene ahora en su cuenta?

____

11 Alex y su padre tienen colecciones de tarjetas deportivas. El padre de Alex tiene 900 tarjetas y Alex tiene 350 tarjetas menos que su padre. Un amigo de Alex le regala 72 tarjetas. ¿Ahora cuántas tarjetas tiene Alex?

____

12 Un camión carga 2,600 latas de tomates para distribuir en las tiendas. La primera tienda recibe 450 latas. ¿Cuántas latas de tomates quedan en el camión?

____

13 Hay 1,250 habitantes en el pueblo de Unión. Hay 2,100 habitantes más en Grantville que en Unión. ¿Cuál es la población de Grantville?

____

14 La granja Valley View cosechó 2,549 libras de papas durante el verano. La tienda de Valley View vendió 1,083 libras de papas. ¿Cuántas libras quedaron?

____

Resolver problemas con números más grandes (continuación)

Resuelve cada problema. Luego, usa números compatibles para ver si tu respuesta es razonable.

Muestra tu trabajo.

15 La APF tiene $3,029 en su cuenta para pagar viajes de estudio de la escuela. Un viaje costó $576. Si la APF pagó el viaje, ¿cuánto queda en la cuenta? ¿Tu respuesta es razonable? Explica.

16 La familia Scott viaja a Washington D.C., que está a 1,395 millas de su casa. Hasta ahora han recorrido 612 millas. ¿Cuántas millas más tienen que recorrer? ¿Tu respuesta es razonable? Explica.

17 La semana pasada, se prestaron 5,089 libros en la biblioteca pública. La semana pasada, se devolvieron 4,962 libros. ¿Cuántos libros más fueron prestados que devueltos? ¿Tu respuesta es razonable? Explica.

Comprobar la comprensión

Describe cómo decides si una respuesta es o no razonable.

Nombre ______________________

Matemáticas y mapas

El Pony Express fue un servicio de correo desde St. Joseph, Missouri, hasta Sacramento, California. El servicio llevaba el correo con jinetes a caballo que hacían relevos.

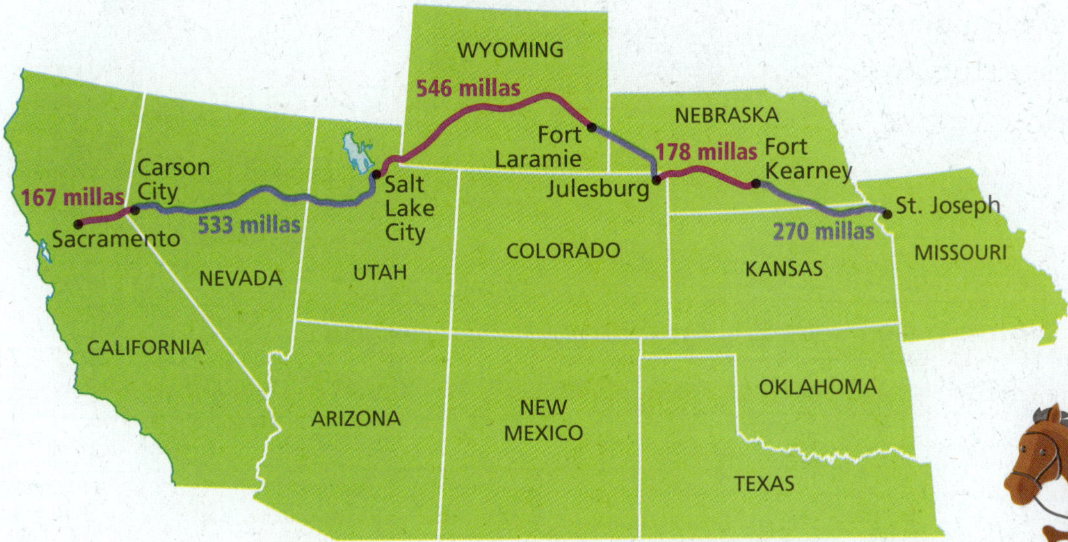

Usa la información del mapa en los Problemas 1 a 3. Escribe una ecuación para resolver el problema.

1. ¿Cuántas millas recorrían los jinetes del Pony Express en un viaje desde Sacramento a Salt Lake City?

____

2. La distancia total desde St. Joseph hasta Fort Laramie era de 616 millas. ¿Cuántas millas había de Julesburg a Fort Laramie?

____

3. Escribe y resuelve un problema que se pueda responder usando el mapa.

____

____

Usar una tabla

El Pony Express tardaba 10 días llevando cartas entre Sacramento y St. Joseph. Hoy enviamos mensajes de texto en segundos. La tabla siguiente muestra el número de mensajes que unos estudiantes envían en un mes.

Número de mensajes enviados el mes pasado					
Nombre	Robbie	Samantha	Ellen	Bryce	Callie
Número	528	462	942	388	489

Usa la información de la tabla en los Problemas 4 a 6. Escribe una ecuación y resuelve los problemas.

4. ¿Cuántos mensajes más envió Robbie que Callie?

____

5. ¿Cuántos mensajes más envió Ellen que Bryce y Samantha juntos?

____

6. Tamara dijo que Robbie y Bryce juntas enviaron 806 mensajes. ¿Es razonable ese número? Explica. Luego, calcula el número verdadero para ver si estás en lo correcto.

____

____

____

Prueba rápida 3 de la Unidad 3

Nombre ______________________ Fecha ______________

Resta.

1. 765 − 56 = ________

2. 72 − 35 = ________

Resuelve.

3. 524 personas observan el desfile del barrio. De ellas, 178 son niños. ¿Cuántas personas observando el desfile son adultas?

____

4. Roberto tiene una colección de 243 CD. 152 están rayados. ¿Cuántos de sus CD no están rayados?

____

5. Amaya tiene 476 monedas de 1¢. Luego, encontró otras 359. ¿Ahora cuántas monedas de 1¢ tiene?

____

Nombre ______________________ Fecha ______________

Camino al conocimiento

Multiplica o divide.

1. $1 \div 1 = \square$
2. $3 \times 5 = \square$
3. $6 \div 2 = \square$
4. $4 \times 3 = \square$
5. $9 \div 3 = \square$
6. $8 \times 2 = \square$
7. $12 \div 3 = \square$
8. $7 \times 6 = \square$
9. $8 \div 1 = \square$
10. $7 \times 3 = \square$
11. $20 \div 4 = \square$
12. $5 \times 7 = \square$
13. $36 \div 9 = \square$
14. $9 \times 2 = \square$
15. $54 \div 9 = \square$

Nombre ______________________________

Identificar valor posicional hasta centenas de millar

VOCABULARIO
centenas de millar
decenas de millar

Escribe cada número en la tabla de valor posicional.

1 12,072   2 6,908   3 90,542   4 175,163

	Centenas de millar	Decenas de millar	Millares	Centenas	Decenas	Unidades
1.						
2.						
3.						
4.						

Escribe el valor del dígito subrayado.

5 13,456 ____________ 6 190,765 ____________

7 88,763 ____________ 8 4,567 ____________

9 25,783 ____________ 10 95,426 ____________

Escribir números de maneras diferentes

Escribe cada número en forma estándar.

11 sesenta mil ciento ocho ____________

12 ciento sesenta y seis mil ochenta ____________

Escribe cada número en palabras.

13 17,893 ______________________________

14 175,635 ______________________________

Escribe cada número en forma desarrollada.

15 23,059 ______________________________

16 103,814 ______________________________

Más y menos

Escribe el número que sea 10,000 más y el número que sea 10,000 menos.

17 87,630 10,000 más ________ 10,000 menos ________

18 19,455 10,000 más ________ 10,000 menos ________

Escribe el número que sea 1,000 más y el número que sea 1,000 menos.

19 5,176 1,000 más ________ 1,000 menos ________

20 26,709 1,000 más ________ 1,000 menos ________

Escribe un número que sea 100 más y el número que sea 100 menos.

21 2,547 100 más ________ 100 menos ________

22 30,169 100 más ________ 100 menos ________

¿Cuál es el error?

Queridos estudiantes de matemáticas:

Hoy mi maestra me pidió hallar el número que es 1,000 más que 15,319, pero no sé si mi respuesta es correcta. Escribí:

1,000 más que 15,319 es 25,319.

¿Es correcta mi respuesta? Si no, por favor corrijan mi trabajo y díganme qué hice mal.

Su amigo,

Pingüino Confundido

23 Escribe una respuesta para el Pingüino Confundido.

____

____

____

____

Nombre ____________________

Comparar y ordenar hasta centenas de millar

VOCABULARIO
el mayor
el menor

Comenta el siguiente problema.

Jim tiene 24 tarjetas de cambio y Hattie tiene 42.
¿Quién tiene más tarjetas? ¿Cómo sabes?

Escribe mayor que (>), menor que (<) o igual (=) para hacer verdadero cada enunciado.

24 3,989 ○ 3,899

25 2,385 ○ 2,385

26 3,235 ○ 2,350

27 4,008 ○ 4,108

28 2,563 ○ 2,563

29 8,567 ○ 9,765

30 23,836 ○ 7,859

31 5,206 ○ 52,026

32 89,748 ○ 98,478

33 12,904 ○ 12,904

34 14,538 ○ 41,830

35 61,564 ○ 60,569

Escribe cada grupo de números en orden de mayor a menor.

36 8,456   4,567   4,675

____

37 3,465   3,654   3,546

____

38 8,091   10,981   9,081

____

39 13,230   11,710   5,608

____

40 30,714   32,740   30,174

____

41 89,518   85,981   89,815

____

42 Fremont tiene una población de 26,397 habitantes. Hastings una de 24,907. ¿Qué ciudad tiene la mayor población?

____

43 Bella, Jason y Nico hicieron cada uno un viaje en carro durante el verano. Bella viajó 3,208 millas. Jason viajó 4,796 millas. Nico viajó 958 millas. ¿Quién viajó la mayor distancia?

____

Redondear con números más grandes

Redondea cada número a la decena de millar más cercana.

44 87,630 ____________ 45 46,433 ____________

46 34,641 ____________ 47 27,309 ____________

Redondea cada número al millar más cercano.

48 1,380 ____________ 49 5,998 ____________

50 41,632 ____________ 51 65,594 ____________

Redondea al lugar del dígito subrayado.

52 $\underline{1}4{,}594$ ____________ 53 $2\underline{4}{,}596$ ____________

54 $23{,}\underline{3}07$ ____________ 55 $4{,}\underline{1}36$ ____________

Estimación con números más grandes

Redondea cada número hacia arriba para estimar cada suma o diferencia.

56
$$\begin{array}{r} 2{,}491 \\ +\ 1{,}309 \\ \hline \end{array}$$

57
$$\begin{array}{r} 7{,}463 \\ -\ 3{,}270 \\ \hline \end{array}$$

58
$$\begin{array}{r} 65{,}594 \\ -\ 12{,}407 \\ \hline \end{array}$$

59
$$\begin{array}{r} 20{,}365 \\ +\ 18{,}679 \\ \hline \end{array}$$

Comprobar la comprensión

¿En qué se parece redondear 46,037 a la decena de millar más cercana con redondear 482 a la centena más cercana?

Nombre ____________________

VOCABULARIO
cuadrado unitario

Representar el producto de unidades y decenas

El número de **cuadrados unitarios** en una matriz de cuadrados unitarios conectados es el área del rectángulo formado por los cuadrados. A veces solo mostramos la medida de longitud y ancho.

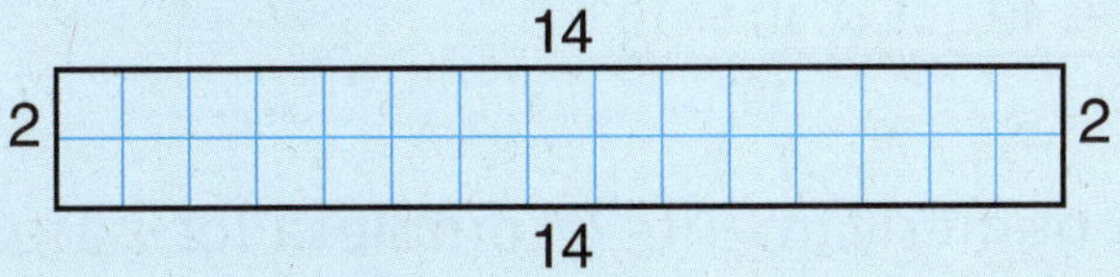

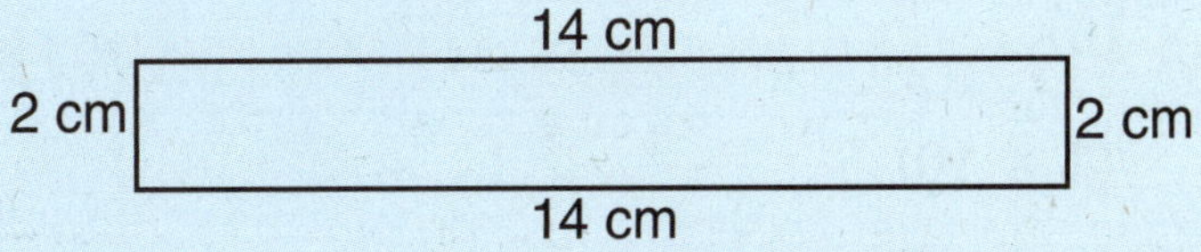

Puedes dibujar un rectángulo para cualquier multiplicación. En la vida diaria, usamos la multiplicación para hallar el tamaño de matrices y las áreas de las figuras.

Un rectángulo de 2×14 tiene 28 cuadrados unitarios adentro, entonces $2 \times 14 = 28$.

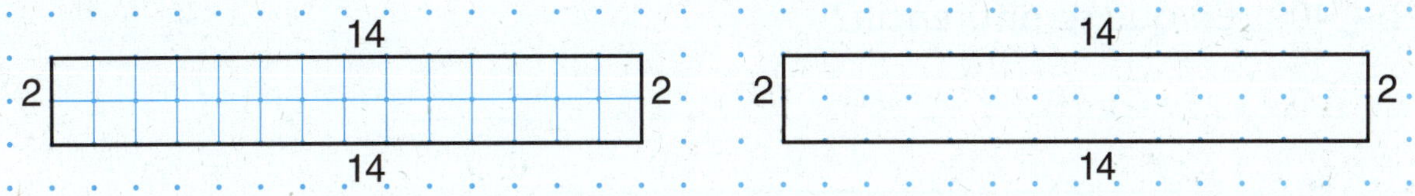

1. En tu MathBoard, dibuja un rectángulo de 14×2 ¿En qué se parece el rectángulo de 14×2 al rectángulo de 2×14? ¿En qué se diferencia?

____

____

____

____

2. ¿Cómo puedes comparar las áreas de los rectángulos de 2×14 y de 14×2?

____

Factorizar las decenas para multiplicar unidades y decenas

Este rectángulo de 3 × 40 contiene 12 grupos de 10 unidades cuadradas, por tanto su área es de 120 unidades cuadradas.

	40 = 10	+ 10	+ 10	+ 10	
1	1 × 10 = 10	1 × 10 = 10	1 × 10 = 10	1 × 10 = 10	1
1	1 × 10 = 10	1 × 10 = 10	1 × 10 = 10	1 × 10 = 10	1
1	1 × 10 = 10	1 × 10 = 10	1 × 10 = 10	1 × 10 = 10	1
	10	+ 10	+ 10	+ 10	

3 ¿Cómo podemos mostrar esto numéricamente? Completa los pasos.

3 × 40 = (3 × 1) × (______ × 10)

= (______ × ______) × (1 × 10)

= ______ × 10 = 120

4 En tu MathBoard, dibuja un rectángulo de 40 × 3 y calcula su área.

____

5 ¿En qué se parece el rectángulo de 40 × 3 al rectángulo de 3 × 40? ¿En qué se diferencia?

____

____

____

____

6 Escribe los pasos para hallar 4 × 30 factorizando las decenas. Usa tu MathBoard si la necesitas.

____

____

____

Nombre ____________________

Explorar el modelo de área

Copia este rectángulo en tu MathBoard

7. ¿Cuántas unidades cuadradas de área hay en la parte de las decenas de este dibujo? ____________________

8. ¿Qué ecuación de multiplicación da como resultado el área de la parte de las decenas en el dibujo? ____________________ Escribe esta ecuación en su rectángulo.

9. ¿Cuántas unidades cuadradas de área hay en la parte de las unidades en el dibujo? ____________________

10. ¿Qué ecuación de multiplicación da como resultado el área de la parte de las unidades? ____________ Escribe esta ecuación en su rectángulo.

11. ¿Cuál es el total de las dos áreas? ____________________

12. ¿Cómo sabes que 130 es el producto correcto de 5 × 26?

____

____

13. **Lee los Problemas A y B.**

A. El álbum de fotos de Brad tiene 26 fotos. Cada página tiene 5 fotos. ¿Cuántas fotos hay en el álbum de Brad?

B. Nick tomó 5 fotos. Haley tomó 26 fotos. ¿Cuántas fotos más tomó Haley que Nick?

¿Qué problema puedes resolver usando la multiplicación que acabas de realizar? Explica por qué.

____

____

Usar rectángulos para multiplicar

Dibuja un rectángulo en tu MathBoard para cada problema. Busca el producto de las decenas, de las unidades y el total.

14 8×38

____
____
____

15 3×29

____
____
____

16 4×28

____
____
____

17 7×34

____
____
____

18 2×38

____
____
____

19 3×28

____
____
____

20 5×30

____
____
____

21 5×28

____
____
____

Resuelve cada problema.

Muestra tu trabajo.

22 Lucille puso 9 hileras de baldosas en el piso de barro. Cada hilera tiene 16 baldosas. ¿Cuántas baldosas hay en el piso de barro de Lucille?

____

23 Una pizzería prepara pizzas de masa delgada, de masa gruesa, o de molde llano. Tiene 57 sabores distintos. ¿Cuántas combinaciones diferentes de masa y sabores puede preparar la pizzería?

____

24 Completa este problema. Luego, resuélvelo.

_______ tiene ____ cajas de _______.

Hay ____ en cada caja. ¿Cuántos _______

tiene _______ en total? _______

Nombre ______________________

Dibujar rectángulos para resolver problemas

Dibuja un modelo de área para cada problema. Rotula tu problema con una ecuación de multiplicación. Luego, escribe la respuesta del problema.

Muestra tu trabajo.

25 Una tienda de manualidades tiene un juego de arte con 8 hileras de lápices de colores. Cada hilera tiene 34 lápices. ¿Cuántos lápices hay en total?

____

26 Mali puso unas tajadas de queso en una bandeja. Puso el queso en 7 hileras con 18 tajadas por hilera. ¿Cuántas tajadas puso en la bandeja?

____

27 Arch construyó una pasarela nueva. Puso 56 hileras de lajas. En cada hilera, Arch puso 9 lajas. ¿Cuántas lajas puso en la pasarela?

____

28 El Sr. Chung puso unas sillas extra en la parte trasera del auditorio. Puso 47 sillas en cada hilera. Organizó 4 hileras de sillas. ¿Cuántas sillas puso?

____

¿Cuál es el error?

Queridos estudiantes de matemáticas:

Hoy encontré la respuesta de 4 × 29.

Así es cómo la encontré

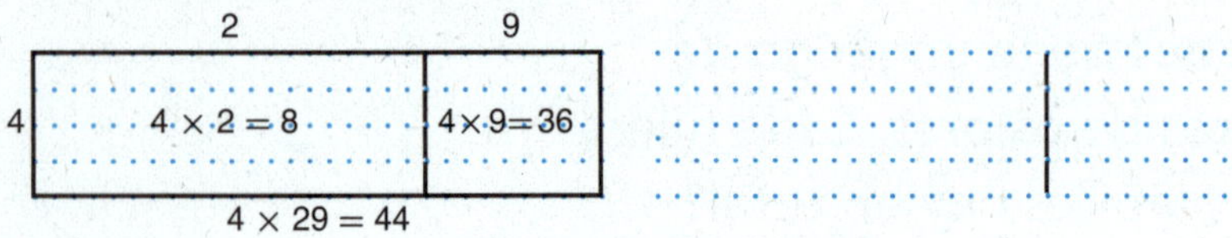

¿Es correcta mi respuesta? Si no, por favor corrijan mi trabajo y díganme qué hice mal.

Su amigo,
Pingüino Confundido

29 Escribe una respuesta para el Pingüino Confundido.

Practicar la multiplicación de 2 dígitos por 1 dígito

Usa un modelo de área para buscar la respuesta.

30 96 × 2 = ______

31 50 × 3 = ______

32 78 × 5 = ______

33 3 × 52 = ______

Comprobar la comprensión

Explica por qué el rectángulo que dibujaste para resolver el Problema 33 es parecido al rectángulo que puedes dibujar para resolver 52 × 3.

Nombre ______________________________

Multiplicar números de 1 dígito por centenas

Puedes usar un modelo de área para multiplicar un número de 1 dígito por un número de 3 dígitos.

$3 \times 249 =$ ▢

249 =	200	40	9
3	$3 \times 200 = 600$	$3 \times 40 = 120$	$3 \times 9 = 27$

1. ¿Cuáles dos operaciones se usan para calcular el producto de 3×249 usando un modelo de área?

   ____________________ ____________________

2. ¿Qué ecuación de multiplicación da como resultado el área de las centenas en el modelo? ____________________

3. ¿Qué ecuación de multiplicación da como resultado el área de las decenas en el modelo? ____________________

4. ¿Qué ecuación de multiplicación da como resultado el área de las unidades en el modelo? ____________________

5. ¿Cuál es el total de las tres áreas? ____________________

Camino al conocimiento Usar un modelo de área para resolver

Por cada acre de tierra que un granjero trilla, obtiene 127 pacas de heno. El granjero trilla su terreno 4 veces al año. ¿Cuál es el número total de pacas de heno que obtendrá de su terreno este año?

6. Dibuja rectángulos para representar el problema.

7. Explica cómo usar el modelo de área para resolver el problema de arriba.

8. Usa el dibujo que hiciste del rectángulo y los pasos que describiste para buscar la respuesta del problema.

Escribe la ecuación.

9. Si el granjero tiene 9 acres de tierra, ¿cuántas pacas de heno trillará cada año? Completa el modelo de área para hallar la respuesta.

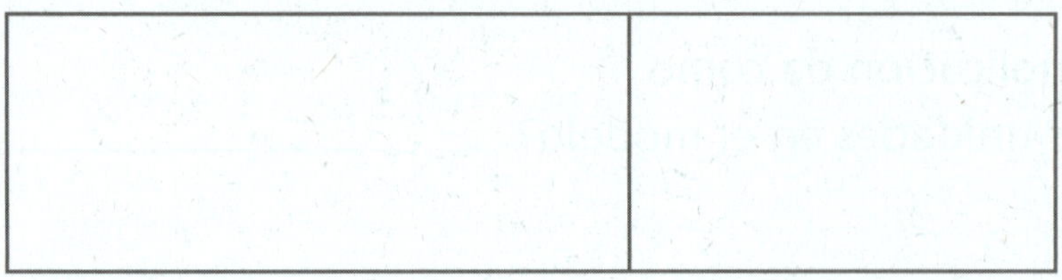

Ecuación: ____________

Nombre ______________________________

Camino al conocimiento

Dibujar un modelo para resolver un problema

Dibuja un modelo para cada problema. Rotula el dibujo con una ecuación de multiplicación. Escribe la respuesta del problema.

Muestra tu trabajo.

10 La longitud de un campo de fútbol es 130 yardas. Lou corre la longitud del campo 7 veces durante el entrenamiento. ¿Cuántas yardas corre Lou en total?

____

11 Un avión grande recorre aproximadamente 567 millas en una hora. ¿Cuántas millas recorre el avión en 4 horas?

____

12 Una tienda recibió un envío de 9 cajas de naranjas. Cada caja tiene 126 naranjas. ¿Cuántas naranjas recibió la tienda?

____

13 El teatro de una escuela tiene 284 entradas disponibles para cada función. El teatro vende todas las entradas para 5 funciones. ¿Cuántas entradas en total vende el teatro?

____

Camino al conocimiento Usar rectángulos para multiplicar

Dibuja un modelo de área en tu MathBoard para cada problema. Busca el producto de las decenas, de las unidades y el total.

14 8×387

______
______
______
______

15 3×299

______
______
______
______

16 4×528

______
______
______
______

17 5×467

______
______
______
______

18 2×838

______
______
______
______

19 6×506

______
______
______
______

Resuelve.

20 Durante la gran inauguración, la heladería regaló 5 helados a las primeras 275 personas que entraron al negocio. ¿Cuántos helados en total regaló la heladería?

______

Comprobar la comprensión

Completa. Un modelo de área para 2×413 muestra que la parte de las centenas es ______, la parte de las decenas es ______, y la parte de las unidades es ______, para un área total de ______.

Nombre ____________________

VOCABULARIO
regla
tabla de entrada y salida

Camino al conocimiento

Completar tablas de entrada y salida

Usa la regla para completar cada tabla de entrada y salida.

1

Regla: Sumar 4	
Entrada	Salida
5	9
6	
8	
10	
13	

2

Regla: Multiplicar por 3	
Entrada	Salida
3	9
4	
5	
7	
9	

3

Regla: Sumar 8	
Entrada	Salida
7	15
10	
24	
31	
50	

4

Regla: Restar 10	
Entrada	Salida
21	11
42	
59	
77	
95	

5

Regla: Multiplicar por 4	
Entrada	Salida
3	12
4	
6	
8	
10	

6

Regla: Restar 15	
Entrada	Salida
16	1
31	
35	
49	
70	

Camino al conocimiento Hallar la regla

Halla la regla para cada tabla de entrada y salida. Luego, completa cada una.

7

Regla:	
Número de bicicletas	Número de ruedas
Entrada	Salida
1	2
2	
3	
4	
5	

8

Regla:	
Entrada	Salida
15	16
21	22
32	33
45	
49	

9

Regla:	
Entrada	Salida
16	10
20	14
46	40
59	
84	

10

Regla:	
Entrada	Salida
2	10
3	15
4	20
7	
10	

11 Blair está vendiendo entradas para la función de la escuela. Anota el número de entradas que vende a cada familia y la cantidad de dinero que recoge. Completa la tabla. Luego, úsala para encontrar el valor de cada entrada.

Entradas vendidas	2	3	5	7		10
Cantidad recogida		$21	$35	$49	$63	

Respuesta: ______________________

Comprobar la comprensión

Haz una tabla de entrada y salida que use la regla de sumar 10.

Regla	Sumar 10				
Entrada					
Salida					

Prueba rápida 4 de la Unidad 3

Nombre ______________________ Fecha ______________

1. Escribe el número que es 10,000 más que 89,086.

____

2. Redondea al millar más cercano para estimar la diferencia.

$$\begin{array}{r} 36{,}969 \\ -\ \ 3{,}489 \\ \hline \end{array}$$

En las Preguntas 3 y 4, dibuja un modelo para responder.

3. Un cultivo de árboles frutales tiene 8 hileras de manzanos. Hay 24 manzanos en cada hilera. ¿Cuántos manzanos tiene en total el cultivo?

____

4. El libro de crucigramas de Yolanda tiene 365 páginas. En cada página hay 3 crucigramas. ¿Cuántos crucigramas tiene el libro?

____

5. Usa la regla para completar la tabla.

Regla: Sumar 10	
Entrada	**Salida**
3	13
13	
43	
63	
93	

Comprobar el conocimiento 6

Nombre ______________________ Fecha ______________

Camino al conocimiento

Multiplica o divide.

1. $7 \div 1 = \square$
2. $8 \times 5 = \square$
3. $6 \div 3 = \square$
4. $9 \times 3 = \square$
5. $3 \div 3 = \square$
6. $8 \times 7 = \square$
7. $15 \div 3 = \square$
8. $9 \times 6 = \square$
9. $36 \div 6 = \square$
10. $4 \times 3 = \square$
11. $28 \div 4 = \square$
12. $5 \times 9 = \square$
13. $72 \div 9 = \square$
14. $6 \times 2 = \square$
15. $63 \div 9 = \square$

Repaso/Prueba de la Unidad 3

Nombre ______________________ Fecha ______________

1 Selecciona las opciones que muestran trecientos cincuenta y siete. Marca todas las que haya.

Ⓐ 357

Ⓑ 3 centenas + 57 decenas

Ⓒ 3 centenas + 5 decenas + 7 unidades

Ⓓ 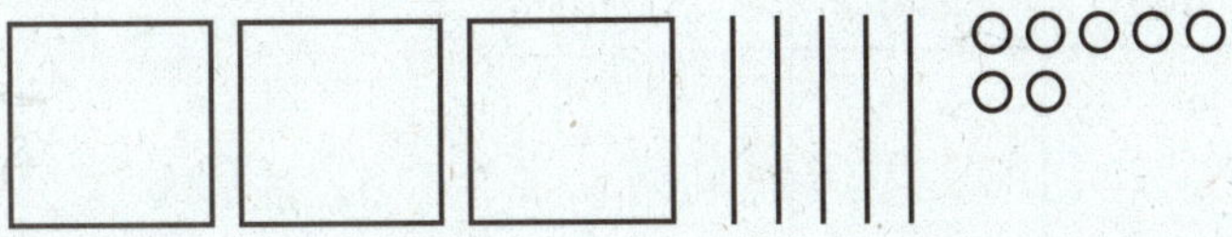

Ⓔ 300 + 5 + 7

2 Haz un dibujo de valor posicional para el número.

691

3 El museo vendió 15,564 carteles. Vendió 18,836 calendarios. Redondea cada número al millar más cercano para estimar cuántos calendarios más que carteles vendió el museo.

aproximadamente ________ calendarios más.

 Nombre Fecha

4 Escribe cada número de las casillas en la columna que le corresponde, según su redondeo a la centena más cercana.

479 440 655 405 643

400	500	600	700

5 Usa la regla para completar la tabla.

Regla: Multiplica por 6	
Entrada	**Salida**
2	12
3	
6	
7	
8	

6 Usa el modelo para multiplicar 426 por 7.

426 = ☐ ☐ ☐

☐ | ☐ | ☐ | ☐ |

7 × 426 = ☐

 Nombre Fecha

7 Resta.

$700 - 255 =$

	7	0	0
−	☐	☐	☐
	☐	☐	☐

8 Selecciona el número que tiene el dígito 5 en el lugar de los millares. Selecciona todos los que lo tengan.

Ⓐ 64,500 Ⓒ 25,700

Ⓑ 59,700 Ⓓ 16,705

En los Problemas 9 y 10, suma o resta. Haz un dibujo de prueba para mostrar que tu respuesta es correcta.

9
$$\begin{array}{r} 497 \\ +\ 326 \\ \hline \end{array}$$

10
$$\begin{array}{r} 690 \\ -\ 493 \\ \hline \end{array}$$

Nombre ____________________ Fecha ____________________

En los Problemas 11 y 12, suma o resta.

Muestra tu trabajo.

11
$$\begin{array}{r} 437 \\ +\ 273 \\ \hline \end{array}$$

¿Qué método usaste para sumar?

Usé el método
- Grupos nuevos arriba
- Grupos nuevos abajo
- Muestra todos los totales

12
$$\begin{array}{r} 617 \\ -\ 549 \\ \hline \end{array}$$

¿Desagrupaste para restar? Explica.

13 Andre compró 860 ladrillos. Compró 575 ladrillos rojos y 147 ladrillos marrones. Los demás ladrillos son grises. Escribe y resuelve una ecuación para calcular cuántos ladrillos grises compró Andre.

Ecuación: ____________________

________ ladrillos grises.

14 Una compañía vendió 6,409 cajas de frutas. Vendió 3,620 cajas de naranjas y las demás eran de toronjas. ¿Cuántas cajas de toronjas vendió la compañía?

________ cajas.

Nombre Fecha

15 Pía recogió 245 bellotas en un jarrón. En los Problemas 15a al 15d, selecciona Verdadero o Falso para cada afirmación.

15a. Pía recogió 193 bellotas más. Ahora tiene 338 bellotas ○ Verdadero ○ Falso

15b. Pía le regaló 160 bellotas a Ana. Ahora tiene 85 bellotas. ○ Verdadero ○ Falso

15c. Pía recogió 286 bellotas más. Usa 143 para decorar una bandeja. Ahora tiene 388 bellotas. ○ Verdadero ○ Falso

15d. Pía regala a sus dos hermanas 85 bellotas a cada una. Ahora tiene 160 bellotas. ○ Verdadero ○ Falso

16 Li gana 321 puntos en la primera vuelta de una competencia de matemáticas. Luego gana otros 278 puntos en la segunda vuelta y 315 puntos en la tercera vuelta. Li dice que tiene 804 puntos.

¿Es razonable la respuesta de Li? Explica.

Busca la respuesta real para comprobar si estás en lo correcto.

Nombre ______________________ Fecha ______________

17 Darian vende 293 bolsas de palomitas de maíz y 321 bolsas de maní.

Parte A

¿Cuántas bolsas de palomitas de maíz y maní vende Darian?

_______ bolsas

Parte B

Escribe un problema de resta que se relacione con el número de bolsas de palomitas de maíz y de maní que vende Darian. Luego, busca la respuesta sin hacer cálculos.

18 Sanaz hizo 28 marionetas para la feria artesanal. Necesita poner 2 botones en cada marioneta. ¿Cuántos botones necesita Sanaz en total?

_______ botones

 Nombre ______ Fecha ______

Consigue el dinero

Los estudiantes de la escuela de Kevin están reuniendo monedas de 1¢ para un proyecto de servicio. Con el dinero van a comprar flores para sembrar en un parque local. Necesitan 1,000 monedas de 1¢ para comprar una bandeja de flores.

1. Kevin ha reunido 873 monedas de 1¢. Redondea 873 a la centena más cercana. El número redondeado ¿es menor que 1,000? Explica.

2. ¿Cuánto tienes que sumarle a 873 para obtener 1,000? ¿Cómo sabes si tu respuesta es razonable?

3. Escribe un problema de suma que se relacione con el Problema 2. Explica cómo se relacionan los problemas.

Nombre ______ Fecha ______

4 June, Elena y Joshua también están reuniendo monedas de 1¢ para el proyecto de servicio. June reunió 324 monedas, Elena 442 y Joshua 248.

Parte A

Estima para decidir si estos tres estudiantes reunieron suficientes monedas de 1¢ para comprar una bandeja de flores.

Parte B

Halla la respuesta real para comprobar si estás en lo correcto. Explica tu estrategia.

Parte C

¿Cuántas monedas más tienen que reunir los estudiantes para comprar una segunda bandeja de flores? Muestra tu trabajo.

Parte D

Escribe un problema de suma relacionado con la Parte C. Explica cómo se relacionan los problemas.

Fracciones en la medición

Longitud

Medios

Cuartos

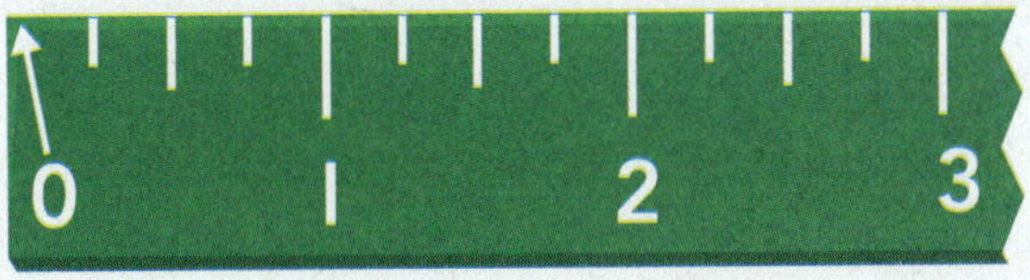

Dinero

Medios

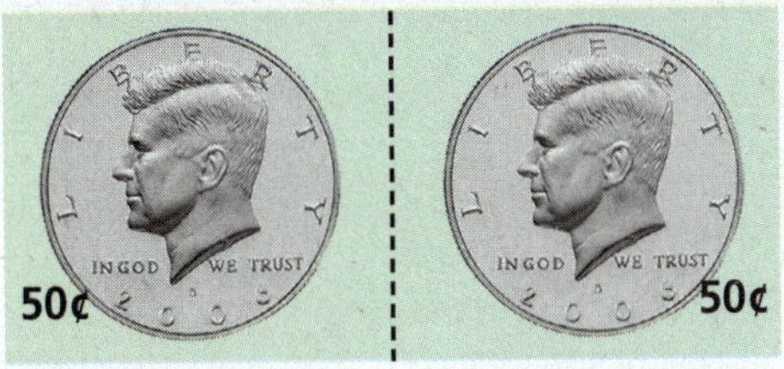

Moneda de 50¢ Moneda de 50¢

Cuartos

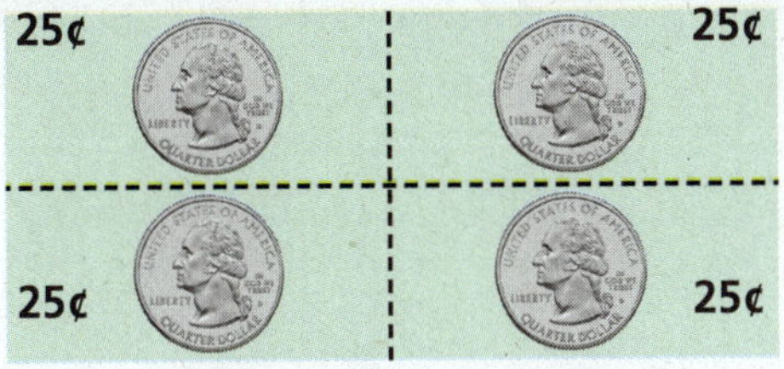

4 monedas de 25¢

Tiempo

Medios

30 minutos + 30 minutos
= 60 minutos
= 1 hora

Cuartos

15 minutos + 15 minutos +
15 minutos + 15 minutos
= 60 minutos
= 1 hora

Capacidad líquida

Medios

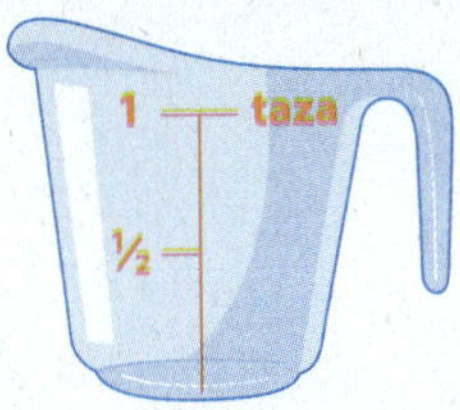

Cuartos

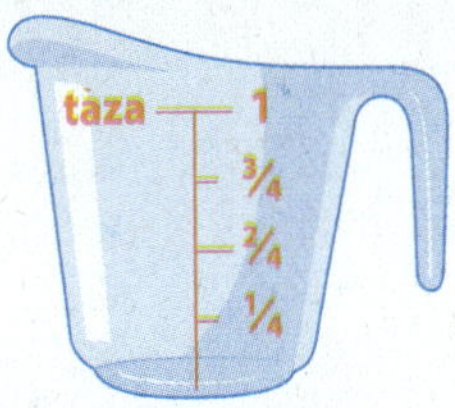

Medidas y unidades de tiempo

Tabla de medidas

Métricas	Usuales
Longitud/Área	
1 metro (m) = 10 decímetros (dm) 1 metro (m) = 100 centímetros (cm) 1 decímetro (dm) = 10 centímetros (cm) 1 centímetro cuadrado = 1 cm^2 Unidad del sistema métrico para medir el área de un cuadrado de un centímetro por lado.	1 pie = 12 pulgadas (pulg) 1 yarda (yd) = 3 pies 1 milla (mi) = 5,280 pies 1 pulgada cuadrada = 1 $pulg^2$ Unidad del sistema usual para medir el área de un cuadrado de una pulgada por lado.
Volumen líquido	
1 litro (L) = 1,000 mililitros (mL)	1 cucharada (cda) = $\frac{1}{2}$ onza fluida (oz fl) 1 taza (tz) = 8 onzas fluidas (oz fl) 1 pinta (pt) = 2 tazas (tz) 1 cuarto (ct) = 2 pintas (pt) 1 galón (gal) = 4 cuartos (ct)

Tabla de unidades de tiempo

Tiempo	
1 minuto (min) = 60 segundos (s) 1 hora (h) = 60 minutos 1 día = 24 horas 1 semana = 7 días 1 mes, aproximadamente 30 días 1 año = 12 meses o aproximadamente 52 semanas	1 año = 365 días 1 año bisiesto = 366 días

Propiedades de las operaciones

Propiedad asociativa de la suma	
$(a + b) + c = a + (b + c)$	$(2 + 5) + 3 = 2 + (5 + 3)$
Propiedad conmutativa de la suma	
$a + b = b + a$	$4 + 6 = 6 + 4$
Propiedad de identidad de la suma	
$a + 0 = 0 + a = a$	$3 + 0 = 0 + 3 = 3$
Propiedad asociativa de la multiplicación	
$(a \cdot b) \cdot c = a \cdot (b \cdot c)$	$(3 \cdot 5) \cdot 7 = 3 \cdot (5 \cdot 7)$
Propiedad conmutativa de la multiplicación	
$a \cdot b = b \cdot a$	$6 \cdot 3 = 3 \cdot 6$
Propiedad de identidad de la multiplicación	
$a \cdot 1 = 1 \cdot a = a$	$8 \cdot 1 = 1 \cdot 8 = 8$
Propiedad del cero de la multiplicación	
$a \cdot 0 = 0 \cdot a = 0$	$5 \cdot 0 = 0 \cdot 5 = 0$
Propiedad distributiva de la multiplicación sobre la suma	
$a \cdot (b + c) = (a \cdot b) + (a \cdot c)$	$2 \cdot (4 + 3) = (2 \cdot 4) + (2 \cdot 3)$

Tipos de problemas de suma y resta

	Resultado desconocido	Cambio desconocido	Comienzo desconocido
Sumar a	Aisha tiene 274 estampillas en su colección. Su abuelo le regala 65 estampillas. ¿Cuántas estampillas tiene Aisha ahora? *Ecuación de situación y de solución*[1]: $274 + 65 = s$	Aisha tiene 274 estampillas en su colección. Su abuelo le regala algunas estampillas. Ahora Aisha tiene 339 estampillas. ¿Cuántas estampillas le regaló su abuelo? *Ecuación de situación:* $274 + e = 339$ *Ecuación de solución:* $e = 339 - 274$	Aisha tiene algunas estampillas en su colección. Su abuelo le regala 65 estampillas. Ahora Aisha tiene 339 estampillas. ¿Cuántas estampillas tenía al principio? *Ecuación de situación* $e + 65 = 339$ *Ecuación de solución:* $e = 339 - 65$
Restar de	Al comienzo del día, una tienda tiene 750 botellas de agua. Durante el día, vende 490 botellas. ¿Cuántas botellas tiene la tienda al final del día? *Ecuación de la situación y de la solución:* $750 - 490 = b$	Al comienzo del día, una tienda tiene 750 botellas de agua. Al final del día, quedan 260 botellas en la tienda. ¿Cuántas botellas se vendieron? *Ecuación de la situación:* $750 - b = 260$ *Ecuación de la solución:* $b = 750 - 260$	Al comienzo del día, una tienda tiene cierto número de botellas de agua. La tienda vende 490 botellas. Al final del día, quedan 260 botellas. ¿Cuántas botellas tenía la tienda al comienzo del día? *Ecuación de la situación:* $b - 490 = 260$ *Ecuación de la solución:* $b = 260 + 490$

[1]La ecuación de la situación representa la estructura (acción) del problema. La ecuación de la solución muestra la operación que se usa para calcular la respuesta.

Tipos de problemas de suma y resta (continuación)

Juantar/ Separar

Total desconocido

Una tienda de ropa tiene 375 camisas de manga corta y 148 camisas de manga larga. ¿Cuántas camisas tiene la tienda en total?

Dibujo matemático:[1]

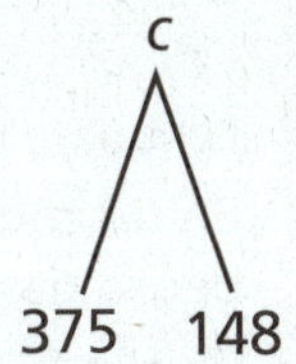

Ecuación de la situación y de la solución:
$375 + 148 = c$

Sumando desconocido

De las 523 camisas que tiene una tienda de ropa, 375 tienen manga corta. Las demás tienen manga larga. ¿Cuántas camisas tienen manga larga?

Dibujo matemático:

Ecuación de la situación:
$523 = 375 + c$

Ecuación de la solución:
$c = 523 - 375$

Otro sumando desconocido

Una tienda de ropa tiene 523 camisas. Algunas tienen manga corta y 148 tienen manga larga. ¿Cuántas de las camisas tienen manga corta?

Dibujo matemático:

Ecuación de la situación:
$523 = c + 148$

Ecuación de la solución:
$c = 523 - 148$

Un problema con ambos sumandos desconocidos es una extensión productiva de esta situación básica, especialmente para números pequeños menores que o iguales a 10. Este tipo de situaciones de "separar" pueden usarse para mostrar las descomposiciones de un número dado. Las ecuaciones asociadas, que tienen el total a la izquierda del signo de igual, ayudan a los estudiantes a entender que el signo = no siempre significa que forma o resulta en, pero sí significa siempre que es el mismo número que.

Ambos sumandos desconocidos

Una tienda de ropa tiene 523 camisas. Unas son de manga corta y otras son de manga larga. Escribe una ecuación de situación para cuántas camisas de manga larga y cuántas camisas de manga corta podría tener la tienda.

Dibujo matemático:

Ecuación de la situación:
$523 = \square + \square$

[1]Estos dibujos matemáticos se llaman Montañas matemáticas en los Grados 1 a 3 y dibujos de separación en los Grados 4 y 5.

Tipos de problemas de suma y de resta (continuación)

	Diferencia desconocida	Valor mayor desconocido	Valor menor desconocido
Comparar	En un zoológico, la osa negra pesa 175 libras. El oso negro pesa 260 libras. ¿Cuánto más que la osa negra pesa el oso negro? En un zoológico, la osa negra pesa 175 libras. El oso negro pesa 260 libras. ¿Cuánto menos que el oso negro pesa la osa negra? *Dibujo matemático:* 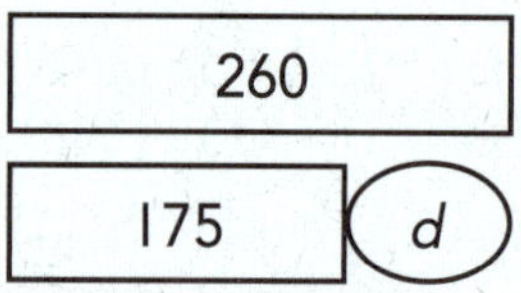 *Ecuación de la situación:* $175 + d = 260$, o $d = 260 - 175$ *Ecuación de la solución:* $d = 260 - 175$	**Lenguaje directo** En un zoológico, la osa negra pesa 175 libras. El oso negro pesa 85 libras más que la osa negra. ¿Cuánto pesa el oso negro? **Lenguaje engañoso** En un zoológico, la osa negra pesa 175 libras. La osa negra pesa 85 libras menos que el oso negro. ¿Cuánto pesa el oso negro? *Dibujo matemático:* 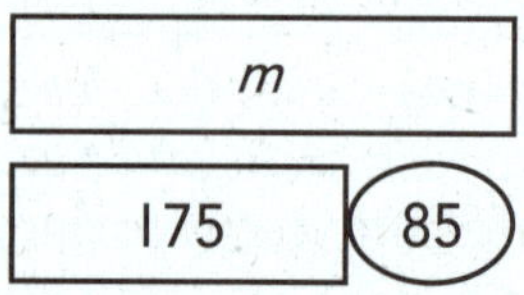 *Ecuación de la situación y de la solución:* $175 + 85 = m$	**Lenguaje directo** En un zoológico, el oso negro pesa 260 libras. La osa negra pesa 85 libras menos que el oso negro. ¿Cuánto pesa la osa negra? **Lenguaje engañoso** En un zoológico, el oso negro pesa 260 libras. El oso negro pesa 85 libras más que la osa negra. ¿Cuánto pesa la osa negra? *Dibujo matemático:* 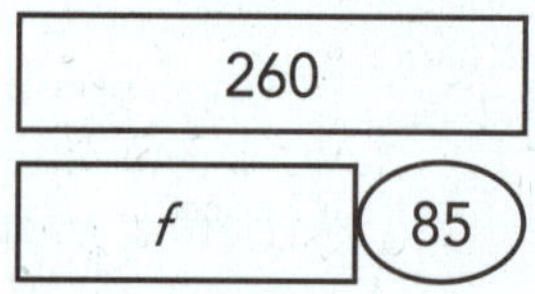 *Ecuación de la situación:* $h + 85 = 260$, o $h = 260 - 85$ *Ecuación de la solución:* $h = 260 - 85$

Un enunciado de comparación siempre puede decirse de dos maneras. Una manera usa *más* y la otra usa *menos* o *menor*. El lenguaje engañoso sugiere la operación incorrecta. Por ejemplo, en el enunciado se dice que *la osa negra pesa 85 libras menos que el oso negro*, pero tienes que sumar 85 libras al peso de la osa para obtener el peso del oso.

Tipos de problemas de multiplicación y de división

	Producto desconocido	Tamaño de grupo desconocido	Número de grupos desconocido
Grupos iguales	Una maestra compró 5 cajas de marcadores. Hay 8 marcadores en cada caja. ¿Cuántos marcadores compró la maestra? *Dibujo matemático:* 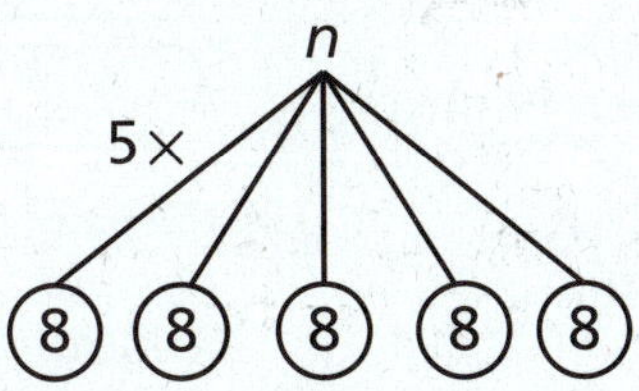 *Ecuación de la situación y de la solución:* $n = 5 \cdot 8$	Una maestra compró 5 cajas de marcadores. Compró 40 marcadores en total. ¿Cuántos marcadores hay en cada caja? *Dibujo matemático:* 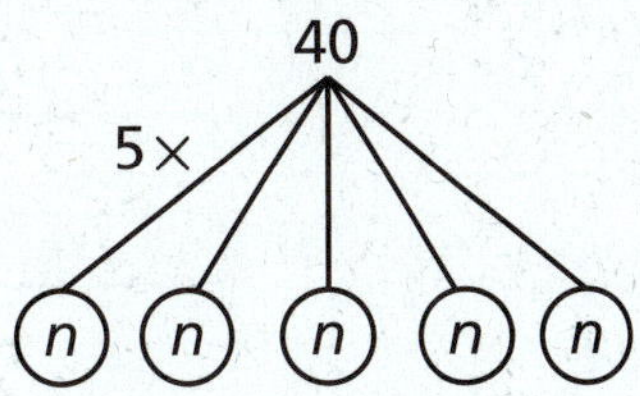 *Ecuación de la situación:* $5 \cdot n = 40$ *Ecuación de la solución:* $n = 40 \div 5$	Una maestra compró cajas de 8 marcadores. Compró 40 marcadores en total. ¿Cuántas cajas de marcadores compró? *Dibujo matemático:* 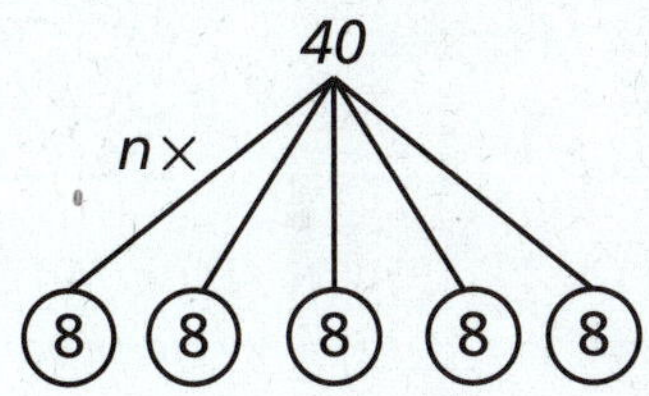 *Ecuación de la situación:* $n \cdot 8 = 40$ *Ecuación de la solución:* $n = 40 \div 8$

Problemas de multiplicación y de división (continuación)

	Producto desconocido	Factor desconocido	Factor desconocido
Matrices	Para la foto del anuario, los miembros del club de teatro se colocaron en 3 filas de 7 estudiantes. ¿Cuántos estudiantes había en total en la foto? *Dibujo matemático:* 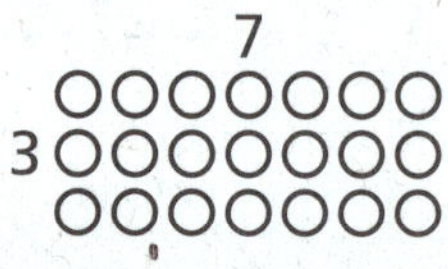 *Ecuación de la situación y de la solución:* $n = 3 \cdot 7$	Para la foto del anuario, los 21 estudiantes del club de teatro se colocaron en 3 filas iguales. ¿Cuántos estudiantes había en cada fila? *Dibujo matemático:* 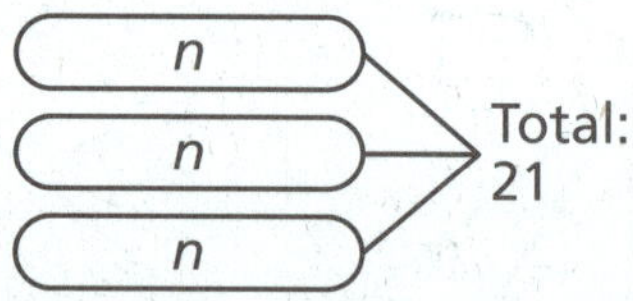 *Ecuación de la situación:* $3 \cdot n = 21$ *Ecuación de la solución:* $n = 21 \div 3$	Para la foto del anuario, los 21 estudiantes del club de teatro se colocaron en filas de 7 estudiantes. ¿Cuántas filas había? *Dibujo matemático:* 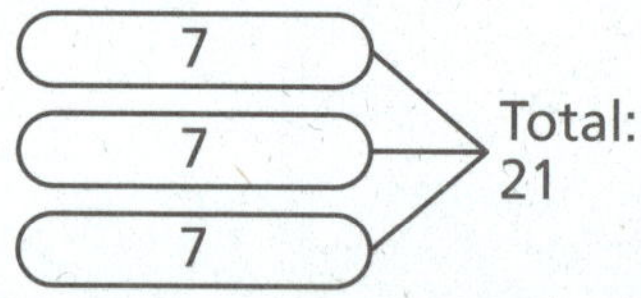 *Ecuación de la situación:* $n \cdot 7 = 21$ *Ecuación de la solución:* $n = 21 \div 7$
Área	El piso de la cocina mide 2 metros por 5 metros. ¿Cuál es el área del piso? *Dibujo matemático:* 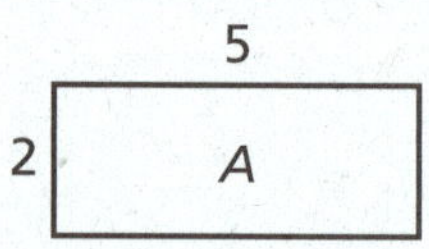 *Ecuación de la situación y de la solución:* $A = 5 \cdot 2$	El piso de la cocina mide 5 metros de longitud. El área del piso es de 10 metros cuadrados. ¿Cuál es el ancho del piso? *Dibujo matemático:* 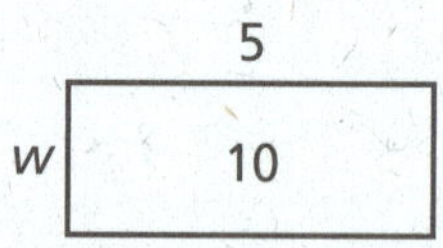 *Ecuación de la situación:* $5 \cdot w = 10$ *Ecuación de la solución:* $w = 10 \div 5$	El piso de la cocina mide 2 metros de ancho. El área del piso es de 10 metros cuadrados. ¿Cuál es la longitud del piso? *Dibujo matemático:* 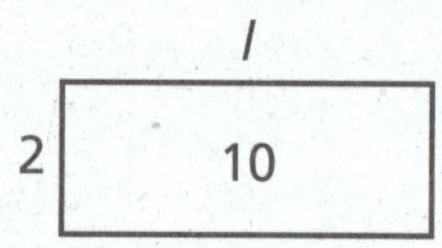 *Ecuación de la situación:* $l \cdot 2 = 10$ *Ecuación de la solución:* $l = 10 \div 2$

El poder de las palabras matemáticas

Repaso de palabras

Trabaja con un compañero. Elige una palabra de la unidad o una palabra de repaso de una unidad previa. Usa la palabra para completar una de las actividades que aparecen a la derecha. Luego, pregunta a tu compañero si tiene alguna corrección para tu trabajo o alguna pregunta sobre lo que acabas de describir. Repite la actividad, pero esta vez tu compañero elige una palabra.

Actividades

- Da el significado de la palabra con palabras o gestos.
- Haz una oración con la palabra.
- Di otra palabra que se relacione de alguna forma con la palabra elegida y explica la relación.

Crucigrama

Haz un crucigrama similar al ejemplo de abajo. Usa palabras de vocabulario de la unidad. También puedes usar otras palabras relacionadas. Desafía a tu compañero a resolver el crucigrama.

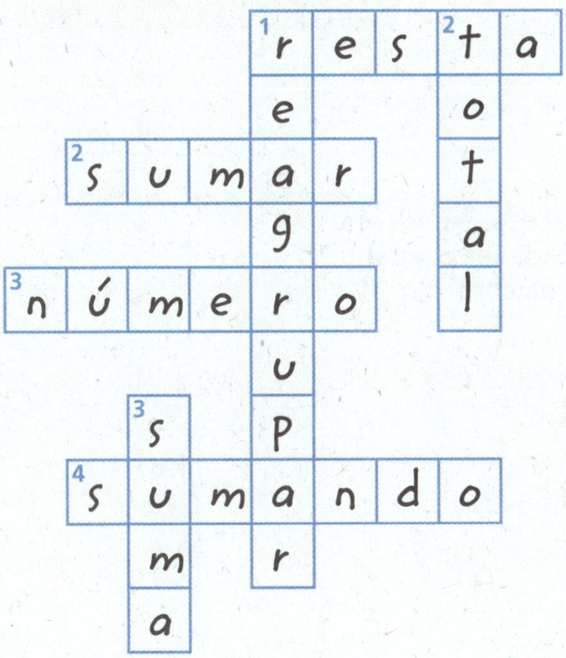

Horizontales

1. La operación que se puede usar para hallar cuánto más que otro es un número.
2. Unir cantidades.
3. Una combinación de los dígitos 0, 1, 2, 3, 4, 5, 6, 7, 8 y 9.
4. En 24 + 65 = 89, 24 es un ___________.

Verticales

1. Cuando se cambian 10 unidades por una decena, eso es ________________.
2. La respuesta para un problema de suma.
3. La ___________ y la resta son operaciones inversas.

Actividades de vocabulario

Mural de palabras

Con el permiso de tu maestro, empieza un mural de palabras en el salón de clases. A medida que trabajas cada lección, escribe las palabras de vocabulario matemático en tarjetas y pégalas en el mural de palabras. Puedes trabajar con un compañero o con un grupo pequeño para elegir una palabra y dar su definición.

Red de palabras

Haz una red de palabras con una o varias palabras que no entiendas de alguna unidad. Rellena la red con palabras o frases que se relacionen con la palabra de vocabulario.

rectángulo

- los lados adyacentes se unen para formar ángulos rectos
- los lados opuestos son paralelos y tienen la misma longitud
- cuadrilátero
- paralelogramo

Desafío alfabético

Haz un desafío alfabético. Elige tres letras del alfabeto. Piensa en tres palabras de vocabulario que comienzan con cada letra. Luego, escribe la definición o dibuja un ejemplo de cada palabra.

A	D	L
área	datos	litro
ángulo	denominador	línea
ancho	dividir	libra

Concentración

Escribe en tarjetas las palabras de vocabulario y las palabras relacionadas de una unidad. Escribe las definiciones en otro conjunto de tarjetas. Elige entre 3 y 6 pares de palabras y definiciones. Mezcla los dos conjuntos de tarjetas. Luego, pon las tarjetas boca abajo en una mesa. Túrnate con tu compañero para dar vuelta a dos tarjetas. Si una tarjeta es una palabra y la otra es la definición que corresponde a esa palabra, te quedas con las dos tarjetas. Continúen hasta que todas las palabras quedan emparejadas con su definición.

área

Número total de unidades cuadradas que cubren una figura.

Diario de matemáticas

En tu Diario de matemáticas, escribe las palabras nuevas que vayas aprendiendo. Escribe la definición de la palabra e incluye un bosquejo o un ejemplo. Añade notas a la definición a medida que aprendes información sobre la palabra.

polígono: Figura plana cerrada con lados formados por segmentos rectos.

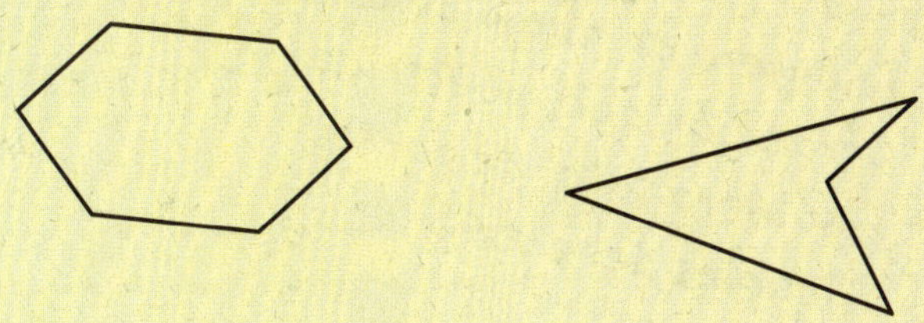

En los polígonos cóncavos hay un segmento de recta que puede conectar dos puntos que están dentro de él, formando un segmento que pasa por fuera del polígono.

Actividades de vocabulario

¿Cuál es la palabra?

Trabaja con tu compañero para hacer un cartel o un tablero de anuncios con las palabras de una unidad. Escribe las definiciones en un conjunto de tarjetas. Mezcla las tarjetas. Junto con tu compañero, elige la definición en una de las tarjetas. Tu compañero señala la palabra en el cartel y nombra la palabra de vocabulario matemático correspondiente. Intercambien roles y repitan la actividad.

fracción
fracción unitaria
denominador
numerador
equivalente
fracciones equivalentes
cadena de equivalencias
tercios
cuartos
octavos
medios
sextos

número de abajo de una fracción que muestra el número total de partes iguales del entero

A

a. m.
Período de tiempo entre la medianoche y el mediodía.

agrupar
Combinar números para formar nuevas decenas, nuevas centenas y nuevos millares, y así sucesivamente.

altura
Distancia vertical o qué tan alto es algo.

ángulo
Figura formada por dos rayos o dos segmentos de recta que se unen en un extremo.

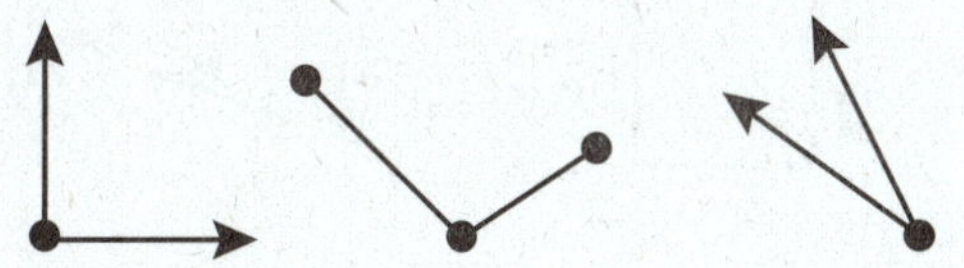

ángulo recto
Ángulo que mide 90°.

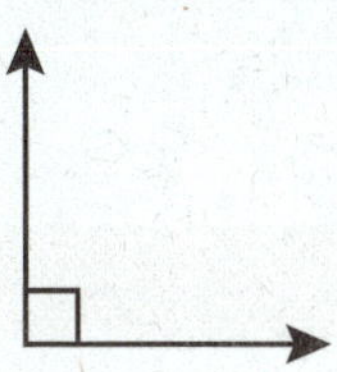

área
Número total de unidades cuadradas que cubren una figura.

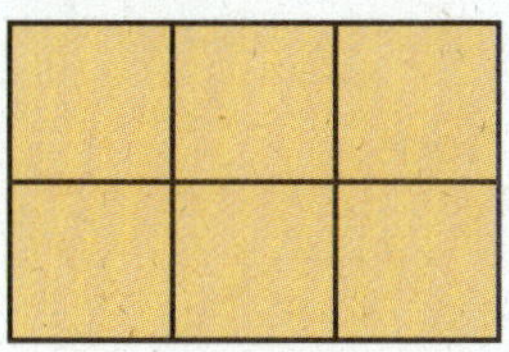

Ejemplo:
El área del rectángulo es 6 unidades cuadradas.

B

barras de comparación*
Barras que representan la cantidad mayor, la cantidad menor y la diferencia en un problema de comparación.

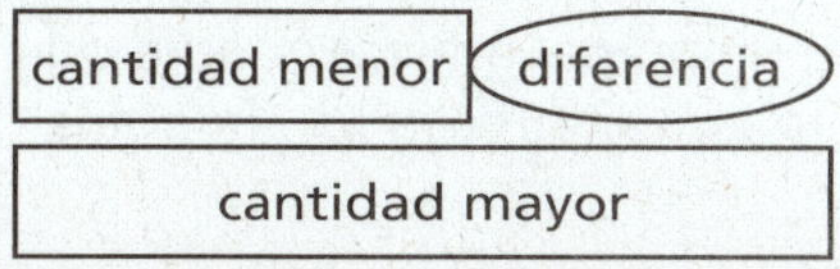

C

cálculo mental
Manera de resolver problemas sin usar lápiz y papel o una calculadora.

capacidad
Cantidad que puede contener un envase.

Celsius (°C)
Escala que se usa para medir la temperatura.

Ejemplos:
El agua se congela a 0 °C.
El agua hierve a 100 °C.

centena de millar

Centenas de millar	Decenas de millar	Millares	Centenas	Decenas	Unidades
5	4	6	7	8	2

Hay 5 centenas de millar en 546,782.

centenas

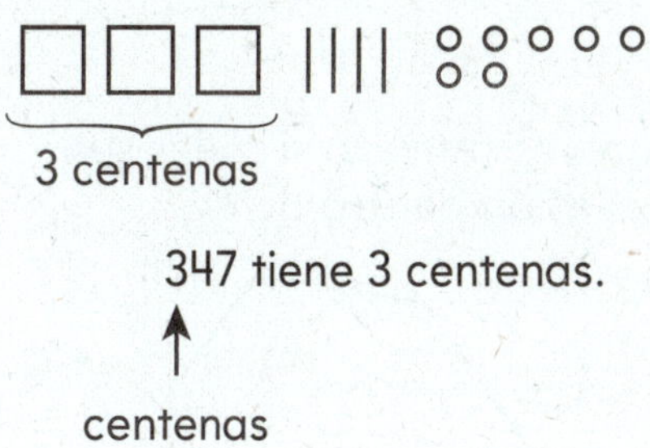

*Término basado en investigaciones escolares y desarrollado para *Expresiones en matemáticas.*

centímetro (cm)
Unidad métrica que se usa para medir la longitud.

100 centímetros = 1 metro

clave
Parte de un mapa, gráfica o tabla que explica lo que significan los símbolos.

cociente
Respuesta cuando se dividen números.

Ejemplos:

$35 \div 7 = 5$ ← cociente (5)

$7\overline{)35}$ con 5 arriba ← cociente

columna
Parte de una tabla o de una matriz que contiene elementos ordenados de manera vertical.

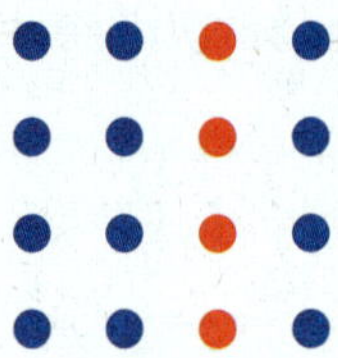

cóncavo
Polígono en el cual se pueden conectar dos puntos que están dentro de él formando un segmento que pasa por fuera del polígono.

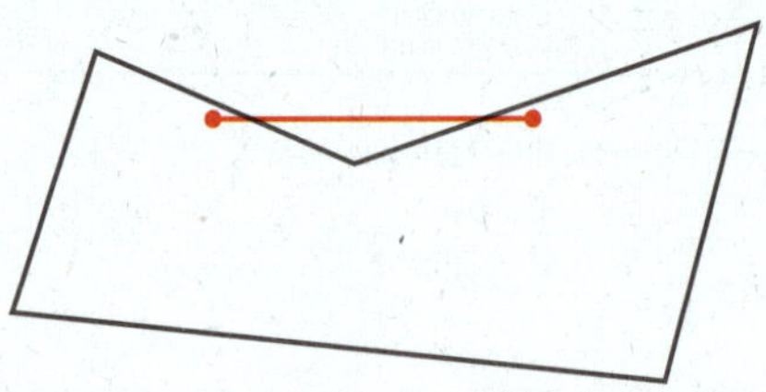

convexo
Un polígono es convexo si todas sus diagonales están dentro de él.

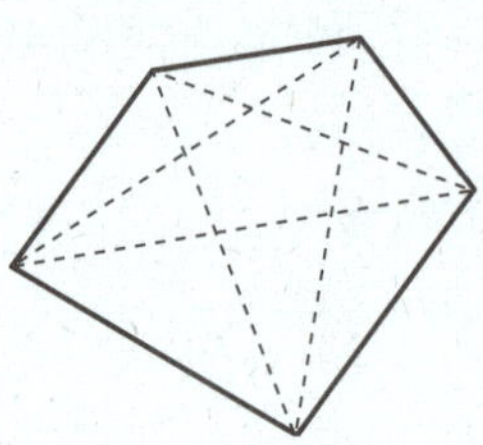

cuadrado
Rectángulo con cuatro lados de la misma longitud.

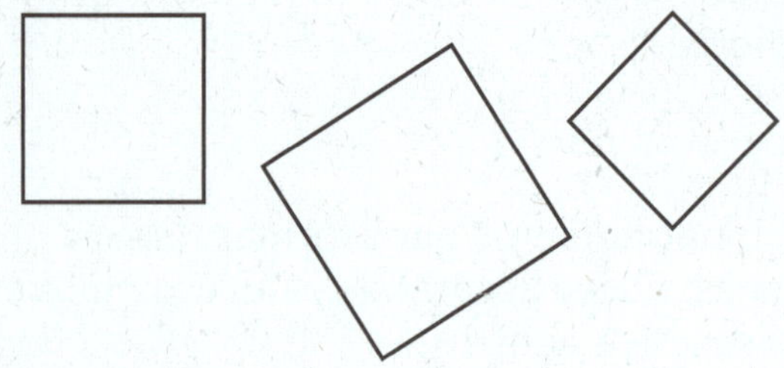

cuadrado unitario
Cuadrado cuya área es 1 unidad cuadrada.

cuadrilátero
Polígono con cuatro lados.

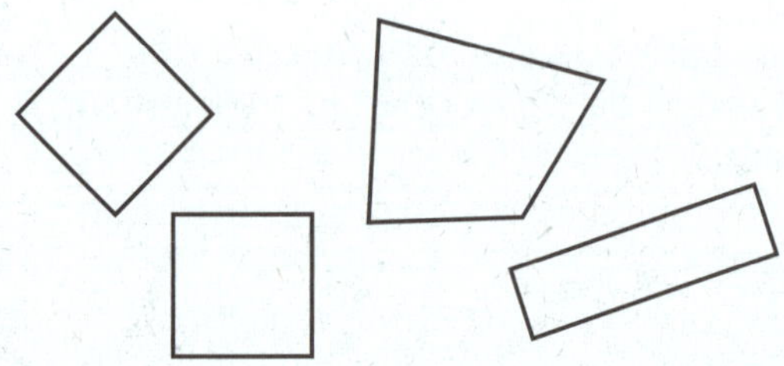

cuarto (ct)
Unidad del sistema usual de EE.UU. que se usa para medir la capacidad.

1 cuarto = 4 tazas

D

datos
Recopilación de información sobre personas o cosas.

decágono
Polígono con 10 lados.

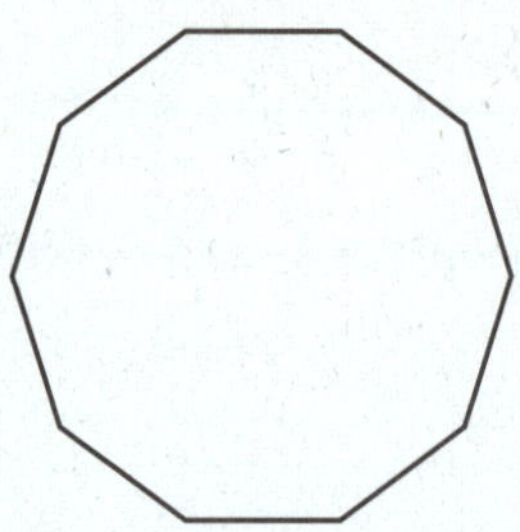

decena de millar

Centenas de millar	Decenas de millar	Millares	Centenas	Decenas	Unidades
5	4	6	7	8	2

Hay 4 decenas de millar en 546,782.

decenas

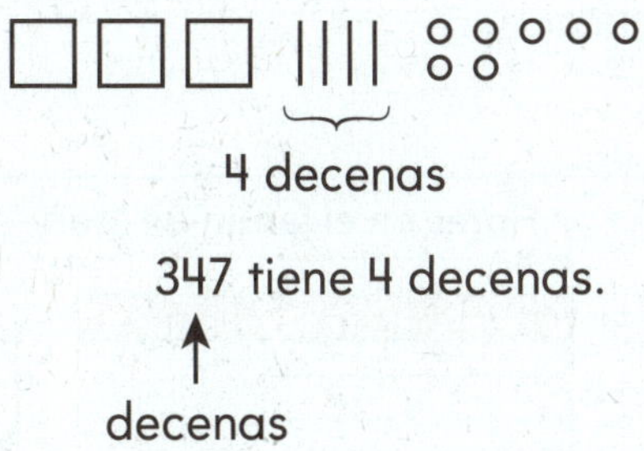

decímetro (dm)

Unidad métrica que se usa para medir la longitud.

1 decímetro = 10 centímetros

denominador

Número de abajo de una fracción que muestra el número total de partes iguales del entero.

Ejemplo:

$\frac{1}{3}$ ← denominador

desagrupar*

Cambiar 1 en un lugar dado para formar 10 del siguiente valor posicional más pequeño para restar.

descomponer

Separar en partes más pequeñas una figura geométrica o un número.

diagonal

Segmento que conecta dos esquinas de una figura y que no es un lado de la figura.

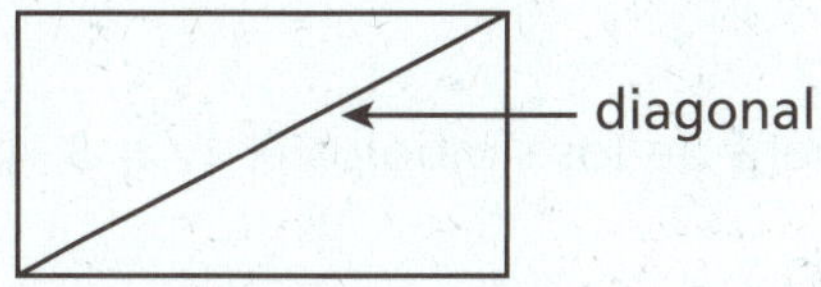

diagrama de puntos

Diagrama que muestra la frecuencia de los datos en una recta numérica.

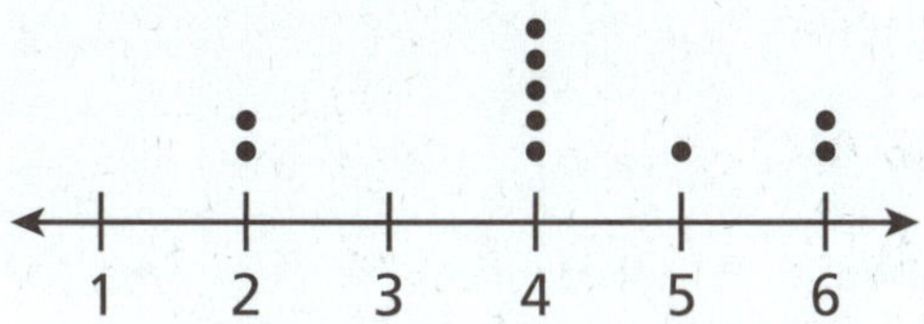

diagrama de Venn

Diagrama que usa círculos para mostrar la relación entre conjuntos de objetos.

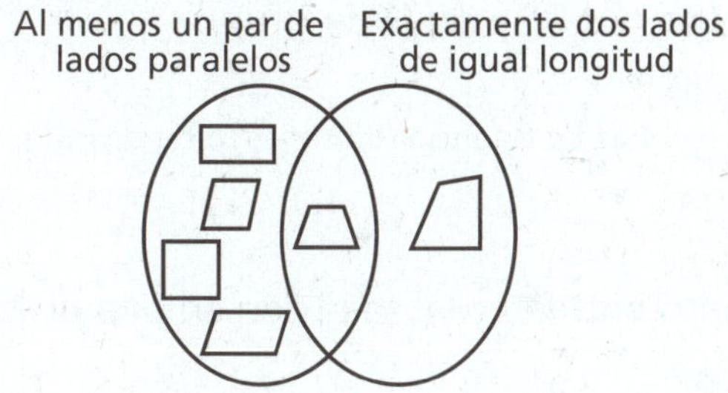

dibujo de prueba*

Dibujo que se usa para mostrar que una respuesta es correcta.

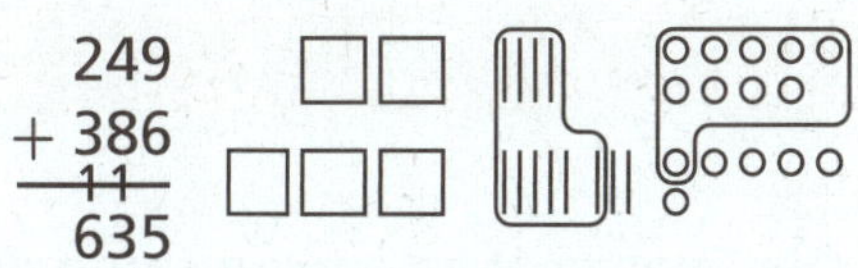

dibujo de valor posicional

Dibujo que representa un número.

Las centenas se representan con cuadros, las decenas con rectas verticales y las unidades con círculos pequeños.

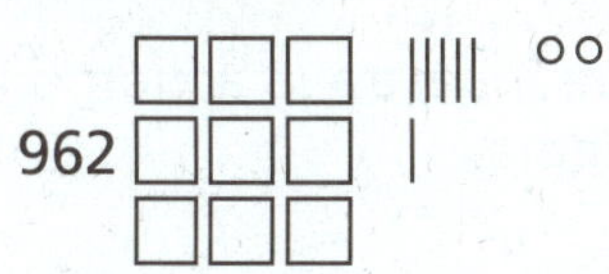

*Término basado en investigaciones escolares y desarrollado para *Expresiones en matemáticas.*

diferencia
El resultado de una resta o de una comparación.

dígito
Cualquiera de los símbolos 0, 1, 2, 3, 4, 5, 6, 7, 8, 9.

dividendo
Número que se divide en la división.

Ejemplos:

$12 \div 3 = 4$ $\quad 3\overline{)12}$ (cociente 4)

↑ dividendo ↑ dividendo

división
Operación matemática que separa una cantidad en grupos iguales más pequeños para obtener el número de grupos o el número que hay en cada grupo.

Ejemplos:
$12 \div 3 = 4$ es un enunciado numérico de división.

divisor
Número entre el cual se divide en una división.

Ejemplo:

$12 \div 3 = 4$ $\quad 3\overline{)12}$ (cociente 4)

↑ divisor ↑ divisor

E

ecuación
Expresión matemática con un signo de igualdad.

Ejemplos:
$11 + 22 = 33$

$75 - 25 = 50$

ecuación de la situación*
Ecuación que muestra la acción o la relación en un problema.

Ejemplo:
$35 + n = 40$

ecuación de la solución*
Ecuación que muestra la operación a realizar para resolver el problema.

Ejemplo:
$n = 40 - 35$

eje
Línea de referencia para una gráfica.

Una gráfica tiene dos ejes; uno horizontal y otro vertical.

Ejemplo:

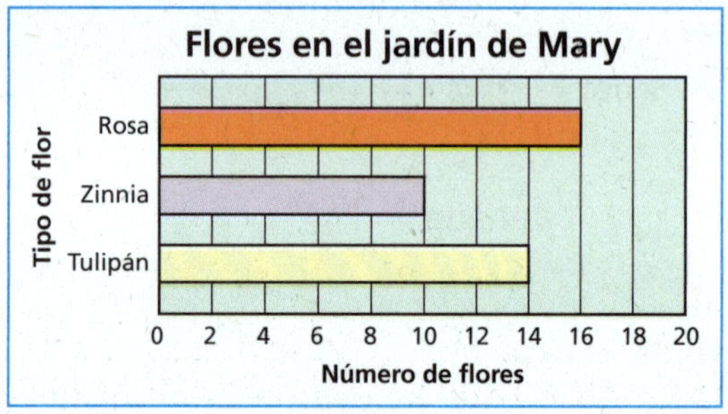

el mayor
56 29 64

64 es el número mayor.

el menor
72 41 89

41 es el menor de los números.

en palabras
Nombre de un número escrito usando palabras en lugar de dígitos.

Ejemplo:
Novecientos ochenta y cuatro

equivalente
Igual o que denota la misma cantidad.

es mayor que (>)
Símbolo que se usa para comparar dos números.

Ejemplo:
$6 > 5$

6 *es mayor que* 5.

*Término basado en investigaciones escolares y desarrollado para *Expresiones en matemáticas.*

es menor que (<)
Símbolo que se usa para comparar dos números.

Ejemplo:
$5 < 6$
5 *es menor que* 6.

escala
Disposición de números en orden que tiene intervalos iguales.

estimación
Conjetura razonable sobre aproximadamente cuántos o cuánto.

expresión
Combinación de números, variables y/o signos de operación. Una expresión no tiene un signo de igualdad.

Ejemplos:
$4 + 7$ $a - 3$

extremo
Punto al final de un segmento en cualquiera de sus dos direcciones o el punto inicial de un rayo.

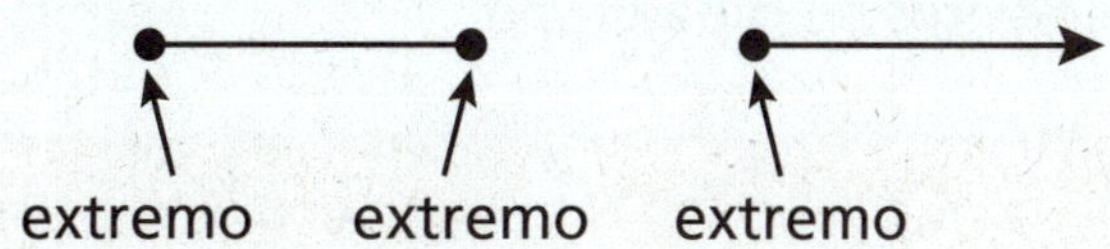

F

factor
Cualquiera de los números que se multiplican para obtener un producto.

Ejemplo:

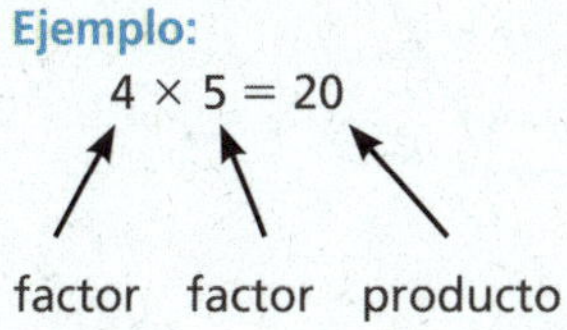

Fahrenheit (°F)
Escala que se usa para medir la temperatura.

Ejemplos:
El agua se congela a 32 °F.
El agua hierve a 212 °F.

fila
Parte de una tabla o matriz que contiene elementos ordenados horizontalmente.

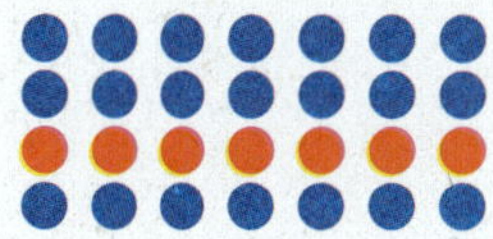

forma desarrollada
Número escrito para mostrar el valor de cada uno de sus dígitos.

Ejemplos:
$347 = 300 + 40 + 7$
347 = 3 centenas + 4 decenas + 7 unidades

forma estándar
Nombre de un número escrito con dígitos.

Ejemplo:
1,829

fracción
Número que denota parte de un entero o parte de un conjunto.

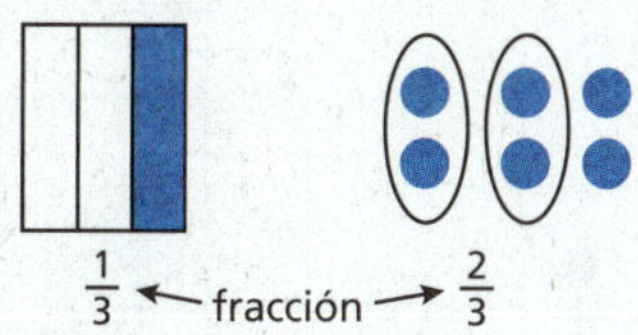

fracción impropia
Fracción en la que el numerador es igual o mayor que el denominador. Las fracciones impropias son iguales o mayores que 1.
$\frac{5}{5}$ y $\frac{8}{3}$ son fracciones impropias.

fracción unitaria
Fracción cuyo numerador es 1. Muestra una parte igual de un entero.

Ejemplo:

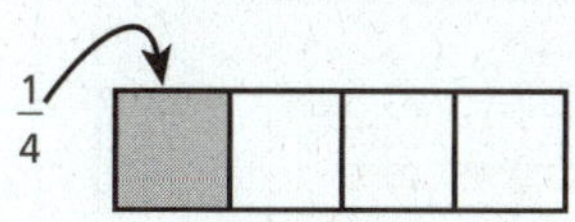

fracciones equivalentes
Fracciones que denotan la misma cantidad.

Ejemplo:

$\frac{1}{2}$ y $\frac{2}{4}$

fracciones equivalentes

G

galón (gal)
Unidad del sistema usual de EE.UU. que se usa para medir la capacidad.

1 galón = 4 cuartos = 8 pintas = 16 tazas

gráfica de barras
Gráfica que usa barras para representar datos. Las barras pueden ser horizontales o verticales.

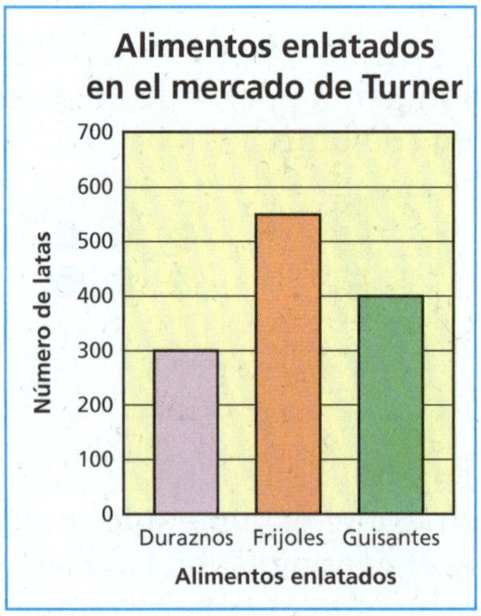

gráfica de barras horizontales
Gráfica de barras con barras horizontales.

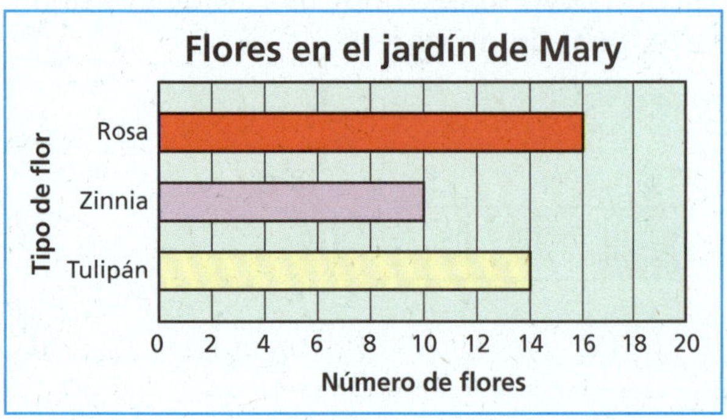

gráfica de barras verticales
Gráfica de barras con barras verticales.

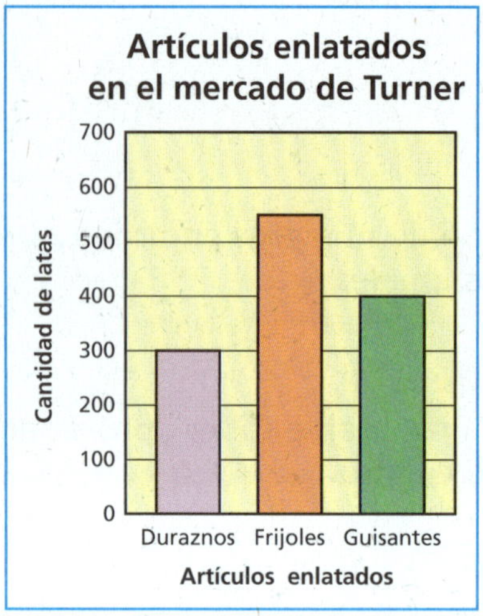

gramo (g)
Unidad métrica de masa. Un clip tiene una masa aproximada de 1 gramo.

1,000 grams = 1 kilogramo

grupos iguales
Dos o más grupos con el mismo número de elementos en cada grupo.

H

hexágono
Polígono con seis lados.

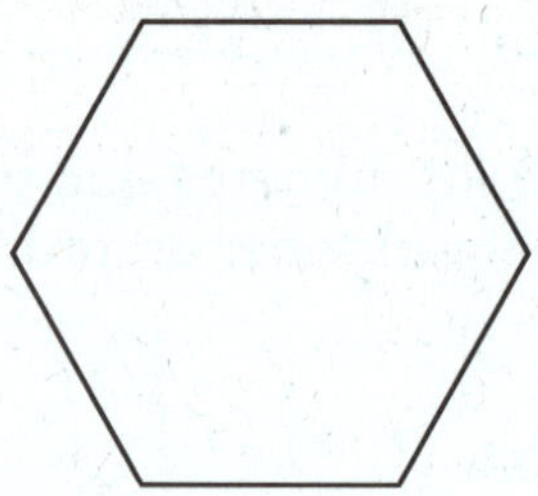

horizontal
Que se extiende en dos direcciones: hacia la izquierda y hacia la derecha.

I

igual (=)
Símbolo que se usa para comparar dos cantidades o valores. Muestra que lo que está a la izquierda del signo es igual o con el mismo valor que lo que está a la derecha del signo.

Ejemplo:
3,756 = 3,756

3,756 *es igual a* 3,756.

K

kilogramo (kg)
Unidad métrica de masa.

1 kilogramo = 1,000 gramos

kilómetro (km)
Unidad métrica de longitud.

1 kilómetro = 1,000 metros

L

lado (de una figura)
Uno de los segmentos de recta que conforman un polígono.

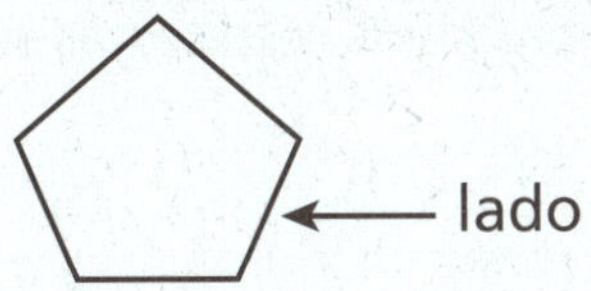

lados adyacentes
Dos lados de una figura que se unen en un punto.

Ejemplo:
Los lados *a* y *b* son adyacentes.

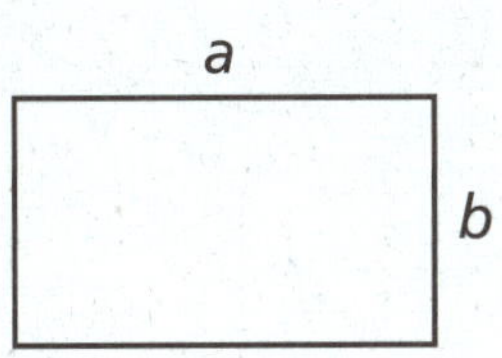

lados opuestos
Lados de un polígono que están uno frente al otro; no se unen en ningún punto.

Ejemplo:
Los lados *a* y *c* son opuestos.

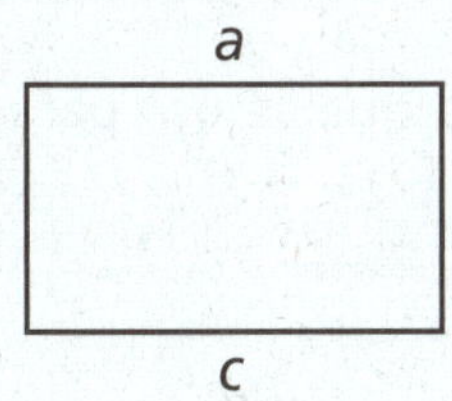

libra (lb)
Unidad del sistema usual de EE.UU. que se usa para medir el peso.

1 libra = 16 onzas

litro (L)
Unidad métrica que se usa para medir la capacidad.

1 litro = 1,000 mililitros

M

marcas de conteo
Segmentos cortos dibujados en grupos de 5. Cada marca, incluyendo la marca inclinada, representa 1 unidad.

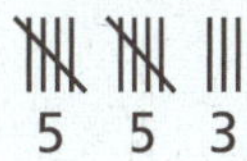

significa 13

masa
Cantidad de materia en un objeto.

matriz
Disposición de objetos, figuras o números en columnas y filas.

método
Procedimiento o manera de hacer algo.

Glosario

metro (m)
Unidad métrica que se usa para medir la longitud.

1 metro = 100 centímetros

mililitro (mL)
Unidad métrica que se usa para medir la capacidad.

1,000 mililitros = 1 litro

milla (mi)
Unidad de longitud del sistema usual de EE.UU.

1 milla = 5,280 pies

millares

Centenas de millar	Decenas de millar	Millares	Centenas	Decenas	Unidades
5	4	6	7	8	2

Hay 6 millares en 546,782.

multiplicación
Operación matemática que combina grupos iguales.

Ejemplo:

$4 \times 3 = 12$

factor factor producto

$\underbrace{3 + 3 + 3 + 3}_{\text{4 veces}} = 12$

múltiplo
Número que es el producto del número dado y cualquier número entero.

N

numerador
Número de arriba de una fracción que muestra la cantidad de partes iguales que se cuentan.

Ejemplo:

$\frac{1}{3}$ ← numerador

número al cuadrado
Producto de un número entero multiplicado por sí mismo.

Ejemplo:

$4 \times 4 = 16$

↑ número al cuadrado

número impar
Número entero que no es múltiplo de 2.

El dígito de las unidades de un número impar es 1, 3, 5, 7 o 9.

número mixto
Un número entero y una fracción.

$1\frac{3}{4}$ es un número mixto.

número par
Número entero múltiplo de 2.

En un número par, el dígito en las unidades es 0, 2, 4, 6 u 8.

números compatibles
Números con los cuales se pueden hacer cálculos mentales fácilmente.

Los números compatibles se pueden usar para comprobar si las respuestas son razonables.

Ejemplo:

692 + 234

Algunos números compatibles para los sumandos son 700 y 200 o 700 y 234.

O

octágono
Polígono con ocho lados.

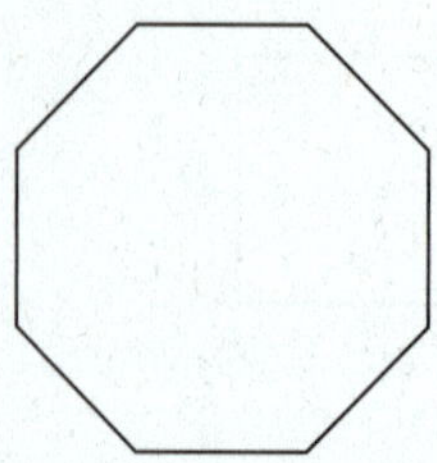

onza (oz)
Unidad del sistema usual de EE.UU. que se usa para medir el peso.

16 onzas = 1 libra

onza fluida (oz fl)
Unidad de volumen líquido del sistema usual de EE.UU. equivalente a $\frac{1}{8}$ de taza o 2 cucharadas.

orden de las operaciones
Conjunto de reglas que establecen el orden en el cual se deben realizar las operaciones de una expresión.

PASO 1: Realizar primero las operaciones dentro de los paréntesis.

PASO 2: Multiplicar y dividir de izquierda a derecha.

PASO 3: Sumar y restar de izquierda a derecha.

P

p. m.
Período de tiempo entre el mediodía y la medianoche.

paralela
Dos rectas son paralelas si nunca se cruzan o se unen. Las separa la misma distancia.

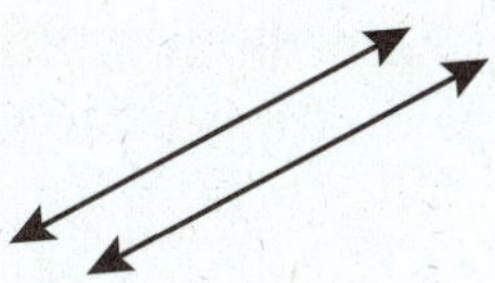

paralelogramo
Cuadrilátero con ambos pares de lados opuestos paralelos.

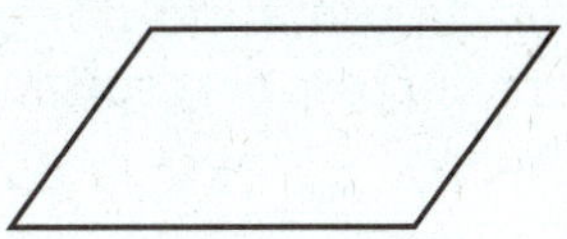

pentágono
Polígono con cinco lados.

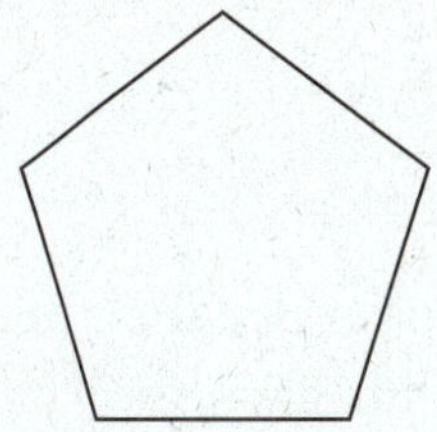

perímetro
Distancia alrededor de una figura.

Ejemplo:

Perímetro = 3 cm + 5 cm + 3 cm + 5 cm = 16 cm

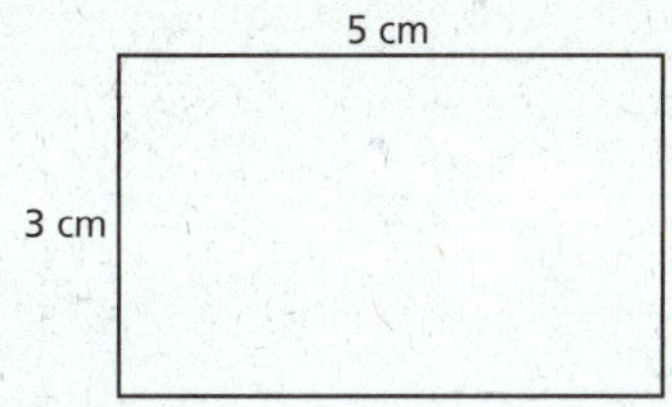

perpendicular
Dos rectas son perpendiculares si se cruzan o se unen formando esquinas cuadradas.

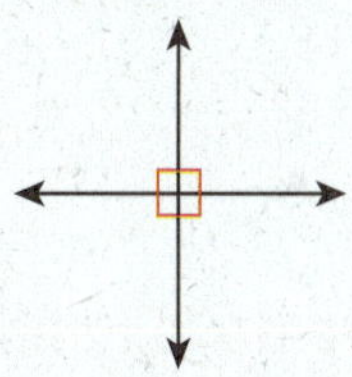

peso
Medida de qué tan pesado es algo.

pictografía
Gráfica que usa ilustraciones o símbolos para representar datos.

pie
Unidad del sistema usual de EE.UU. para medir longitud.
1 pie = 12 pulgadas

pinta (pt)
Unidad del sistema usual de EE.UU. que se usa para medir la capacidad.
1 pinta = 2 tazas

polígono
Figura plana cerrada con lados formados por segmentos rectos.

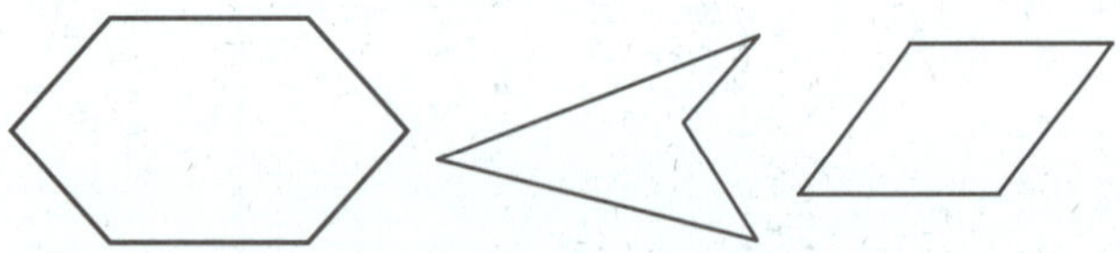

producto
Resultado cuando se multiplican números.

Ejemplo:
$4 \times 7 = 28$

factor factor producto

propiedad asociativa de la multiplicación (propiedad de agrupación de la multiplicación)
Propiedad que establece que cambiar la forma de agrupar los factores no cambia el producto.

Ejemplo:
$(2 \times 3) \times 4 = 2 \times (3 \times 4)$
$6 \times 4 = 2 \times 12$
$24 = 24$

propiedad asociativa de la suma (propiedad de agrupación de la suma)
Propiedad que establece que cambiar la forma de agrupar los sumandos no cambia la suma.

Ejemplo:
$(2 + 3) + 1 = 2 + (3 + 1)$
$5 + 1 = 2 + 4$
$6 = 6$

propiedad conmutativa de la multiplicación (propiedad del orden de la multiplicación)
Propiedad que establece que cambiar el orden de los factores no cambia el producto.

Ejemplo:
$5 \times 4 = 4 \times 5$
$20 = 20$

propiedad conmutativa de la suma (propiedad del orden de la suma)
Propiedad que establece que cambiar el orden de los sumandos no cambia la suma.

Ejemplo:
$3 + 7 = 7 + 3$
$10 = 10$

propiedad de identidad de la multiplicación
El producto de 1 por cualquier número es igual a ese número.

Ejemplo:
$10 \times 1 = 10$

propiedad de identidad de la suma
Si se suma 0 a un número, la suma es igual a ese número.

Ejemplo:
$3 + 0 = 3$

propiedad del cero de la multiplicación
Si un número se multiplica por 0, el producto es 0.

Ejemplo:
$3 \times 0 = 0$

propiedad distributiva
Puedes multiplicar una suma por un número o multiplicar cada sumando por el número y sumar los productos; el resultado es el mismo.

Ejemplo:
$3 \times (2 + 4) = (3 \times 2) + (3 \times 4)$
$3 \times 6 = 6 + 12$
$18 = 18$

*Término basado en investigaciones escolares y desarrollado para *Expresiones en matemáticas*.

pulgada (pulg)
Unidad del sistema usual de EE.UU. que se usa para medir la longitud.

12 pulgadas = 1 pie

R

rayo
Parte de una recta que tiene un extremo y se extiende hacia el infinito en una sola dirección.

recta
Trayectoria recta que se extiende infinitamente en direcciones opuestas.

recta numérica
Recta en la cual los números están asignados a longitudes.

rectángulo
Paralelogramo que tiene cuatro ángulos rectos.

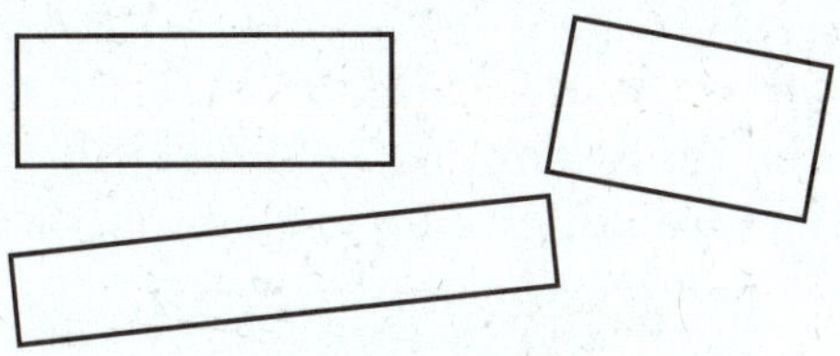

redondear
Hallar cuántos o cuánto expresando un número a la decena, centena o millar más próximo, y así sucesivamente.

regla
En una tabla de entrada y salida, una *regla* se aplica al valor de entrada para obtener el valor de salida.

Regla: Sumar 4	
Entrada	Salida
3	7
5	9
9	13
11	15
15	19

reloj analógico
Reloj con una esfera y manecillas.

reloj digital
Reloj que muestra la hora y los minutos con números.

resta
Operación matemática sobre dos números que arroja la diferencia.

Ejemplo:
43 − 40 = 3

restar
Calcular la diferencia entre dos números.

Ejemplo:
18 − 11 = 7

rombo
Paralelogramo con lados iguales.

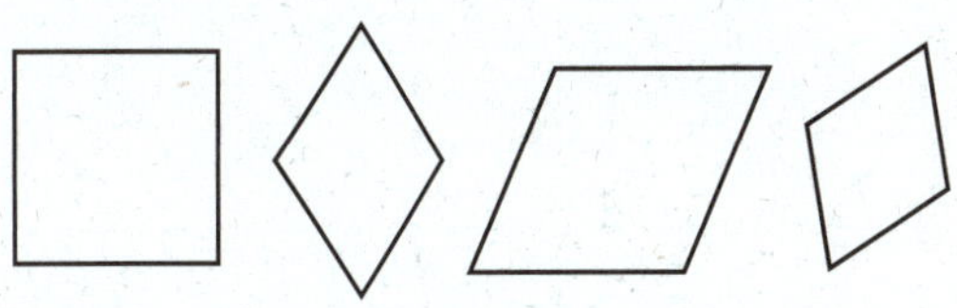

*Término basado en investigaciones escolares y desarrollado para *Expresiones en matemáticas.*

S

segmento de recta
Parte de una recta. Un segmento de recta tiene dos extremos.

simplificar
Escribir una fracción equivalente con un numerador y un denominador más pequeño.

suma
Operación matemática que combina dos o más números.

Ejemplo:

$8 + 4 = 12$

sumando → 8, sumando → 4, suma → 12

suma
Resultado cuando se suman dos o más sumandos.

Ejemplo:

$37 + 52 = 89$

sumando → 37, sumando → 52, suma → 89

sumando
Uno de dos o más números a ser sumados para obtener una suma.

Ejemplo:

$8 + 4 = 12$

sumando → 8, sumando → 4, suma → 12

T

tabla
Disposición de datos fácil de leer, generalmente ordenados en filas y columnas.

Deporte en equipo favorito	
Deporte	**Número de estudiantes**
Béisbol	35
Fútbol	60
Baloncesto	40

tabla de conteo
Tabla en la que se registran y organizan datos usando marcas de conteo.

Tabla de conteo	
Edad	**Conteo**
7	I
8	III
9	卌

tabla de entrada y salida
Tabla que representa pares ordenados de números que siguen una regla específica.

Regla: Sumar 4	
Entrada	**Salida**
3	7
5	9
9	13
11	15
15	19

tabla de frecuencias

Tabla que muestra cuántas veces ocurre cada suceso, elemento o categoría.

Tabla de frecuencias	
Edad	**Número de jugadores**
7	1
8	3
9	5
10	4
11	2

tabla de funciones

Tabla de pares ordenados que muestra una función.

Para cada número de entrada, hay solo un número de salida posible.

Regla: Sumar 2	
Entrada	**Salida**
1	3
2	4
3	5
4	6

taza (tz)

Unidad del sistema usual de EE.UU. que se usa para medir la capacidad.

1 taza = 8 onzas fluidas

2 tazas = 1 pinta

4 tazas = 1 cuarto

16 tazas = 1 galón

temperatura

Medida de qué tan caliente o frío está algo.

termómetro

Instrumento que se usa para medir la temperatura.

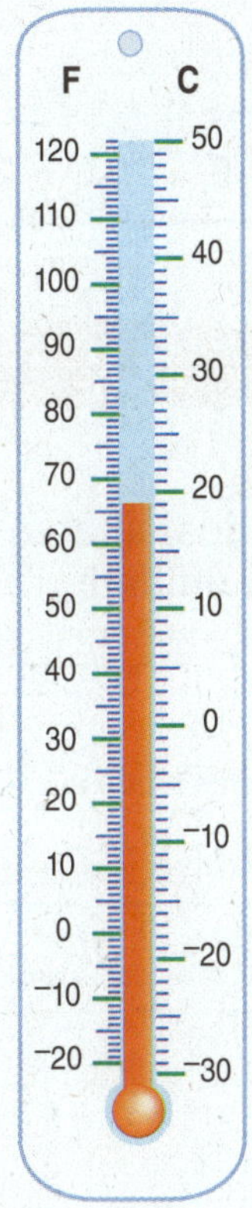

tiempo transcurrido

Tiempo que ha pasado entre el comienzo y el final de una actividad.

total

Respuesta de sumar dos o más sumandos. La suma de dos o más números.

Ejemplo:

$672 + 228 = 900$

sumando sumando total o suma

trapecio

Cuadrilátero con exactamente un par de lados paralelos.

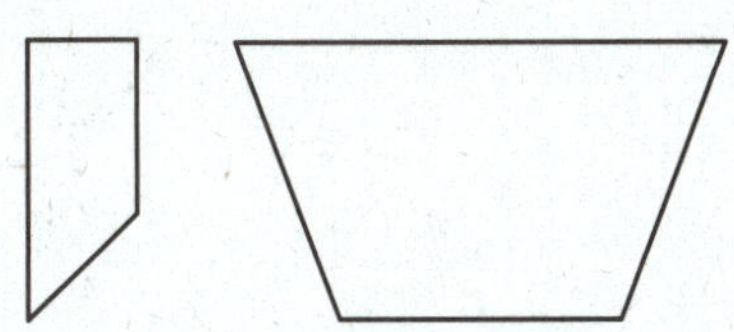

*Término basado en investigaciones escolares y desarrollado para *Expresiones en matemáticas*.

triángulo
Polígono con tres lados.

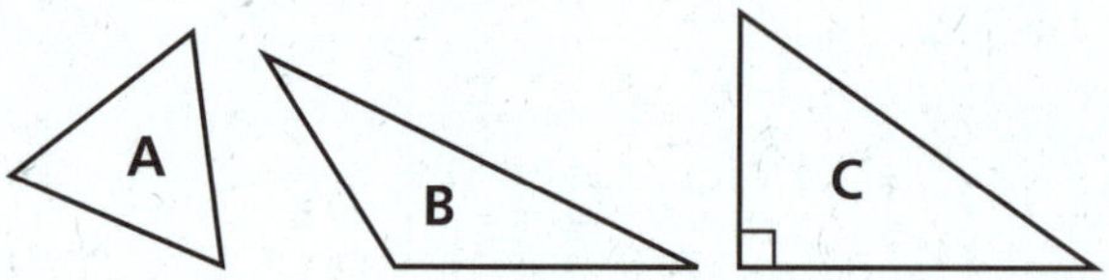

U

unidad cuadrada
Unidad de área igual al área de un cuadrado con lados de una unidad.

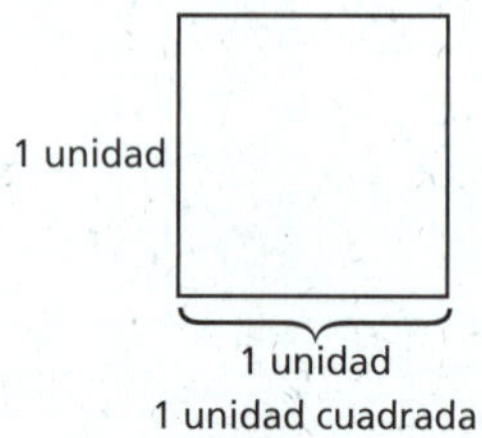

unidades

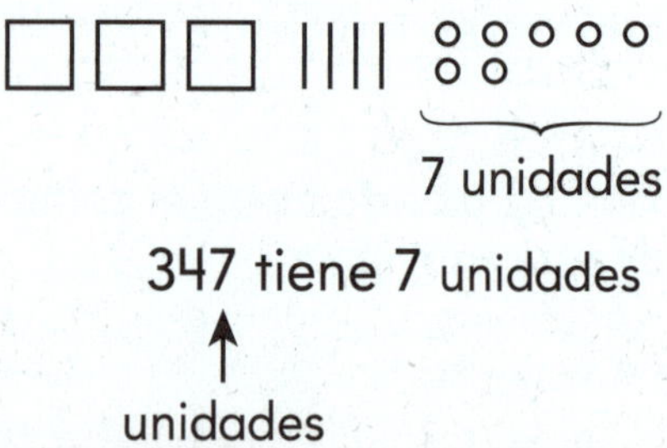

V

valor posicional
Valor asignado al lugar que ocupa un dígito en un número.

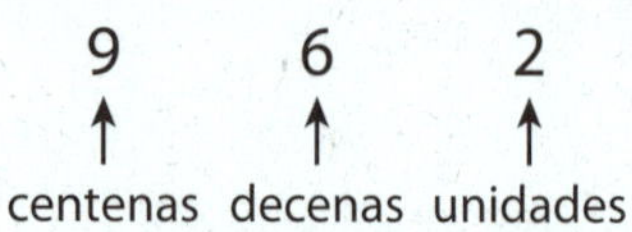

variable
Letra o símbolo que se usa para representar un número desconocido en una expresión algebraica o una ecuación.

Ejemplo:
$2 + n$
n es una variable.

vertical
Que se extiende en dos direcciones: hacia arriba y hacia abajo.

vértice
Punto donde se unen lados, rayos o aristas.

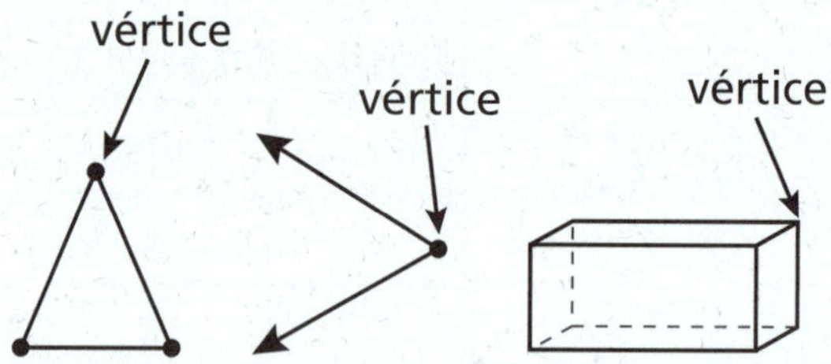

volumen líquido
Medida de cuánto puede contener un envase.

También llamada *capacidad*.

Y

yarda (yd)
Unidad del sistema usual de EE.UU. que se usa para medir la longitud.
1 yarda = 3 pies = 36 pulgadas

3.ARO Operaciones y pensamiento algebraico		
3.ARO.1	Dada una expresión como 3 × 8, describen el producto como el número total de objetos en 3 grupos de 8 objetos.	Unidad 1 Lecciones 1, 2, 3, 4, 5, 6, 7, 8, 9, 10, 12, 13, 14, 16, 18, 19; Unidad 2 Lecciones 2, 4, 7, 9, 10, 11, 13, 15
3.ARO.2	Dada una expresión como 35 ÷ 7, describen el cociente como el *número de objetos en un grupo* cuando se separan 35 objetos en partes iguales, o el *número de partes iguales* cuando se separan 35 objetos en grupos iguales de 7 objetos.	Unidad 1 Lecciones 4, 5, 6, 7, 9, 10, 12, 13, 14, 16, 17, 18, 19; Unidad 2 Lecciones 2, 4, 7, 9, 10, 11, 13, 15
3.ARO.3	Resuelven problemas de multiplicación y división hasta 100 con matrices, grupos iguales y mediciones (ejemplo: modelo de área); representan el problema usando, por ejemplo, dibujos y ecuaciones con símbolos para la cantidad desconocida.	Unidad 1 Lecciones 2, 3, 4, 5, 6, 7, 9, 10, 12, 13, 14, 16, 17, 18, 19; Unidad 2 Lecciones 2, 4, 7, 9, 10, 11, 13, 15; Unidad 3 Lecciones 20, 21; Unidad 4 Lección 15; Unidad 5 Lección 5; Unidad 6 Lecciones 2, 3, 8, 9, 10, 11; Unidad 7 Lecciones 1, 2, 3, 4
3.ARO.4	Dada una ecuación de multiplicación o división con 3 números enteros, calculan la cantidad desconocida que hace verdadera la ecuación.	Unidad 1 Lecciones 1, 4, 5, 6, 7, 8, 9, 10, 12, 13, 14, 16, 17, 18, 19; Unidad 2 Lecciones 1, 2, 3, 4, 5, 6, 7, 8, 9, 10, 11, 13, 14, 15; Unidad 5 Lección 2; Unidad 6 Lecciones 2, 3
3.ARO.5	Aplican las propiedades de las operaciones como estrategias para multiplicar y dividir.	Unidad 1 Lecciones 3, 6, 11, 12, 14, 15, 19; Unidad 2 Lecciones 1, 8, 12, 15; Unidad 5 Lección 2
3.ARO.6	Aplican el conocimiento de la multiplicación para reconocer que se puede entender la división como un problema de factor desconocido.	Unidad 1 Lecciones 4, 5, 6, 7, 8, 9, 10, 11, 12, 13, 14, 15, 16, 17, 18; Unidad 2 Lecciones 1, 2, 3, 4, 5, 6, 7, 8, 9, 10, 11, 12, 13, 14; Unidad 5 Lección 2
3.ARO.7	Demuestran conocimiento de la multiplicación y la división hasta 100 usando estrategias como las propiedades de las operaciones o la relación entre la multiplicación y la división (ejemplo: Si saben que 4 × 7 = 28 entonces saben que 28 ÷ 4 = 7). Al final del tercer grado, saben de memoria todos los productos de dos números de un solo dígito.	Unidad 1 Lecciones 1, 2, 3, 4, 5, 6, 7, 8, 9, 10, 11, 12, 13, 14, 15, 16, 17, 18, 19; Unidad 2 Lecciones 1, 2, 3, 4, 5, 6, 7, 8, 9, 10, 11, 12, 13, 14, 15

3.ARO.8	Resuelven problemas verbales de dos pasos utilizando las cuatro operaciones. Representan estos problemas utilizando ecuaciones con una letra que representa la cantidad desconocida. Evalúan si una respuesta es razonable mediante estimación (ejemplo: redondear para estimar la respuesta) y cálculo mental.	Unidad 2 Lecciones 9, 10, 11, 13; Unidad 3 Lecciones 17, 19; Unidad 6 Lecciones 7, 8, 9, 10, 11
3.ARO.9	Identifican patrones aritméticos (ejemplo: identifican patrones en las tablas de suma y de multiplicación). Usan las propiedades de las operaciones para explicar los patrones.	Unidad 1 Lecciones 1, 5, 6, 7, 8, 10, 12, 15, 19; Unidad 2 Lecciones 1, 3, 5, 6, 8, 14, 15; Unidad 3 Lección 17
3.ARO.10	Generan, describen y aplican reglas de entrada y de salida para una operación con suma, resta y multiplicación para resolver problemas en diversos contextos.	Unidad 3 Lección 22

3.PVO Valor posicional y operaciones

3.PVO.1	Entienden cómo utilizar el valor posicional al redondear números enteros hasta la decena (10), la centena (100), el millar y la decena de millar (10,000) más cercana.	Unidad 3 Lecciones 1, 2, 3, 4, 5, 6, 10, 18, 19; Unidad 6 Lecciones 4, 8
3.PVO.2 y/o	Aplican estrategias y algoritmos que reflejan las propiedades de las operaciones, el valor posicional y/o el hecho de que la suma y la resta están relacionadas, para sumar y restar con facilidad hasta 1,000.	Unidad 3 Lecciones 2, 3, 4, 5, 6, 7, 8, 9, 10, 11, 12, 13, 14, 15, 16, 18; Unidad 4 Lecciones 12, 13; Unidad 6 Lecciones 1, 2, 3, 4, 5, 6, 8, 9, 10, 11; Unidad 7 Lecciones 1, 2, 3
3.PVO.3	Aplican el valor posicional y las propiedades de las operaciones para multiplicar un número de un solo dígito y un múltiplo de 10, hasta 90 (ejemplo: 6×40 y 9×70).	Unidad 2 Lección 12; Unidad 3 Lecciones 20, 21
3.PVO.4	Leen, escriben y demuestran varias representaciones equivalentes para números hasta 100,000 usando objetos, representaciones visuales, incluso la forma estándar, en palabras, desarrollada y notación desarrollada.	Unidad 3 Lección 19
3.PVO.5	Comparan números enteros hasta las centenas de millar y representan las comparaciones con los símbolos $>$, $<$ o $=$.	Unidad 3 Lección 19
3.PVO.6	Calculan 10,000 más o 10,000 menos que un número dado de cinco dígitos. Calculan 1,000 más o 1,000 menos que un número dado de cuatro o cinco dígitos. Calculan 100 más o 100 menos que un número dado de cuatro o cinco dígitos.	Unidad 3 Lección 19
3.PVO.7	Aplican estrategias y algoritmos basados en el conocimiento del valor posicional, la igualdad y las propiedades de suma y multiplicación para multiplicar un número de dos o tres dígitos por un número de un solo dígito.	Unidad 3 Lecciones 20, 21

3.FO Fracciones y operaciones		
3.FO.1	Entienden que una fracción unitaria, $\frac{1}{b}$, representa una parte de un entero que se ha separado en *b* partes iguales (ejemplo: $\frac{1}{3}$ es una de 3 partes iguales) y la fracción $\frac{a}{b}$ está formada por partes de tamaño $\frac{1}{b}$ (ejemplo: se puede considerar $\frac{2}{3}$ como la unión de dos partes de $\frac{1}{3}$). Utilizan representaciones visuales para hallar las partes de un conjunto.	Unidad 4 Lecciones 1, 2, 4, 5; Unidad 5 Lecciones 9, 10
3.FO.2	Reconocen que se pueden representar fracciones en una recta numérica. Utilizan una recta numérica para representar fracciones.	Unidad 4 Lecciones 2, 3, 4
3.FO.2.a	Utilizan una recta numérica para indicar una fracción unitaria $\frac{1}{b}$. Saben que el intervalo de 0 a 1 representa un entero; para mostrar $\frac{1}{b}$ el entero debe separarse en *b* partes iguales. Entienden que del 0 al primer punto final del entero separado es el punto donde se sitúa la fracción $\frac{1}{b}$.	Unidad 4 Lecciones 2, 3; Unidad 5 Lección 8
3.FO.2.b	Dibujan una recta numérica para localizar fracciones; comenzando en 0 y terminando en 1, separan el entero en *a* partes de igual tamaño, $\frac{1}{b}$. Entienden que la longitud del intervalo creado es $\frac{a}{b}$, y el punto final del intervalo ubica $\frac{a}{b}$.	Unidad 4 Lecciones 2, 3, 4; Unidad 5 Lección 8
3.FO.3	Entienden casos especiales de fracciones equivalentes y explican por qué tales fracciones son equivalentes. Razonan acerca del tamaño para comparar y ordenar fracciones.	Unidad 4 Lecciones 2, 3, 4, 5; Unidad 5 Lecciones 7, 9, 10
3.FO.3.a	Dadas dos fracciones, entienden que son equivalentes si su tamaño es igual o si están ubicadas en el mismo punto en la recta numérica.	Unidad 4 Lección 3; Unidad 5 Lecciones 8, 9
3.FO.3.b	Reconocen y hallan fracciones equivalentes menores que 1 (ejemplo: $\frac{1}{3} = \frac{3}{6}$ y $\frac{1}{4} = \frac{2}{8}$). Aplican métodos como el de hacer un modelo para explicar por qué las fracciones son equivalentes.	Unidad 5 Lecciones 7, 8, 9, 10
3.FO.3.c	Escriben un número entero como una fracción; identifican fracciones equivalentes a números enteros.	Unidad 4 Lecciones 2, 3; Unidad 5 Lecciones 8, 9
3.FO.3.d	Aplican el razonamiento sobre el tamaño para comparar y ordenar fracciones con el mismo numerador pero denominadores diferentes o con el mismo denominador. Entienden que para hacer una comparación válida, las dos fracciones deben referirse al mismo entero. Anotan la comparación con los símbolos $>$, $<$ o $=$, y justifican los resultados (ejemplo: usan un dibujo u otro modelo).	Unidad 4 Lecciones 4, 5; Unidad 5 Lecciones 9, 10
3.FO.4	Explican y demuestran cómo se relacionan las fracciones $\frac{1}{4}$, $\frac{1}{2}$, $\frac{3}{4}$ y un entero con el tiempo, la medición y el dinero, y demuestran el empleo de la representación visual.	Unidad 4 Lección 11; Unidad 5 Lección 9

3.MDA Medición y análisis de datos		
3.MDA.1	Dicen y escriben la hora al minuto más cercano y miden intervalos de tiempo en minutos. Usan una recta numérica, u otros métodos, para resolver problemas verbales de suma y resta sobre intervalos de tiempo en minutos. Saben las relaciones entre las unidades de tiempo.	Unidad 4 Lecciones 7, 8, 9, 10, 11
3.MDA.2	Utilizan las unidades estándares, litro (L), gramos (g) y kilogramos (kg) para medir y estimar el volumen líquido y la masa. Resuelven problemas de un solo paso relacionados con masa o volumen presentados en las mismas unidades y que requieren las cuatro operaciones. Representan el problema con diagramas (ejemplo: una recta numérica) u otros métodos.	Unidad 7 Lecciones 1, 2, 3, 4
3.MDA.2.a	Resuelven problemas y hacen cambio de dinero con una combinación de monedas y billetes.	Unidad 5 Lecciones 11, 12
3.MDA.2.b	Resuelven problemas de estimar temperaturas y utilizan un termómetro analógico para determinar la temperatura al grado más cercano en Fahrenheit y Celsius.	Unidad 4 Lección 14; Unidad 5 Lecciones 11, 12
3.MDA.3	Dada una colección de datos en varias categorías, hacen una pictografía y una gráfica de barras con escalas rotuladas. Utilizan la información de gráficas de barras para resolver problemas de uno y de dos pasos a fin de responder preguntas de *cuántos más* y *cuantos menos*. Reúnen datos mediante observaciones, encuestas y experimentos.	Unidad 4 Lecciones 12, 13, 14, 15
3.MDA.4	Generan un grupo de datos estimando y midiendo longitudes con unidades del sistema usual (pulgada, media pulgada, cuarto de pulgada) o la unidad métrica, el centímetro. Utilizan un diagrama de puntos para representar los datos, rotulando la escala horizontal con las unidades correctas (ejemplo: pulgada entera, media pulgada o cuarto de pulgada).	Unidad 4 Lecciones 6, 14,15, 16
3.MDA.5	Saben que el área es un atribulo de las figuras bidimensionales (planas); comprenden los conceptos de medición del área.	Unidad 1 Lección 11; Unidad 2 Lección 2; Unidad 4 Lección 6; Unidad 5 Lecciones 1, 3, 5, 6
3.MDA.5.a	Reconocen que un *cuadrado unitario* tiene lados que miden *1 unidad* y un área de *1 unidad cuadrada* y que sirve para medir el área de las figuras planas.	Unidad 1 Lección 11; Unidad 2 Lección 2; Unidad 5 Lecciones 1, 3
3.MDA.5.b	Entienden que si una figura plana se puede cubrir con cuadrados de *n* unidades sin espacios entre los cuadrados ni cuadrados superpuestos, entonces la figura tiene un área de *n* unidades cuadradas.	Unidad 1 Lección 11; Unidad 2 Lección 2; Unidad 5 Lecciones 1, 3, 6
3.MDA.6	Cuentan cuadrados unitarios para calcular el área de una figura; utilizan unidades estándares (pulgada cuadrada, pie cuadrado, centímetro cuadrado, metro cuadrado) y unidades no convencionales (ejemplo: fichas) para medir el área.	Unidad 1 Lección 11; Unidad 5 Lecciones 1, 2, 4, 6

3.MDA.7	Entienden la relación entre el área y las operaciones de multiplicación y suma.	Unidad 1 Lecciones 11, 12; Unidad 2 Lección 1; Unidad 3 Lecciones 20, 21; Unidad 5 Lecciones 1, 2, 3; Unidad Lección 9
3.MDA.7.a	Utilizan fichas cuadradas para determinar el área de rectángulos con lados de longitudes dadas; muestran que el área que resulta también se puede determinar multiplicando dos longitudes laterales.	Unidad 1 Lección 11; Unidad 2 Lección 2; Unidad 5 Lecciones 1, 2
3.MDA.7.b	Resuelven problemas de matemáticas y de la vida real que requieren calcular el área de un rectángulo multiplicando las longitudes laterales (dadas en números enteros); aplican el razonamiento para ilustrar los productos como áreas rectangulares.	Unidad 1 Lecciones 11,12; Unidad 2 Lecciones 2, 6; Unidad 5 Lecciones 1, 2, 3, 4, 5; Unidad 7 Lección 9
3.MDA.7.c	Utilizan razonamiento y modelos de área para representar la propiedad distributiva: dado un rectángulo con lados de longitudes a y $b + c$ utilizan fichas para ilustrar su comprensión de que el área es la suma de $a \times b$ y $a \times c$.	Unidad 1 Lecciones 11, 12, 14; Unidad 2 Lección 1; Unidad 5 Lección 2
3.MDA.7.d	Reconocen que se puede utilizar suma para calcular áreas. Separan figuras rectilíneas (ejemplo: figuras rectangulares compuestas) en rectángulos no superpuestos, luego determinan el área de la figura original sumando las áreas de las partes; aplican esta técnica para resolver problemas de la vida real.	Unidad 1 Lecciones 11, 12; Unidad 5 Lecciones 2, 4, 5, 6
3.MDA.8	Resuelven problemas (de la vida real y otros contextos matemáticos) relacionados con el perímetro de polígonos en las siguientes situaciones: dadas las longitudes laterales, hallar el perímetro; dado el perímetro y una longitud lateral, hallar la longitud desconocida; hallar rectángulos con igual perímetro y diferentes áreas o con igual área y diferentes perímetros.	Unidad 5 Lecciones 1, 2, 3, 5; Unidad 7 Lección 9
3.MDA.9	Miden las distancias alrededor de los objetos.	Unidad 4 Lección 14

3.GSR Geometría y razonamiento espacial		
3.GSR.1	Reconocen que las figuras geométricas de diferentes categorías pueden tener atributos en común y que estos atributos compartidos pueden formar una categoría más amplia (ejemplo: aunque los cuadrados, rectángulos y rombos pertenecen a categorías diferentes, tienen en común los atributos de cuatro lados, cuatro ángulos y cuatro vértices y pertenecen a la categoría más amplia de los cuadriláteros). Saben que los cuadrados, rectángulos y rombos son cuadriláteros; dibujan cuadriláteros que no pertenecen a esas categorías.	Unidad 7 Lecciones 5, 6, 7, 8, 9
3.GSR.2	Separan figuras geométricas en partes con áreas iguales. Expresan el área de cada parte como una fracción unitaria del entero.	Unidad 4 Lecciones 1, 2, 4, 5; Unidad 5 Lección 10; Unidad 7 Lección 5
3.GSR.3	Identifican rectas paralelas y perpendiculares en diversos contextos y las utilizan para describir y generar figuras geométricas como triángulos rectángulos, rectángulos, paralelogramos y trapecios.	Unidad 7 Lecciones 5, 6, 7, 8

PPM Prácticas y procesos matemáticos

MPP1	
Resolución de problemas	Unidad 1 Lecciones 3, 4, 5, 6, 7, 9, 10, 12, 13, 14, 16, 18, 19 Unidad 2 Lecciones 1, 2, 4, 7, 9, 10, 13, 15 Unidad 3 Lecciones 3, 4, 5, 6, 7, 8, 9, 10, 11, 12, 14, 15, 16, 17, 18, 20, 21 Unidad 4 Lecciones 9, 10, 11, 12, 13, 14, 15, 16 Unidad 5 Lecciones 2, 5, 9, 10, 11 Unidad 6 Lecciones 1, 2, 3, 4, 5, 6, 7, 8, 9, 10, 11 Unidad 7 Lecciones 1, 2, 3, 4, 5, 9
MPP2	
Razonamiento abstracto y cuantitativo	Unidad 1 Lecciones 1, 3, 5, 7, 8, 10, 11, 12, 19 Unidad 2 Lecciones 1, 2, 3, 5, 6, 8, 13, 15 Unidad 3 Lecciones 1, 2, 5, 6, 8, 9, 11, 12, 13, 14, 15, 16, 17, 18, 19, 20, 22 Unidad 4 Lecciones 1, 2, 3, 4, 5, 6, 9, 11, 12, 16 Unidad 5 Lecciones 1, 2, 3, 4, 5, 7, 8, 9, 10 Unidad 6 Lecciones 1, 2, 3, 4, 8, 11 Unidad 7 Lecciones 1, 2, 3, 5, 9
MPP3	
Aplicación y evaluación del razonamiento lógico	Unidad 1 Lecciones 1, 2, 3, 4, 5, 6, 7, 8, 9, 10, 11, 12, 13, 14, 15, 16, 18, 19 Unidad 2 Lecciones 1, 2, 3, 4, 5, 6, 8, 9, 10, 11, 12, 13, 14, 15 Unidad 3 Lecciones 1, 2, 3, 4, 5, 6, 7, 8, 9, 10, 11, 12, 13, 14, 15, 16, 17, 18, 20, 21, 22 Unidad 4 Lecciones 1, 2, 3, 4, 5, 6, 7, 8, 9, 10, 11, 12, 13, 14, 15, 16 Unidad 5 Lecciones 1, 2, 3, 4, 5, 7, 8, 9, 10, 11, 12 Unidad 6 Lecciones 1, 2, 3, 4, 5, 6, 7, 8, 9, 10, 11 Unidad 7 Lecciones 1, 2, 3, 4, 5, 6, 8, 9
MPP4	
Uso de modelos matemáticos	Unidad 1 Lecciones 1, 2, 3, 4, 5, 6, 7, 9, 10, 12, 13, 14, 15, 16, 17, 18, 19 Unidad 2 Lecciones 2, 4, 7, 9, 11, 13, 15 Unidad 3 Lecciones 3, 4, 8, 9, 10, 11, 12, 14, 16, 17, 18, 20, 21, 22 Unidad 4 Lecciones 9, 10, 11, 12, 13, 14, 16 Unidad 5 Lecciones 2, 5, 9, 10, 11 Unidad 6 Lecciones 1, 2, 3, 4, 8, 9, 10, 11 Unidad 7 Lecciones 1, 2, 3, 4, 5, 9

MPP5	
Utilización de recursos matemáticos	Unidad 1 Lecciones 1, 2, 3, 4, 5, 6, 7, 8, 9, 10, 11, 12, 13, 14, 15, 16, 17, 18 Unidad 2 Lecciones 1, 2, 3, 4, 5, 6, 7, 8, 9, 10, 11, 12, 13, 14, 15 Unidad 3 Lecciones 1, 2, 3, 4, 5, 6, 7, 8, 13, 17, 18, 19, 20, 21 Unidad 4 Lecciones 1, 2, 3, 5, 6, 7, 8, 9, 10, 11, 14, 16 Unidad 5 Lecciones 1, 2, 6, 7, 8, 11, 12 Unidad 6 Lecciones 4, 11 Unidad 7 Lecciones 2, 3, 5, 7, 8, 9
MPP6	
Utilización de lenguaje matemático exacto	Unidad 1 Lecciones 1, 2, 3, 4, 5, 6, 7, 8, 9, 10, 11, 12, 13, 14, 15, 16, 18, 19 Unidad 2 Lecciones 1, 2, 3, 4, 5, 6, 7, 8, 9, 10, 11, 12, 13, 14, 15 Unidad 3 Lecciones 1, 2, 3, 4, 5, 6, 7, 8, 9, 10, 11, 12, 13, 14, 15, 16, 17, 18, 19, 20, 21, 22 Unidad 4 Lecciones 1, 2, 3, 4, 5, 6, 7, 8, 9, 10, 11, 12, 13, 14, 15, 16 Unidad 5 Lecciones 1, 2, 3, 4, 5, 7, 8, 9, 11 Unidad 6 Lecciones 1, 2, 3, 4, 5, 6, 7, 8, 9, 10, 11 Unidad 7 Lecciones 1, 2, 3, 4, 5, 6, 7, 8, 9
MPP7	
Ver la estructura	Unidad 1 Lecciones 1, 2, 4, 5, 6, 7, 8, 10, 11, 12, 13, 15, 17, 18, 19 Unidad 2 Lecciones 1, 3, 5, 6, 14, 15 Unidad 3 Lecciones 1, 2, 3, 4, 11, 14, 16, 17, 18, 19, 21, 22 Unidad 4 Lecciones 1, 2, 3, 13, 16 Unidad 5 Lecciones 1, 4, 6, 7, 10 Unidad 6 Lecciones 1, 2, 3, 5, 8, 11 Unidad 7 Lecciones 1, 5, 6, 7, 8, 9
MPP8	
Generalización	Unidad 1 Lecciones 1, 3, 5, 7, 8, 10, 11, 13, 15, 19 Unidad 2 Lecciones 1, 3, 5, 6, 10, 12, 14, 15 Unidad 3 Lecciones 5, 6, 14, 17, 18, 19, 20 Unidad 4 Lecciones 1, 2, 3, 4, 5, 6, 15, 16 Unidad 5 Lecciones 3, 6, 7, 8, 9, 10, 11 Unidad 6 Lecciones 1, 2, 4, 11 Unidad 7 Lecciones 3, 5, 8, 9

A

B

C

D

E

H

J

K

L

R

S

T

U

V

Tablas numéricas

Tabla de multiplicación y tablas desordenadas (Volumen 1)

A

×	1	2	3	4	5	6	7	8	9	10
1	1	2	3	4	5	6	7	8	9	10
2	2	4	6	8	10	12	14	16	18	20
3	3	6	9	12	15	18	21	24	27	30
4	4	8	12	16	20	24	28	32	36	40
5	5	10	15	20	25	30	35	40	45	50
6	6	12	18	24	30	36	42	48	54	60
7	7	14	21	28	35	42	49	56	63	70
8	8	16	24	32	40	48	56	64	72	80
9	9	18	27	36	45	54	63	72	81	90
10	10	20	30	40	50	60	70	80	90	100

B

×	2	4	3	1	5	10	6	8	7	9
5	10	20	15	5	25	50	30	40	35	45
3	6	12	9	3	15	30	18	24	21	27
1	2	4	3	1	5	10	6	8	7	9
4	8	16	12	4	20	40	24	32	28	36
2	4	8	6	2	10	20	12	16	14	18
7	14	28	21	7	35	70	42	56	49	63
9	18	36	27	9	45	90	54	72	63	81
10	20	40	30	10	50	100	60	80	70	90
8	16	32	24	8	40	80	48	64	56	72
6	12	24	18	6	30	60	36	48	42	54

C

×	8	6	4	9	7	9	6	7	4	8
5	40	30	20	45	35	45	30	35	20	40
3	24	18	12	27	21	27	18	21	12	24
2	16	12	8	18	14	18	12	14	8	16
3	24	18	12	27	21	27	18	21	12	24
5	40	30	20	45	35	45	30	35	20	40
9	72	54	36	81	63	81	54	63	36	72
4	32	24	16	36	28	36	24	28	16	32
7	56	42	28	63	49	63	42	49	28	56
6	48	36	24	54	42	54	36	42	24	48
8	64	48	32	72	56	72	48	56	32	64

D

×	6	7	8	7	8	6	7	8	6	8
2	12	14	16	14	16	12	14	16	12	16
3	18	21	24	21	24	18	21	24	18	24
4	24	28	32	28	32	24	28	32	24	32
5	30	35	40	35	40	30	35	40	30	40
7	42	49	56	49	56	42	49	56	42	56
8	48	56	64	56	64	48	56	64	48	64
6	36	42	48	42	48	36	42	48	36	48
9	54	63	72	63	72	54	63	72	54	72
8	48	56	64	56	64	48	56	64	48	64
6	36	42	48	42	48	36	42	48	36	48

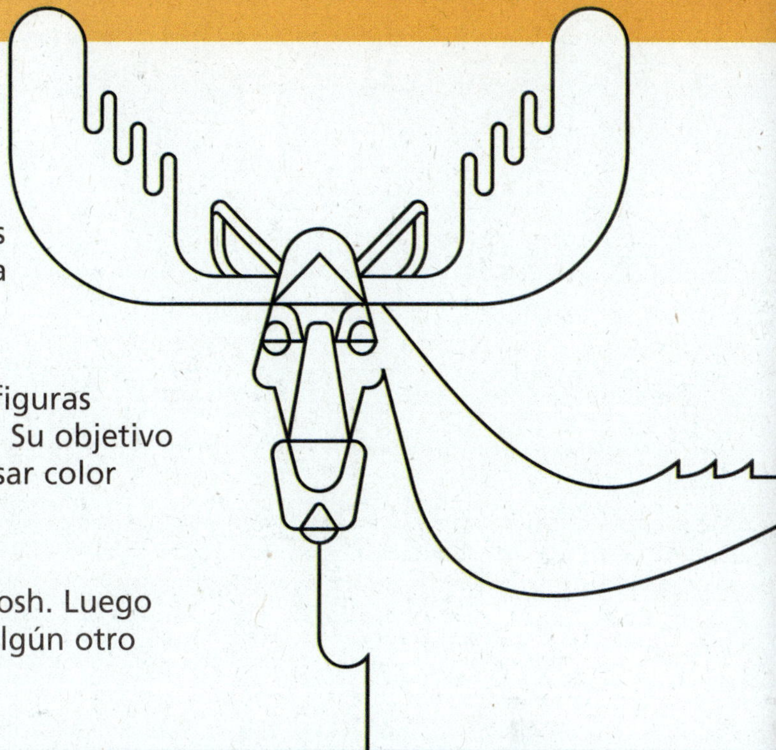

Ilustrador: Josh Brill

¿Alguna vez has intentado usar figuras para dibujar animals como el alce en la portada?

En los últimos 10 años, Josh ha usado figuras geométricas para diseñar sus animales. Su objetivo es hacer diseños que sean sencillos y usar color para que sean atractivos.

Añade color a este alce dibujado por Josh. Luego intenta dibujar un gato o un perro o algún otro animal con las figuras que ves abajo.

Caja de figuras